레스토랑의 사회학

욕구와 근대 정체성의 형성

이 도서의 국립중앙도서관 출판예정도서목록(CIP)은 서지정보유통지원시스템 홈페이지(http://seoji.nl.go.kr)와
국가자료공동목록시스템(http://www.nl.go.kr/kolisnet)에서 이용하실 수 있습니다.
CIP제어번호: CIP2019031050(양장), CIP2019031051(무선)

레스토랑의 사회학

욕구와 근대 정체성의 형성

조안 핑켈스타인(Joanne Finkelstein) 지음

박형신 옮김

한울
아카데미

Fashioning Appetite

Restaurants and the Making of Modern Identity

By Joanne Finkelstein

차 례

서론

환상은 모든 쾌락 중 으뜸이다.

— 볼테르

레스토랑은 도처에 존재한다. 모든 주요한 거리, 마을의 길모퉁이, 쇼핑몰, 경치 좋은 관광지의 전진기지에는 음식매장들이 즐비하다. 그것들은 이동식 커피 매점에서부터 호화롭고 사치스러운 장식들로 꾸민 유명한 미슐랭 별점 레스토랑에 이르기까지 규모, 형태, 그리고 질적인 면에서 다양하다. 특히 미슐랭 별점 레스토랑들은 다양한 메뉴, 유명인사 고객, 이름난 셰프를 자랑한다. 풍요한 서구사회들의 지역 번화가와 인근 쇼핑몰에서도 우리는 아주 다양한 종류의 레스토랑들을 쉽게 발견한다. 그곳들에서 레스토랑은 일상생활의 일부로 받아들여진다. 따라서 외식은 음식물에 대한 신체적 욕구와 상업적 기회 간의 단순한 거래로 인식될 수도 있다. 일면에서는 그러하다. 그리고 여행자들의 술집과 도시의 간이음식점과 같은 초기 레스토랑의 역사는 이를 뒷받침한다. 그러나 보다 흥미로운 것은 우리가 사회적인 것을 인식하는 데서 공개적으로 먹는 것이 갖는 중요성과 관련된 질문들이다. 이 책에서 탐구하는 질문들은 우리가 어디서, 누구와, 얼마나 자주, 얼마의 비용으로, 왜 먹는가와 관련되어 있다. 이러한 질문들은 명백한 상업주의를 넘어 외식 관행이 어떻게 우리의 일상적인 정체성 의식 속으로 흡수되어 왔는지를 묻는다.

레스토랑은 그 자체로 흥미로운 공간이다. 레스토랑의 설계, 실내장식, 내부 운영은 당대의 문화적 규범과 심미적 가치를 통찰할 수 있게 해준다. 레스토랑은 우리의 많은 사회적 활동을 위한 플랫폼으로서, 우리가 우리 자신을 공개적으로 드러내는 것에 부여하는 중요성을 예증하는 수단의 하나이다. 식사의 유행도 항상 바뀐다. 한때는 19세기풍의 레스토랑 — 무늬 넣은 의자, 대형 테이블, 샹들리에, 고상한 척하는 웨이터 — 에서 특별한 날 식사를 하는 것은 아주 흔한 일이었다. 그런 종류의 실내장식은 뉴욕의 유명한 레스토랑 델모니코Delmonico's와 파리의 맥심Maxim's에서 발견된다. 오늘날에는 그러한 행사가 미니멀리즘적인 일본-프랑스 퓨전 레스토랑에서 열리기도 한다. 일본-프랑스 퓨전 레스토랑에서는 기묘한 모양의 식사도구들로 실내장식을 하고, 스스럼없는 매력적인 직원들이 서빙하고, 이국적인 맛을 내는 메뉴들을 제공한다. 요컨대 레스토랑은 그 스타일 면에서는 매우 다양하지만, 그 외양의 다양성에도 불구하고 사회적으로는 거의 동일한 방식으로 기능한다. 스타일의 급격한 변화와는 무관하게 레스토랑들은 현대의 사회적 습관에 대해,

그리고 특히 우리가 우리 자신을 공적 장소에 참여하는 사회적 행위자로 바라보는 방식에 대해 다채로운 관점을 제공한다.

레스토랑은 매우 공학적으로 설계된다. 그것이 셀프서비스 패스트푸드점이든 실버 서비스silver service[격식을 차린 만찬에서 은으로 된 그릇에 음식을 담아 서빙하는 것 _ 옮긴이]를 제공하는 우아한 브래서리brasserie[그리 비싸지 않은 프랑스풍 식당 _ 옮긴이]이든 간에, 그곳은 우리로 하여금 암묵적으로 그곳의 규약을 따르게 하고 예측 가능한 방식으로 행동하게 한다. 레스토랑의 역사는 서구 근대세계에서 새로 형성된 공개 공론장과 사교의 변화하는 성격을 잘 예증해 준다. 런던의 초기 커피하우스는 실험 ― 이를테면 사회적 장벽을 넘어 대화하는 것과 같은 ― 을 장려하는 자유주의적인 환경이었다. 개인들 ― 비록 일반적으로 대부분 남성이었지만 ― 은 커피하우스에서 자신과 다른 사람들을 바라보는, 그리고 자신과 다른 사람들에 대해 생각하는 새로운 방식을 학습했다. 초기 커피하우스와 레스토랑은 주체성을 키우는 학교였고, 많은 점에서 지금도 여전히 그러한 기능을 수행한다. 이처럼 레스토랑이 인간의 교제활동 ― 이것은 관례적 행동에 대한 우리의 지식을 반영하고 드러낸다 ― 을 보여주는 사회적 거울로서 갖는 효력은 부유한 서구 사회들에서 커피하우스와 레스토랑이 도처에 존재하는 것을 일정 부분 설명해준다. 다양한 형태의 레스토랑은 우리로 하여금 (공적 장소에서 드러내는, 그리고 세계에서 통상적인 일상적 존재 양식으로 받아들여지게 된) 자아와 정체성의 차원들을 검토할 수 있게 해준다.

음식과 외식에 대한 관심은 근대 도시생활의 두드러진 특징 중

하나로, 우리 문화의 핵심에 자리하고 있는 사회적 관행들을 보여준다. 이 책은 요리법이나 음식 스타일, 또는 (완벽한 한 끼 식사를 내어주는) 유명한 셰프나 (특정 레스토랑의 명성을 만들어내거나 깨뜨릴 수 있는) 영향력 있는 음식 평론가와 논평가에 초점을 맞추는 것이 아니라, 외식 자체에 대한 대중의 욕구가 계발된 과정에 초점을 맞추고 있다. 외식이 어떻게 우리의 쾌락 추구 및 자아표현과 이처럼 겹쳐지게 되었는가? 다시 말해 새로운 것과 즐거움에 대한 사적 욕구가 어떻게 근대 레스토랑과 그토록 긴밀하게 연관되게 되었는가? 우리가 우리 자신이나 우리가 살고 있는 세계에 대해 생각하는 구체적인 방식들은 당연히 정치적·경제적 조건들에 따라 다르다. 하지만 우리는 이 같은 외적 상황과 내적 감성의 합류를 일상적 대화를 통해 이해하지 않고, 하나의 통상적인 행위방식으로 그냥 당연하게 받아들인다. 그렇지만 그러한 습관들은 늘 변화하는 사회적 조건들에 뿌리를 내리면서 우리를 만든다. 즉, 습관들은 우리를 그러한 영향력의 저장소로 만들어왔다. 그러나 우리가 그러한 영향을 받고 있음을 항상 의식하는 것은 아니다.

레스토랑의 인기와 근대 정체성(그리고 우리가 우리 자신을 자기규제적이고 자율적인 개인으로 바라보는 방식)의 형성 간에 어떤 관계를 설정하는 것은 허풍을 떠는 것처럼 보일 수도 있다. 하지만 공적인 것과 사적인 것, 거시적인 것과 미시적인 것, 내부의 감성과 외부의 맥락을 연결 짓는 것과 관련하여 그간 논쟁이 있어왔다. 현대의 삶에서 외식이 갖는 중심적 위치는 레스토랑을 그러한 논쟁에 합류시킨다. 우리의 개인적 습관과 욕망은 우리가 변화하는 상황에 살기 때문에 항상 계발된다. 그리고 우리가 행동하는 방식은 저 멀리 구조적 수준에 존재하는 보다 추상적인 영향력을 지근거리에서 예증하는 것으로 인식될 수도 있다. 우리는 항상 문화적 형식을 통해 사랑, 행복, 즐거움, 성공 등을 추구한다. 이러한 상황은 매일 강화된다. 그리고 우리가 그러한 규범적 정명에 따라 행동하기로 결정하는 방식과 이유가 우리의 정체성을 형성한다. 프랑스 중간계급에 대한 피에르 부르디외Pierre Bourdieu의 연구는 거시적인 것과 미시적인 것, 문화적인 것과 개인적인 것 간의 관계를 상세하게 그려낸 사례들 가운데 하나이다(Bourdieu, 1984). 하지만 우리가 부단히 발명하고 있다는 관념이 수세기 동안 서구 문화를 통해 울려 퍼져왔다. 서구 사상의 유산 중의 하나는, 당연한 것으로 간주되는 사회세계가 인위적인 상상의 산물이라는 것이다. 우리는 일련의 가능성 속에서 생겨난 임의적인 형식의 세계에 살고 있다. 그리고 우리가 그러한 사실을 인식할 때, 우리는 사회적 기능에 대해 현재 우리가 가지고 있는 견해가 우리로 하여금 그러한 견해들이 어떻게 구성되어 왔는지를 알 수 있게 해주는 하나의 틀이라는 것을 더 잘 이해할 수 있게 된다.

1714년에 버나드 맨더빌Bernard Mandeville의 풍자시가 『꿀벌의 우화 The Fable of the Bees』라는 책으로 출간되었다. 그 책에서 맨더빌은 개인의 이익과 공적 이득의 관계를 기술했다. 그에 따르면, 상층계급의 자유, 즉 자신들의 안락을 추구하고 사치스러운 취향과 사적 악덕을 개발하는 자유가 그들의 이익을 뒷받침하기 위해 고용되는 하층계급에게로 폭포처럼 흘러내렸고, 그러한 상업적 교환이 궁극적으로는 보다 광범위한 종류의 사회적 이득을 창출했다. 맨더빌은 사회의 경제적 성공은 사적 악덕과 공적 이득의 공생적 교환에 의거한다고 제시한다. 이러한 방식으로 부유하고 특권 있는 사람들이 누리는, 개인적 욕망을 추구하는 자유가 다른 사람들이 얼마간의 이차적 이득을 얻을 수 있는 기회를 창출한다. 이처럼 안락이나 천부적 이기심, 또는 만족의 추구 — 그것이 무엇이라고 불리든 간에 — 가 광범위한 경제적 번영을 이루는 데서 핵심적인 요소였다. 이러한 생각은 즐거움을 판매하고 개인적 만족에 대한 욕망을 계발하는 엔터테인먼트 산업이 글로벌 경제에서 가장 수지맞는 강력한 세력 중 하나가 된 오늘날의 서구에서도 여전히 흥미롭다. 욕망 마케팅은 결과적으로 일단의 경제적 기회를 창출하는 발판을 마련한다. 글루텐을 함유하지 않은 빵, 일리 커피, 버버리 스카프, 덕 마틴 슈즈를 사고 싶은 일시적인 마음 모두의 배후에는 다량의 일련의 상업 정보들이 자리하고 있다.

18세기경부터 상업자본주의가 출현하고 보다 공식적으로 관리되는 상업영역이 부상하면서 사회적·경제적 환경이 보다 복잡해지고 정교해졌고, 이에 따라 사회학의 근본 질문, 즉 개인과 사회 간의 관계의 성격이 더 많은 주목을 받게 되었다. 사회에서의 미시적 수준과 거시적 수준 간의 긴장은 현대 시기에도 다양한 형태로 계속되어 왔다. 사적 악덕이나 탐닉이 공적 이득을 낳는다고 하더라도, 그것이 사회가 조직화되는 올바르고 적절한 방식인가라는 질문은 여전히 남아 있다. 사회의 작은 부문이 향유하는 사적 악덕의 이익이 상업과 다른 사람들에게 기회를 만들어준다고 해서, 그것이 허용되어야 하는가? 이러한 종류의 질문들은 선택받은 소수만이 아니라 무수한 사람들이 행하는 현대의 외식 관행에 어떤 적실성을 지니는가? 이 책이 취하는 접근방식은 과시적 소비의 한 형태로서의 쾌락, 엔터테인먼트, 안락의 추구에 초점을 맞추어, 외식의 인기가 사적인 것과 공적인 것 간의 관계 — 즉, 개인의 직접적인 살아 있는 경험과 (대중의 관습과 매너를 통해 표현되는) 높은 수준의 추상적 가치가 갖는 권위 간의 관계 — 에 대해 논급할 수 있는 맥락을 제공하는지를 탐구해 보는 것이다.

외식 관행은 감정작업emotion-work의 한 형태이고, 외식의 광범한 인기는 외식이 우리의 개인적 구조의 일부를 형성한다는 것을 보여준다. 우리의 욕구는 다양한 외적 영향을 받아 형성되고, 그러한 외적 영향들이 우리의 정체성 속으로 섞여 들어온다. 그리고 우리는 그 정체성을 이용하여 우리의 일상적 욕망을 조직화한다. 따라서 우리가 행동하는 방식은 단지 우리의 개인주의 의식을 드러내는 것과만 관련되어 있는 것이 아니다. 우리의 행동방식은 또한 우리가 세계 속에서 우리의 위치가 갖는 의미를 파악하는 하나의 수단이기도 하고, 우리 자신과 다른 사람들 간의 간극을 메우는 방식이기도 하다. 우리의 음악 취향, 엔터테인먼트, 신념, 가치가 우리의 주변 환경에 형식과 의미를 부여한다. 대중의 외식 관행을 우리가 사회적 영역을 차지하고 다른 사람들과 상호작용하는 방식을 탐구하는 수단 가운데 하나로 간주하는 것은 우리가 개인적 정체성을 어떻게 구성해 왔는지, 그리고 우리가 정체성의 표현을 얼마나 중요하게 생각하는지를 통찰할 수 있게 해준다. 우리의 감정, 욕망, 만족, 욕구의 본질을 규정하는 것은 하나의 엔드게임endgame이 아니다. 그것들은 영속적이지 않고 양적으로 측정할 수 있는 것도 아니다. 그럼에도 불구하고 그것들은 행위의 실질적인 추동력으로 작용하고, 그럼으로써 행위를 통해 우리에게 가시화된다. 이러한 의미에서 정체성은 우리가 행하는 것이자, 우리가 수행하는 방식이고, 우리가 다른 사람들의 반응에 대응하는 방식이다. 정체성은 우리가 하나의 본질적인 내적 코어an essential interior core로 상상하거나 생각하는 우리 자신의 것이 아니라 우리의 사회적 습관의 산물이다. 우리가 우리 자신을 근대적이고 문명화된 존재로 이해하는 방식, 우리가 적절하고 관례적인 것처럼 보이는 사회적 교환의 유형들을 계발해 온 방식, 그리고 우리가 우리의 욕구를 개발하고 공적 장소에서 그 욕구를 충족시키기로 결정해 온 방식이 이 책을 틀 짓고 있는 주요한 관심사들이다. 대중의 외식 관행은 이러한 관심사를 탐구할 수 있는 수단 가운데 하나이다. 왜냐하면 레스토랑 자체는 분명 사적인 것과 공적인 것 사이의 공간에 위치하기 때문이다.

초기 레스토랑은 스펙터클을 위한 극장, 즉 예기치 않은 것이 환영받는 장소였다. 그곳은 음란하고 선정적이고 관습에 반하고 거친 것에 대해 관용적이었고, 이는 개인들이 점점 더 다른 사람들에게 관대해지는 법을 배웠고 또한 자신들의 특이한 기질을 즐길 준비가 되어 있었다는 것을 의미했다. 이 사회적 장소는 개인을 전시한다. 즉, 사람들은 그 자신이 즐거움의 한 원천이 됨으로써뿐만 아니라 다른 사람들을 관찰함으로써도 즐거움을 맛볼 수 있었다. 공적 영역은 실험의 무대가 되었다. 의복과 품행의 세세한 것들이 지위와 개인적 성향을 해독할 수 있는 기호였다. 양식화된 외모는 위장의 풍습을 보다 분명하게 드러내주었고, 따라서 사회세계는 모든 인간관계가 계속해서 연출되고 조작되는 하나의 극장으로 인식되었다.

이러한 선구자들로부터 우리는 다른 사람들이 우리를 바라보는 방식이 갖는 중요성을 이해해 왔다. 겉으로 드러나는 우리의 품행은 우리의 내적 성격을 보여주는 하나의 단서이다. 그렇기에 체스터필드 경Lord Chesterfield은 1741년에 자신의 아들에게 세련된 매너는 자신을 가장 잘 드러낼 것이기 때문에 그러한 매너를 신중하게 함양해야 한다는 유명한 조언을 했다. 우리가 공개적으로 즐기는 방식, 즉 우리가 우리 자신을 즐기고 새로운 형태의 사교를 추구하기로 결정하는 방식은 우리의 기질을 보여주는 증거로 간주된다. 우리가 우리의 취향과 쾌락을 공개적으로 추구함으로써 우리의 성향을 겉으로 드러내는 것은 사회적 영역을 너그러움의 장소와 주체성의 실험실로 만들어왔다. 특히 레스토랑은 그것을 가능하게 만드는 데서 중요한 역할을 해왔다. 그러한 방식으로 행동하는 데 우리가 기꺼이 동의해 온 방식은 긴 상업주의의 역사, 민주적 제도의 성장, 그리고 도시사회학 자체에서 비롯된다.

근대세계의 모든 대도시가 한두 개의 레스토랑 지구를 가지고 있을 것이라는 생각은 지금은 당연한 것으로 간주된다. 런던의 메이페어와 소호, 시드니의 달링 하버, 멜버른의 리곤 스트리트, 맨해튼의 그린위치 빌리지, 파리의 5번구와 8번구, 도쿄의 긴자가 그러한 지구의 상징적인 사례들이다. 이 독특한 지역들은 우리가 쾌락과 오락거리를 찾으며 공개적으로 흥겹게 즐기는 장소를 제공한다. 더 일반적으로는 식품소매점 역시 다양한 상업적 이해관계 — 이를테면 유명 셰프의 화려한 요리책, 프로방스·토스카니·태즈메이니아·스칸디나비아의 관광지에 쭉 늘어선 고급식당, 차세대 마스터 셰프를 발견하기 위한 리얼리티 텔레비전의 경쟁, 가정요리용의 우아한 디자이너 주방용품을 판매하기 위한 대중 광고, 그리고 길A. A. Gill, 체리 라이프Cherry Ripe와 루스 레이츨Ruth Reichl 같은 방송매체에 글을 쓰는 음식비평가들의 명성과 얼마간의 부 — 를 지원한다. 근대 가족의 변화, 변화하는 전문직 가정, 불규칙한 노동시간 또한 식사를 덜 정형화되게 만들었다. 그리고 다양한 형태의 레스토랑은 그러한 사회변화에 대응하여 마케팅을 전개해 왔다. 하지만 레스토랑이 단지 경제적·산업적 변화가 낳은 편의시설인 것만은 아니다. 레스토랑은 또한 새로운 매너, 관습, 욕망, 라이프 스타일을 계발해 온, 심리 형성의 장소이자 장기간의 문화변동의 역사를 만들어온 도구이기도 하다.

우리가 물리적으로 생존하기 위해서는 규칙적으로 먹어야만 하지만, 우리가 먹는 방식은 먹기를 문화적으로 중요한 문제로 만든다. 집단적으로 추구되는 소비쾌락은 서구 사회를 특징짓는 것 중 하나이다. 19세기에 소스타인 베블런Thorstein Veblen은 그러한 행동을 과시적 소비로 지칭하고, 그것을 새로운 자아 추동적 충동self-propelling impulse이라고 묘사했다(Veblen 1899). 개인들은 우리가 인지할 수 있는 욕구에 토대하여 소비하는 것이 아니라 오히려 자신들의 소비능력을 과시하기 위해 소비했다. 소비는 욕구에 의해 제약되는 것이 아니라 상상과 새로운 것에 대한 욕망에 의해 폭발되었다. 개인들은 상품을 이용하여 자신을 정의하고 돋보이게 함으로써 다른 사람들에게 보다 눈에 띄고 존경받을 수 있다는 것을 배웠다.

외식은 우리의 감성을 드러내준다. 레스토랑의 실내장식과 분위기 — 이를테면 가구의 스타일 — 는 기분을 끌어올려 주고 우리를 감각적 존재로 만들어준다. 태피스트리가 씌워져 있는 의자는 나무 의자나 플라스틱 의자가 풍길 수 없는 방식으로 부를 연상시킨다. 그리고 이와 유사하게 식탁용 리넨 제품들의 빳빳함과 새하얌(그 테이블보가 무명천이든 다마스크천이든 또는 종이이든 간에), 한 송이 꽃이나 이탈리아 촛대로 멋을 낸 테이블 장식, 이것들 모두는 심미적 가치를 표현하고, 그 표현된 스타일의 구성요소가 된다. 실내장식과 메뉴는 우리에게 쾌락과 즐거움을 예상할 수 있게 해준다. 그것들은 특정한 감각을 이끌어내는 도구들이다. 플러시 레더 실내장식품, 어둑한 조명, 밝은 색깔의 거대한 벽화, 카펫이 깔린 바닥, 또는 시골 선술집처럼 땅콩껍질로 뒤덮인 맨바닥, 이것들 모두는 뜻밖의 즐거움에서부터 사회적 우월감에 이르기까지 특정한 기분과 감정들을 불러일으킨다. 문자적 의미와 비유적 의미 모두에서 레스토랑은 특정한 감정을 겉으로 표출시키는 도구이다. 레스토랑은 자신의 토대를 숨기고 있는, 매우 공학적으로 설계된 환경이다. 식사 손님은 흥분과 기대에 이끌린다. 분위기 있고 고급스러운 비스트로bistro[편안한 분위기의 유럽풍 작은 식당 _ 옮긴이]에서는 로맨틱한 느낌이 고조될 수도 있다. 이를테면 그곳의 작은 테이블은 함께 식사하는 사람들을 더욱 근접시키면서도 다른 사람들과는 적절한 간격을 유지시켜 줌으로써 친밀감을 높이는 데 기여한다. 높은 천장, 부드러

운 음악 ― 약간 밝은 헨델Handel, 느린 모차르트Mozart, 쿨한 브루벡Brubeck
― 은 기분을 좋게 해준다. 반면 가구와 웨이터의 의상 ― 이를테면
세일러복이나 게이샤 가운 또는 카우보이 가죽바지를 차려 입고 있는 ―
을 통해 이전 시대나 공상의 시대 같은 가짜 분위기를 재창조한 패
러디 카페는 자칫하면 경박하다는 느낌을 주기 쉽다. 레스토랑이
지닌 연극성은 즐거움을 약속하는 데 필수적이다.

　1930년대에 영화에 클로즈업 화면이 도입되자 배우, 즉 낯선 사
람의 얼굴 전체를 자세하게 볼 수 있게 되었다. 눈, 입술, 시선의 세
세한 것들이 손으로 만져질 듯 가까워졌다. 이러한 근접성은 연인
들이, 그리고 부모와 아이가 신체적으로 가까이 하는 데서 발견되
는 친밀함 같은 것으로, 이전에는 낯선 사람들 사이에서는 좀처럼
경험할 수 없던 것이었다. 영화의 이러한 혁신은 관객으로 하여금
새로 마주친 주관적 경험에 반응해야만 하는 순간을 만들어냈다.
클로즈업은 입술의 살짝 뒤틀림, 웃을 기미, 눈의 아주 작은 반짝임
이 특정한 심리적 속성을 표현한다는 것을 알려주었다. 동기, 욕망,
공포, 불안, 사랑, 증오가 그러한 세세한 것들을 통해 그려졌다. 얼
굴표정의 미묘한 차이는 다른 사람들의 주체성의 기호로 이해되었
다. 영화기술의 혁신과 함께 수많은 사람들이 그러한 세세한 것으
로부터 주체성을 읽어내는 훈련을 집단적으로 받았다. 영화에서도,
그리고 영화 밖에서도 주체성과의 대결은 피할 수 없는 것이 되었
다. 클로즈업은 낯선 사람들의 표정을 연구할 수 있게 해주었을 뿐
만 아니라 그들의 생각을 꿰뚫어 볼 수 있는 수단을 제공했다. 그리
고 그것은 다시 심리학을 엔터테인먼트로 변형시켰다.

마찬가지로 레스토랑 또한 바라보고 느끼는 새로운 방식을 산출해 온 장치였다. 우리가 특정한 태도를 실험하여 채택하고 사회적 가장을 연습하는 것도 레스토랑에서이다. 레스토랑은 단순히 음식을 제공하는 데 그치지 않는다. 그것은 또한 감정적 쾌락과 계속되는 엔터테인먼트의 요구를 충족시킨다. 레스토랑은 취향을 퍼뜨리는 패션산업의 일부이다. 레스토랑은 현대사회에서 기대되는 삶의 기준이 되어온 일련의 사치품들의 진열장으로, 두 세기를 거치면서 그 자체로 근대 소비혁명에서 중심적인 위치를 차지하게 되었다.

감정의 형성과 관련하여 레스토랑은 존중받는 주체성들의 목록을 제공한다. 우리는 특정한 레스토랑을 선택할 때, 로맨스, 공동체, 도시풍, 코즈모폴리터니즘, 충만감, 재미 모두를 고려한다. 유행 또한 레스토랑 선택에서 한몫을 한다. 왜냐하면 새로운 먹기 스타일의 물결이 일었다가 그다음에 잠잠해지기 때문이다. 이를테면 그동안 우리는 아시아 요리, 퓨전 요리, 누벨 퀴진nouvelle cuisine, 근대 영국 요리, 프랑스 전통 요리, 지중해 요리, 이탈리아 요리, 신선 요리, 유기농 요리, 채식주의 요리와 같은 요리 스타일과 마찬가지로, 시골풍 레스토랑, 지방 스타일 레스토랑, 미니멀리즘적 레스토랑, 포스트모던 레스토랑, 바로크식의 화려한 레스토랑, 그리고 글로벌한 레스토랑 모두를 공적 영역의 장소에서 발견해 왔다. 다양한 레스토랑이 식사를 하나의 제조된 쾌락manufactured pleasure으로 만듦으로써 식사경험을 산업화한다. 몇몇 경우에는 그러한 공학적으로 설계된 환경이 유행을 잘못 읽어내어 운영에 실패하고 싸게 팔려나가기도 한다. 와인이 볼품없게 생긴 아주 큰, 그렇지만 유행하는 글라스로 제공된다면, 와인을 마시기가 어렵고 덜 즐거울 수 있다. 누벨 퀴진의 얼리 어답터early adopter들은 8각형의 큰 접시에 먹는 것을 좋아했는데, 그러한 스타일은 테이블이 너무 작을 경우 우리를 짜증나게 만들 수도 있다. 누벨 퀴진의 갑작스러운 몰락은 누벨 퀴진이 유행을 쫓은 것과 얼마간 관련되어 있을 수도 있다. 누벨 퀴진은 외식과 결부된 안락함 및 만족에 대한 기대를 충분히 충족시키지 못했다.

외식의 인기를 이해하기 위해서는 근대의 사회적 습관과 매너가 어떻게 형성되어 왔는지를 이해할 필요가 있다. 우리가 어떻게 공개적으로 처신하는지, 그리고 우리가 다른 사람들에게 어떻게 보이고 싶어 하는지가 우리가 특정한 부류의 활동에 부여하는 가치에 영향을 미친다. 우리가 아침식사를 하기 위해 어떤 카페에 가는지(스타벅스 또는 브루네띠), 우리가 점심으로 무엇을 먹기를 좋아하는지(지역 델리의 샌드위치 또는 맥도날드의 치즈버거), 그리고 우리가 낮또는 밤의 특정 시간에 누구와 함께 식사를 하는지는 우리의 개인적 취향과 욕구를 보여준다.

웨이터의 태도 역시 시간이 지남에 따라 급격히 변화되어 왔다. 19세기 초반에 웨이터들은 미숙한 식사 손님에게 겁을 주어 불안하게 할 수도 있었다. 그러나 오늘날의 음식 봉사자food server — 이렇게 개명했다 — 는 이를테면 후터스Hooters에서처럼 이제 도시에서 희롱의 대상이 되는가 하면, 응구니 소고기를 전문으로 하는 새로운 아프리카 레스토랑에서 일하는 웨이터는 서로 다른 부위의 고기를 설명하는 하나의 식견 있는 자원이다.

이처럼 겉으로 보기에는 평범한, 심지어는 사소하기까지 한 관행들은 우리가 우리의 쾌락과 안락함을 추구하는 감정경제emotional economy의 일부이다. 레스토랑들은 스타일과 메뉴, 가격과 역사에서 서로 크게 다르지만, 우리를 공적 영역에 위치시켜 우리로 하여금 우리가 특히 좋아하는 것을 드러내게 하고 다른 사람들로 하여금 그것을 관찰할 수 있게 한다는 점에서는 유사하다. 레스토랑은 우리가 특별한 때를 기념하기 위해 선택하거나 특별한 미각을 발견하기를 희망하는 하나의 편의시설로 보일 수도 있다. 레스토랑은 우리가 한껏 기대한 저녁을 즐길 수 있게 해주는 곳일 뿐만 아니라 그러한 희망이 웨이터의 부주의나 옆 손님의 소란으로 인해 엉망이 될 수도 있는 위험한 장소이기도 하다. 레스토랑은 우리가 우리의 사적 이익을 공개적으로 추구하면서 감정을 노출하는 곳이다. 레스토랑은 표면상으로는 조리술과 관련한 곳이지만, 우리로 하여금 우리의 감정적 경험에 초점을 맞추게 하는, 그리고 일상적인 삶의 기술 속에 자리하고 있는 공중의 관행들을 정의하게 하는 도구이기도 하다. 레스토랑이 주는 유희 가운데서 가장 눈에 띄면서도 가장 감지할 수 없는 것이 외식의 이 같은 측면이다.

엘리자베스 데이비드Elizabeth David, 웨이벌리 루트Waverley Root, 줄리아 차일드Julia Child 등이 쓴 음식에 관한 초기 저술들은 독자들을 교육하고 그들의 미각을 발달시키기 위해 요리의 스타일과 혁신적인 맛에 초점을 맞추었다. 보다 최근의 르포르타주들은 레스토랑의 장식, 평판, 그리고 레스토랑이 제공하는 경험에 초점을 맞추고 있다. 엘리자베스 데이비드의 저술과 이를테면 대도시 잡지기자들의 저술은 비록 모두 독자들을 교육하려는 의도를 드러내지만, 질적인 면에서 대비된다. 그러한 대중적 저술들과 함께 글로벌 식품생산의 로지스틱스(Nestle 2002; Clapp 2012)나 소비의 윤리(Foer 2009)에 집중하는 학술적 탐구들도 존재한다. 음식인류학은 지난 세기 동안 발전해 온 또 다른 저술 영역으로, 음식이 문화의 독자적인 구성요소가 될 수 있는지를 계속해서 탐구하고 있다. 20세기 후반 내내 강화된 경제의 글로벌화와 함께 식품경제는 더 두드러져왔다. 클랩(Clapp 2012: 109~110)은 오늘날 거대 식품기업이 연간 8조 달러에 이르는 글로벌 소매 판매를 하고 있으며 세 개의 회사 ― 월마트, 까르푸, 테스코 ― 로 부가 집중되고 있음을 보고한다. 랭과 히스먼(Lang and Heasman 2004: 206)은 거대 식품회사가 쓴 광고비가 연간 400억 달러를 넘으며, 이것은 전 세계 절반 이상의 국가의 GDP보다 많다고 보고한다.

이 책에서 탐구하는 질문들은 레스토랑 ― 미식 취향을 드러내고 음식 표현과 스타일에서의 혁신을 보여주는 장소로서뿐만 아니라 공개적인 자아표현의 무대이자 사회적 실험의 실험실로서의 레스토랑 ― 의 인기를 중심축으로 하여 전개된다. 이러한 태도 변화는 음식 자체에 대해 부여된 보다 광범한 사회적 가치를 반영할 뿐만 아니라 쾌락 추구에서 일어난 변화, 그리고 근대 정체성을 만드는 하나의 요소로서 욕구가 계발된 것 또한 반영한다. 이러한 점들을 염두에 두면서 레스토랑의 내부 작동을 보다 면밀히 살펴보는 것은 주체성을 구성하는 요소들의 형성을 검토하는 수단이 되는 것은 물론, 그러한 요소들의 형성이 (레스토랑 자체가 확고히 뿌리내리고 있는) 엔터테인먼트 산업에 의해 얼마나 많이 미리 틀 지어지는지를 고찰하는 수단 역시 될 수 있을 것이다.

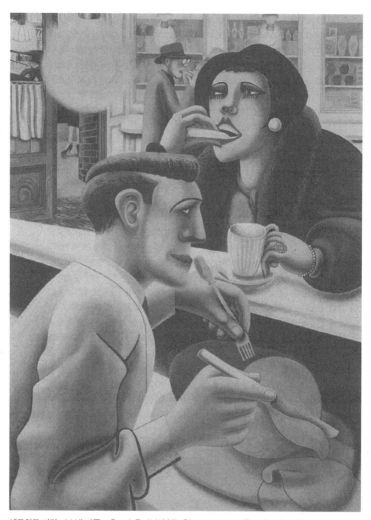

에드워드 버라, 〈스낵 바(The Snack Bar)〉(1930), Oil on canvas ⓒ Tate, London 2011

～ 1 ～

유행하는 음식

에드워드 버라Edward Burra의 그림 〈스낵 바The Snack Bar〉는 게오르그 짐멜(Georg Simmel 1905)이 산업화된 서구의 혼잡하고 시끄러운 도시에서 성공적으로 살기 위해 핵심적으로 요구되는 것으로 규명한 둔감함blasé을 예증한다. 바에서 식사하는 여성은 중경中景을 응시하고 있다. 그녀는 동행자 없이 혼자 식사하는 사람으로, 즉석 간식을 먹고 있다. 코트와 모자를 벗지 않은 것으로 보아 그녀는 길게 머물며 충분히 쉴 생각이 아닌 것으로 보인다. 바 뒤에서 일하고 있는 남자는 그녀의 안중에 없어 보인다. 그리고 그 역시 그녀에게 신경을 쓰지 않는다. 그렇다고 그들의 물리적 근접성이 그들을 심히 불편하게 하지도 않는 것으로 보인다. 실제로 그 둘이 사생활, 즉 자기 울타리치기의 의미를 즐기고 있는 것으로 묘사되지만, 둘은 여전히 가까이에 있는 낯선 사람을 의식하고 있다. 이 그림은 서구 도시의 거의 어느 곳에나 있는 어떤 점심식사 또는 커피바의 한 스냅 샷일 수도 있다. 이 그림은 일상적인 일 – 신문을 읽거나 핸드폰으로 문자를 보내거나 허공을 응시하며 먹고 마시는, 혼자 식사하는 사람들 – 을 묘사하고 있다. 버라의 그림은 민족지학적이다. 그 그림은 일상적인 것을 묘사할 뿐만 아니라 일상에 대해 의문을 제기하고, 그것에 대해 암묵적으로 논평을 요구한다. 바 안쪽에서 고기를 손질하고 있는 노동자의 근면함이 초점 없이 위를 응시하며 식사하는 사람의 얼굴과 병치되어 있다. 이 그림은 선진 대도시의 아노미적인 사회적 가치를 포착한다. 다시 말해 물리적으로는 가까이 있지만 사회적으로는 멀리 떨어져 있는 사람들을 묘사하고 있다.

현대의 다른 레저 활동들처럼 외식은 소비윤리와 우리가 상품에 투여한 우리의 개인적 가치가 갖는 중요성을 하나로 결합시킨다. 우리가 추구하는 외모, 휴가지, 스포츠 활동의 종류, 레저 습관은 유행을 타기 마련이며, 이 모든 관행은 우리의 일상적인 삶 가운데 얼마나 많은 것이 시장의 추세에 의해 틀 지어지는지를 예증한다(Illouz 1997). 레스토랑도 그러한 공학적 설계 과정의 일부이며, 그곳에서 개인적 욕망은 하나의 가시적인 표현을 발견한다. 음식을 우리의 자아표현의 일부로 간주하는 것은 음식을 우리의 감정 레퍼토리의 한 요소로 만든다. 1825년에 장 앙텔므 브리야-사바랭Jean Anthelme Brillat-Savarin이 "먹는 것이 곧 우리이다"라는 재치 있는 말을 했을 때, 그는 아마도 이러한 얽히고설킨 복잡한 관계를 언급했던 것일 것이다.

사적인 것을 공적인 것 속에 위치시키는 것은 감정자본주의emotional capitalism의 한 부분이자, 근대 경제 내에서 일상적 관행들을 연결 짓는 것의 한 부분이다. 19세기 초에 파리의 모든 길모퉁이에는 상상할 수 있는 온갖 맛을 제공하는 레스토랑이 있었다고 묘사되어 왔다. 그러한 먹고 마시는 부산한 시설들은 다양한 사회계층 출신의 낯선 사람들이 무질서하게 한데 뒤섞여서 군중을 만들어내게 함으로써, 그리고 정치적 영향력과 사회적 저류를 세세하게 기록하는 사회적 바로미터로 작동하면서 근대 도시의 성격을 틀 지었다. 레베카 스팽Rebecca Spang은 레스토랑을 이용하는 사람들은 역사를 만들고 있다고, 즉 그들은 새로운 코즈모폴리턴들이라고 지적했다. "레스토랑 가기의 규약, 의례, 어휘에 정통하다는 것은 진짜 파리 사람이 되는 것이자 최고로 세련되어지는 것이다"(Spang 2000: 172). 레스토랑은 관례와 관습이 크게 변화하는 과정의 일부였고 또 여전히 그러하다. 그리고 그러한 과정 속에서 개인의 감성이 계발되고, 그다음에는 그러한 감성이 사회적 삶의 특정한 요구사항으로 응축된다. 공적 영역에서 기대되는 예절과 순응의 기준은 레스토랑 규약의 일부가 되었다. 우리는 그 집중된 물리적 공간 내에서 코즈모폴리턴적이 되고 고도로 세련되어지는 법을 배운다.

먹기는 분명 하나의 감각적 쾌락이고 생존에 필수적이지만, 레스토랑에서 먹을 때면 먹기의 성격이 달라진다. 외식은 먹기를 생리학적인 것을 넘어 문화적·경제적인 것의 영역으로 이동시킨다. 그리하여 우리는 레스토랑을 다양한 이해관계를 추구하는 매개체로 볼 수 있게 된다. 레스토랑은 조리술에만 전념하는 곳이 아니다. 레스토랑은 또한 욕구와 욕망을 효과적으로 알리고 계발하는 장소이기도 하다. 레스토랑은 음식뿐만 아니라 사교성도 실험할 것을 권한다. 그곳은 먹을 것의 조제실이기보다는 우리가 우연히 상이한 형태의 만족을 발견하기를 기대하는 하나의 무대이다.

외식이 주는 즐거움의 많은 것은 사생활의 구축, 그중에서도 특히 군중 속에 홀로 있다는 원자화된 즐거움, 즉 어릿광대의 대접을 받으면서도 다른 사람들의 근접성으로부터 거리감을 느끼는 즐거움에서 기인한다. 하지만 그러한 환경에서 즐거움을 발견하기 위해서는 독특한 심성이 요구된다. 특히 그러한 즐거움은 자기인식적이고 자기규제적인 동시에 낯선 사람들이 주시하는 (그리고 때로는 매우 비판적으로 응시하는) 가운데서 사적 욕망을 추구하고 충족시키는 데 따르는 긴장을 균형 잡을 것을 요구한다.

음식은 풍부한 지적·사회적 역사를 가지고 있다. 음식은 하나의 조악한 자연적 욕구에서부터 고상하고 심미적인 쾌락으로 변형되어 왔고, 일부 엘리트 집단에서는 내밀한 지식의 상징이 되었다. 페르낭 브로델(Fernand Braudel 1979: 190)은 초기 먹기 활동의 천박함을 14세기 프랑스 귀족사회의 연회를 예로 들어 묘사한 바 있다. 당시 연회에서는 거대한 고기 접시가 생선과 야채와 섞여 피라미드 모양으로 쌓여서 제공되었다. 이러한 게걸들린 스타일은 상층계급에만 한정된 것이 아니었다. 브로델은 15~16세기에 일반적이었던 음식 스타일에 대한 몽테뉴Montaigne의 묘사를 언급하며, 다양한 종류의 고기를 수북하게 쌓아 제공하는 것이 관례였다고 보고한다. 그 다량의 고기에는 소고기, 양고기, 돼지고기, 염소고기, 어린 양고기, 자고새 고기, 물새 고기, 종달새 고기, 홍학 고기뿐만 아니라 사냥해서 잡은 다양한 고기도 포함되어 있었다. 16세기에 파올로

베로네세Paolo Veronese가 그린 〈카나의 혼례The Wedding at Cana〉(파리, 루브르 박물관)라는 그림은 그러한 축연의 사치를 얼마간 암시한다. 그 그림은 백 명이 넘는 손님들이 테이블에서 호화로운 식사의 말미에 제공되는 진미를 먹고 있는 모습을 보여준다.

음식 습관은 흔히 개인의 사회적 지위와 문화를 나타내는 기호로 생각된다. 전통적으로는 채소를 먹는 집단과 고기를 먹는 집단으로 보다 광범하게 구분되었다. 그 당연한 귀결로 전자는 토지 경작에 묶여 있고 따라서 보다 차분한 것으로 특징지어진 반면, 후자는 계속해서 자신들의 먹을거리를 사냥하고 따라서 보다 공격적이고 약탈적인 것으로 특징지어졌다. 브로델(Braudel 1979: 104~265)은 전근대 시기에 유럽과 아시아 전체에서 재배한 농작물을 상세하게 분석했고, 더 나아가 다양한 식재료의 증가 및 더 많은 고기 소비와 함께 식생활과 음식 재료가 변화하면서 사회구조가 어떻게 변화했는지를 상세하게 묘사했다.

식생활의 변화는 일상적 삶과 사회를 변화시킨다. 우리는 이를 사람들이 담배, 감자, 옥수수, 토마토의 소비와 같은 새로운 습관을 채택한 데서 인지할 수 있다. 각각의 새로운 경험은 사회적 변화를 수반한다. 가장 분명하게는 교역과 시장이 지역에서 보다 친숙한 확실한 특징으로 자리 잡았다. 시장은 새로운 음식을 소개했고, 또한 상인과 손님 간의 보다 다양한 사교의 원천이 되었다. 시장은 매년 서로 다른 시기에 서로 다른 풍부한 상품을 거래했는데, 이를테면 10월에는 사냥한 고기를, 11월에는 건초를, 12월에는 곡물을 거래했다(Braudel 1979: 140~141).

모든 사회에서 음식은 먹을 수 있는 것과 먹을 수 없는 것에 대한 명백한 규칙에 의해, 그리고 누구와 어떤 특별한 상황에서 먹는지에 의해 규제되어 왔다. 음식 선호와 음식 습관은 개인의 지위를 알려준다. 음식 자체는 흔하고 일상적인 식품에서 진기하고 비싸고 이국적인 식품으로 이어지는 연속선을 따라 범주화된다. 따라서 그것은 사회적 표지이다. 음식 취향은 소비 유형을 보여주는 만큼이나 개인적 습관도 보여준다. 음식은 사회의 상징구조에 중심적이고 모든 경제에 근본적이다. 따라서 음식은 호혜성과 책무의 의례의 일부이며, 그러한 의례들은 개인들의 지위, 부, 권력을 보여준다. 산업화된 사회에서 음식은 급격히 하나의 상품으로 변형되어, 서구 경제를 구축해 온 전 지구화된 거래의 많은 것을 뒷받침하는 상업적 동력의 하나가 되었다. 실제로 네덜란드, 영국, 프랑스 제국을 창출하는 데 일조해 온 것이 바로 향신료의 거래였다. 15세기 동안에 후추는 검은 금으로 알려질 만큼 매우 소중한 것이었고, 따라서 그만큼 높이 평가되었다.

사회발전의 역사에서 음식이 차지해 온 중심적 위치 때문에, 음식은 이미 다른 어떤 것의 표상이 되었다. 음식은 다양한 태도를 균형 잡는 받침대와 같다. 레스토랑 역시 그와 거의 동일한 방식으로 음식을 다양한 이해관계를 표현하는 것으로 재구성하는 일을 한다. 따라서 레스토랑은 하나의 스펙터클이고 엔터테인먼트이고 편의시설이자 상품교환의 장소이다. 이러한 방식으로 음식은 우리의 근대 심성을 프레임 짓는 데서 일정한 역할을 수행한다. 음식은 입과 마음, 정제되지 않은 것과 정제된 것, 자연적인 것과 심미적인 것 사이를 이동하면서 현대 사회적 주체의 실루엣 ― 즉, 우리가 우리 자신을 식견 있는 코즈모폴리턴으로 생각하는 방식의 윤곽 ― 을 그려준다.

따라서 우리가 외식을 하기로 결정할 때, 우리는 곧바로 지역적인 것에서 지구적인 것에 이르기까지, 그리고 역사 속의 것에서 현대의 것에 이르기까지 뻗쳐 있는 의미의 세계로 들어간다. 우리가 외식으로부터 얻는 즐거움은 글로벌 상품화 과정과 유행 담론 간의 복잡한 상호작용에 달려 있다. 왜냐하면 그러한 상호작용이 우리의 주관적 정식화에 작동하기 때문이다. 우리가 KFC가 아니라 맥도날드에서 먹기로 결정할 때, 우리는 반사적으로 그 사실을 다른 사람들에게 말한다. 하지만 그 메시지의 내용을 파악하기란 거의 불가능하다. 우리는 전 세계적 무역협정이 품질이 아주 잘 통제된 한 끼 식사를 상대적으로 싸게 구매할 수 있게 해주고 우리로 하여금 털사Tulsa[미국 오클라호마주 북동부에 있는 도시 _ 옮긴이]와 도쿄에서 동일한 햄버거를 먹을 수 있게 해주기 때문에 무역협정을 지지한다고 말하기도 한다. 아니면 우리는 식품소매의 경제적·정치적 배경이 아니라 오직 맛에 따라 음식을 선택해 왔다고 넌지시 비치기도 한다. 어느 쪽이든 햄버거를 먹는 것은 우리의 개인적 취향에 대한 메시지뿐만 아니라 패스트푸드, 농업관련 산업의 정치, 그리고 전 지구적 먹을거리 배분에 관한 메시지까지도 전달한다.

우리는 특화된 메뉴를 제공하고 실내를 휘황찬란하게 장식한 유명 레스토랑에서 반복적으로 식사할 수는 없으며, 우리의 즐거움은 오직 음식에만 있다고 설득력 있게 주장할 수도 없다. 우리는 패스트푸드 레스토랑에서 습관적으로 먹을 수도 없고, 그곳의 서비스

속도를 지적함으로써 즐거움을 설명할 수도 없다. 이러한 사례들은 우리가 추구하는 즐거움은 바로 각각의 레스토랑이 지닌 문화적 의미라는 것을 보여준다. 레스토랑에서의 먹기가 주는 분명한 매력 중의 하나는 우리가 관찰될 가능성이 있다는 것이다. 우리는 다른 생리학적 욕구, 이를테면 잠, 섹스, 또는 배설을 그러한 공적 가시성의 수준으로까지 끌어올린 적이 없다. 그러나 레스토랑에서 우리는 매우 가시적이 된다. 그리고 만약 우리가 그러한 노출된 환경에서 우리의 사적 즐거움을 향유하고자 한다면, 우리는 그 환경에 적합한 특정한 감성을 계발해야만 한다. 이러한 점에서 레스토랑은 사적 감각의 목록 가운데 하나일 뿐만 아니라 공적 욕망의 아키텍처라는 이중의 용도를 가진다. 레스토랑은 먹을 수 있는 것 너머로 확장되는 감정과 욕구를 틀 짓는 어휘를 공급한다.

레스토랑 정의하기

레스토랑을 음식물을 제공하는 장소로 보는 관념은 수많은 선례를 가지고 있다. 그러한 관념은 중세 도시에서 집에 하인과 부엌이 없는 사람들 ─ 하층 사회계급 대부분의 사람들이 이에 포함되었다 ─ 을 위해 음식을 준비해 주던 요리 기구 상점과 연관되어 있다. 그러한 관념은 또한 17세기에 런던에서 커피와 담배를 조달하는 장소이자 도시, 의회, 부두, 시장에서 일어나는 일에 대한 정보를 교환하는 활력 넘치는 모임 장소로 등장한 커피하우스와도 연관되어 있다. 유럽과 아시아의 다양한 곳에서 근대 레스토랑의 요소들은 저잣거리, 여행자들의 숙소, 마을의 부엌에서 발견된다. 이 모든 곳은 돈을 지불하는 손님들의 식욕을 충족시켜 주었다는 점에서는 초보적 형태의 레스토랑들이다. 하지만 근대 레스토랑을 특징짓는 것은 음식을 제공하는 능력만이 아니다. 근대 레스토랑은 그것 못지않게 사회적 가치들에도 영향력을 행사한다. 레스토랑은 고객들에게 광범위한 사람들과 어울릴 수 있는, 제멋대로 꾸며낸 성격으로 위장한 채 자신을 공개적으로 과시할 수 있는, 잘난 체하고 허세부릴 수 있는, 그리고 뉴스와 견해를 퍼뜨리는 일에 참여할 수 있는 기회를 제공했고, 이것들이 레스토랑을 오늘날의 코즈모폴리턴적 삶에서 향유할 수 있는 다양한 사적 즐거움을 만들어내는, 환영받는 장소로 만들었다.

우리가 레스토랑의 기원을 다양한 방향에서 추적할 수 있기 때문에, 레스토랑을 정의하는 것은 그리 단순하지 않다. 만약 우리가 요리를 강조한다면, 레스토랑은 메뉴와 요리 스타일을 통해 정의될 수 있으며, 음식의 제공이 레스토랑을 규정하는 단일한 요소가 된다. 메넬(Mennell 1985: 134~144)은 분명하게 근대적인 형태의 레스토랑이 출현하기에 앞서 수세기 동안 그러한 종류의 초보적 형태의 레스토랑이 존재해 왔다고 묘사했다. 18세기 후반의 프랑스혁명이 레스토랑이 생겨나는 데서 촉매제 역할을 한 것으로 거론된다. 프랑스혁명으로 인해 더 이상 귀족집안에 봉사할 수 없어진 사람들이 일반 음식점을 개업하여 새로운 형태의 삶을 찾으면서 고도로 숙련된 음식 전문가 계급이 창출되었다는 것이다. 하지만 공적 영역에서 음식을 판매하는 관행은 그보다 여러 세기에 앞서 발생했다. 여행자들의 숙소가 그러한 사례 가운데 하나이다. 그곳에서는 상당한 돈을 주고 정식을 사 먹을 수 있었다. 음식은 요리사에 의해 준비되었고, 손님은 그날의 음식을 아무거나 제공받았다. 이렇듯 레스토랑 또는 그와 유사한 시설이 12세기 중세의 도시에 존재했고, 주로 식당들은 이용할 수 있는 부엌이 없거나 요리하는 사람이 없는 낮은 사회계층 사람들에게 뜨거운 음식을 제공했다.

음식의 선택과 음식의 표현 스타일 또한 레스토랑을 정의하는 특징들이다. 메넬(Mennell 1985: 137)에 따르면, 영국의 선술집은 지역의 고관들이 자신들의 시민 권력을 과시하여 불러 모은 천 명 또는 그 이상의 식사손님들이 참석하는 거대한 연회를 수행했을 뿐만 아니라 사회적으로 보다 높은 지위에 있는 신사들의 작은 모임에 고급 식사를 제공하기도 했다. 이 같은 경우 선술집은 근대 레스토랑과 거의 동일한 방식으로 기능했다. 다른 나라와 지역에서 레스토랑의 진화는 대체로 지역적 요소에 의해 지배되며 상이한 경로를 취해 왔다. 이를테면 프랑스에서는 18세기에 고기를 절단하고 특정한 양을 판매하는 관행이 트레퇴르traiteur[요리사 겸 식품공급자 _ 옮긴이] 길드에 의해 통제되었다. 이는 적은 요리 ― 대가족보다는 레스토랑이나 여관에서 요구되는 ― 를 단일 고객에게 제공하는 관행이 실제로 발전하지 않았다는 것을 의미했다. 반면 영국에서는 먹을거리 거래를 그리 통제하지 않았기 때문에, 음식을 구입할 여력이 있는 사람에게 서비스를 제공하는 요식업이 발전할 수 있었다. 프랑스혁명이라는 수십 년 동안의 사회적 격변기에, 지방 의원들이 파리로 유입되면서 새로운 시골풍 요리가 도시로 들어와서 파리 레스토랑의 레퍼토리를 확장시켰으며, 그 요리가 당시 증가하고 있던 도시 거주자들에게 제공되었다(Mennell 1985: 139). 이러한 사건들이 음식과 스타일의 판매를 뒷받침하는 사회적·경제적 조건을 촉진하기는 했지만, 특정 요리나 특선 요리의 판매는 대체로 프랑스혁명 이전에 생겨난 레스토랑에서 더욱 발전했다. 영국에서는 17세기에 존재했던 직능의회functional Parliament가 지역경제를 창출했다. 그곳에서는 직능의회의 의원과 직원들에게 밤낮으로 식사를 조달하는 것을 포함하여 다양한 서비스가 발전했다.

레스토랑은 음식을 둘러싼 문화적 관행들을 변화시켰고, 계속해서 개인의 취향을 틀 짓는 데서 큰 영향을 미쳤다. 프랑스 단어 **레스토랑**은 원래는 원기를 회복시키거나 건강하게 해주는 부용bouillon 또는 콩소메consomme — 종종 심하게 농축되어 걸쭉해져서 풀처럼 되는 — 를 지칭했다. 그 말은 특히 프랑스식으로는 병약한 사람들이 원기 회복제로 약용 주스를 마시는 것을 묘사하는 것이었다(Furetière, Dictionnaire Universel, 1708). 약 15세기에서 18세기까지 얼마간 치유적 역할을 했던 레스토랑은 특히 파리 상층계급에 의학-요리 담론을 제공했다. 신진대사, 특히 소화, 혈액순환, 호흡 작용에 대한 광범위한 우려는, '풍류'을 아는 사람들이 두통, '신경과민', 약한 가슴과 위장으로 자주 고통을 받았으며 그들은 빈번히 건강을 회복해주는 원기 회복제의 힘을 필요로 했다는 것을 의미했다. 귀족에게는 최고의 레스토랑을 찾아 자신의 건강증진을 위해 홀로 원기 회복제를 조용히 섭취하는 것이 절대적으로 필요했다. 방탕한 귀족이 레스토랑 경영자에게서 건강회복 특효약을 찾음에 따라, 개인적인 것과 상업적인 것, 그리고 보다 구체적으로 이 경우에는 사적 악과 공적 번영을 이어주는 중요한 연결고리가 확립되고 있었다. 상층계급의 이러한 도락은 성장하고 있던 상인계급에게 상업적 기회로 인식되었다. 레스토랑을 즐기는 새로운 습관은 그 소비자 — 처음에는 방탕한 귀족이 소비자였지만 나중에 그 습관이 널리 유행하면서 새로운 신사계급이 주요한 소비자가 되었다 — 의 정체성을 특징지었다. 그 관행이 사회적 지위와 매우 밀접하게 관련되어 있었기 때문에 벼락부자나 멋쟁이가 즐기기 위해 레스토랑을 이용할 때면, 그것은 그가 사회적으로 출세하기 위해 노력하는 것이지 자신의 건강을 증진시키기 위한 것이 아님이 분명했다(Spang 2000: 37~39).

유행하는 건강 식이요법의 한 구성요소라는 원래의 의미에서 먹고 마시는 공적 장소라는 의미로 레스토랑이 변화해온 것은 지난 2세기 동안의 근대화 궤적을 따르고 있다. 원론적인 의미에서의 최초의 근대 레스토랑은 보빌리에Beauvilliers라는 이름의 테이크아웃 가게 주인이 1782년에 파리에 세운 것으로 알려져 있다. 그는 자신의 가게인 '라 그랑 타베르 드 롱드르La Grande Taverne de Londres'(런던 최고의 선술집)에 여러 개의 작은 테이블과 의자를 들여놓고 자리에 앉은 손님에게 조리된 다양한 요리를 제공하기 시작했다. 보빌리에의 가게가 레스토랑의 원래의 개념에 부합하는 것으로 여겨지는 까닭은 그곳이 가게 안에서 음식을 제공했기 때문이다(Mennell 1985: 139). 레스토랑은 이제 낮과 밤의 다양한 시간에 매식할 수 있는 장소를 지칭하게 되었다. 레베카 스팽은 음식, 영양, 식생활, 건강에 대한 관심이 당시의 지식사회와 귀족사회에서 일상적인 관심사였으며, 그렇기 때문에 레스토랑의 출현은 예측 가능한 결과였다고 주장했다. 그녀는 마튀랭 로즈 드 샹투아조Mathurin Roze de Chantoiseau를 근대 레스토랑의 발명가로 본다. 그는 식료품의 상품화에 관한 아이디어를 공표했고, 특히 1769년에는 파리의 방문객에게 유용한 재화와 서비스를 안내해 주고자 하는 노력의 일환으로 수천 명의 파리 상인과 점포를 알파벳순으로 기재한 연감Almanach을 제작했다 (Spang 2000: 12~20). 연감을 제작하는 과정에서 그는 음식과 색다름을 최신 유행으로 홍보함으로써 마케팅 원리에 대한 예리한 식견을 보여주었다. 그는 소비 욕구 역시 유행성과 개인적 특이성을 추구하는 것이라고 이해했다. 따라서 그가 창조한 레스토랑은 도시 상업의 성장에 없어서는 안 되는 것이었다.

하지만 이러한 시원적인 요소들은 이전의 다른 상황에서도 찾아볼 수 있다. 20년 앞서 파리에서는 수프를 파는 불랑제Boulanger라는 사람이 자신의 원기 회복제를 소비할 수 있는 장소를 제공했다. 그리고 1760년대 뉴욕에서는 새뮤얼 프라운스Samuel Fraunces가 맨해튼(그때까지는 그렇게 불리지 않았다) 남부에 퍼블릭 하우스를 열고, 그곳에서 맥주와 음식을 팔았다. 따라서 그는 레스토랑 경영자로 간주될 수도 있다. 런던에서는 그 이전 세기에, 즉 1660년대에 커피하우스들이 인기를 끌었는데, 그것들을 근대 레스토랑의 선구자로 인식할 수도 있다.

과거와 현재를 연결하는 근대 레스토랑의 독특한 특징은 그곳이 개인들에게 공식적인 회원자격이나 초대장이 없더라도 낮이나 밤

언제든지 사회적 영역에서 신나는 일을 할 수 있는 기회를 제공한다는 것이다. 메넬(Mennell 1985: 141)은 새뮤얼 존슨Samuel Johnson의 18세기 논평, 즉 외식은 집에서 손님을 대접하는 것에 따르는 불안으로부터 해방시켜 준다는 논평을 언급할 때조차 레스토랑의 이러한 측면을 경시한다. 주인은 항상 손님의 기분에 주의를 기울여야 하지만, 레스토랑에서 식사할 때에는 그러한 불안이 존재하지 않는다. 대신 예기치 않은 상황을 마주할 기회가 아주 많이 생긴다. 따라서 레스토랑의 커다란 매력은 그곳이 예기치 않은 즐거움을 제공할 가능성에 있다. 근대 레스토랑은 새로운 감각과 마음상태를 발견하고 즐길 수 있는 감정적 공간이다. 20세기로의 전환기의 유럽에 관한 최근의 한 회고록에는 카페가 ― 지적 흥분을 불러일으키는 ― 세계의 소식과 친교를 갈망하는 젊은이들의 안식처로 묘사되어 있다. 카페는 구역으로 나누어져 있기 때문에 각자는 자신의 테이블을 차지하고 자신의 특별한 관심사 ― 그것이 신문이든 또는 고급 지식을 위한 학술서이든 간에 ― 를 드러낼 수 있었다(de Waal 2010: 128).

모든 젊은이는 자신만의 카페를 가지고 있으며, 각각은 미묘하게 다르다. …… 당신은 거기서 하루 종일 높은 아치형 천장 아래에서 커피한 잔을 옆에 두고, 글을 쓰거나 쓰지 않으면서, …… 오후 판을 기다리는 동안 아침 신문을 읽으면서 하루 종일 보낼 수 있다. …… 웨이터들조차 거대한 원형 테이블 주변에서 대화에 동참한다는 소문도 들렸다. 그것은 풍자주의자 카를 크라우스Karl Kraus의 유명한 표현으로 "세상의 종말에 관한 실험실"이었다. 카페에서 사람들은 멜랑콜릭한 이별의 태도를 취할 수도 있었다. 그것은 많은 사람이 공유하고 있던 태도였다. …… 가장 많은 사람들이 기대하는 것은 이야기를 나누는 것이었다.

음식물로 장난하기

비식용 음식물 또한 레스토랑의 중요성을 확립하는 데 중요한 역할을 했다. 바르톨로메오 스카피Bartolomeo Scappi(c. 1550~1577)는 16세기 초에 저술한 책 『요리의 기술에 관한 연구Work on the Art of Cooking』에서 소비되지 않은 다양한 음식물을 이용하여 건축학적 위업을 이룬 호화로운 연회들을 묘사했다. 앙투앙 카렘Antonin Carême(1784~1833) 같은 유명 셰프가 똑같이 화려한 페이스트리pastry 요리를 설계했던 19세기까지 일부 지역에서 그러한 고도의 기교를 보여주는 작업은 계속되었다. 그의 그랜드 퀴진Grande Cuisine은 조경술과 자연의 유기적 형식을 전유하여, 음식물로 소규모 탑, 공연장, 원형 건물, 분수탑, 초가집, 시골집, 요새, 사원과 같은 비식용 장식품을 만들었다. 그것들은 설탕과 밀랍으로 만들어졌고, 때로는 높이가 4피트나 5피트에 달했다. 이탈리아, 터키, 러시아, 중국, 이집트, 갈리아식 테마로 꾸며진 이 피에스 몽테pièce montée들은 큰 레스토랑 테이블의 중심에 위치하여 경탄을 자아냈지만 소비되지는 않았다. 음식물은 꼭 먹지는 않더라도 미각을 자극할 수 있는 강력한 시각적 구성요소를 가진 물질로 취급되었다. 카렘의 발명품은 식사하는 사람의 관심을 식탁에 제공되는 음식의 질에서 다른 곳으로 돌리게 하기 위해 신중하게 고안되었다. 테이블 중앙에 놓는 장식물의 선구자인 이 음식 장난감은 오늘날의 한 송이 꽃이나 장식용 양초를 얼마간 보잘것없어 보이게 만든다. 음식 표현과 관련된 변화하는 풍습은 음식물을 패션의 한 대상으로 만든다. 2010년 레이디 가가Lady Gaga는 고기 복장 — 생 소고기를 암시하는 분홍색과 흰색의 마블링 무늬 소재로 만든 모자, 클러치 백, 달라붙는 드레스로 구성된 — 으로 전 세계의 뉴스거리가 되었다(http://www.bbc.co.uk/news/magazine-11297832).

19세기 음식 조각품인 정교한 피에스 몽테는 다다이스트Dadaist들과 리요치 마지마Riyochi Majima의 스튜디오인 마지마트Majimart가 제작한 20세기의 사례를 예고하는 것이었다. 마지마트는 음식으로 신체 부위를 조각한 다음에, 그것이 마치 시내 중심가 도처에 있는 슈퍼마켓의 디스플레이 냉장고에서 팔리기 위한 것인 양 개별 포장했다. 보다 최근에는 고객의 관심과 취미를 반영하여 결혼식과 생일, 그리고 여타 축하 행사를 위한 재미있는 모양 — 이를테면 축구 경기장, 하이힐 슈즈, 가정의 애완동물, 집과 정원, 또는 매혹적인 자동차 — 의 케이크들이 유행하고 있다.

놀랄 만한 공학기술을 갖춘 건축 음식은 화려하고 인상적이고 재미있으며, 동시에 풍요로운 사회에서 음식이 갖는 지위와 역할에 대한 일반적인 태도에 대해 말해준다. 음식의 시각적 특성이 영양보다 위에 있다. 누벨 퀴진과 오트 퀴진haute cuisine은 예술 형식에 비유되고 있으며, 전에는 전혀 생각하지 못했던 정교한 요리 역시 (말이나 개 또는 인간의 얼굴을 새로운 방식으로 보여주는 그림과 마찬가지로) 우리의 지각을 변화시킨다. 음식을 가지고 노는 다다이스트들은 음식을 단조로운 중간계급을 풍자하는 재료로 삼았다. 1950년대에 데임 에드나 에버리지Dame Edna Everage의 또 다른 자아alter ego인 배리 험프리스Barry Humphries는 다양한 종류의 구운 케이크(래밍턴, 과일케이크, 스폰지 핑거, 무지개 왕관 케이크, 스위스 롤)를 이용하여 다양한 색깔과 질감의 풍경화를 창조함으로써 새로운 교외 지역의 중간계급 가정의 벽에서 발견되는 인기 있는 장식용 풍경화를 조롱했다.

건축 음식은 우리의 육체적·심미적 욕구에 대해 계속해서 논평하고 있다. 일본 현대 예술가인 리요치 마지마는 음식 조각품을 이용하여 식품 제조업자와 소매상인의 성장하는 권력을 강조했다. 1995년에 그는 글로벌 먹을거리 생산이 초래할 걱정스러운 미래를 비난하는 두 개의 큰 조각품인 누들 보이Noodle Boy와 누들 걸Noodle Girl을 전시했다. 각 조각품은 많은 아시아 레스토랑에서 흔히 볼 수 있는 둥근 세라믹 밥사발로 이루어져 있지만, 그 직경이 약 6피트에 달한다. 누들 보이는 그 당시 유행하던 모호크식 헤어스타일을 하고 있으며, 얼굴은 눈을 크게 뜨고 입을 벌리고 있다. 마지마는 커다란 대파 조각, 죽순, 마름, 베이컨이 떠 있는, 국수가 들어 있는 국물 위로 머리와 어깨만 보이게 누들 보이를 그릇에 담가 놓았다. 누들 보이의 목에 힘줄이 솟아 있는 까닭은 그가 입을 억지로 크게 벌리고 들고 있는 두 개의 거대한 젓가락에 감긴 긴 가닥의 국수를 한입 가득 물고 있기 때문이다. 짝을 이루는 누들 걸 역시 국물과 떠다니는 식물성 물질로 가득 찬 큰 사발 속에 앉아 있다. 누들 보이처럼, 그녀의 머리는 뒤로 젖혀져 있고, 입에는 커다란 젓가락으로 목구멍으로 억지로 쑤셔넣은 음식을 가득 물고 있다. 마지마는 글로벌 먹을거리 시장을 지배하는 미식주의와 유행하는 식도락적 쾌락에 대한 우리의 취향이 초래하는 결과에 대해 논평하고 있다. 그는 소비자(누들 보이/걸)가 외부의 보이지 않는 힘 — 어쩌면 곡물 생산 유형과 글로벌 먹을거리 분배 패턴을 결정하는, 멀리 떨어져 있는 농업관련 기업들 — 에 의해 과식당하고 지배되고 있는 상황을 묘사한다 (http://www.banquete.org/exposicionIngles/majimaIngles/majima.htm 을 보라).

다른 한편 정치적인 이유에서 음식을 이용하는 것도 새로운 현상은 아니다. 16세기 후반에 정물화가 시작된 것은 하나의 경제적 상품이자 물질주의의 산물로서의 음식이 지닌 장중함에 대해 관심을 가지는 새로운 시대로 전환되고 있다는 것을 의미했다. 정물화의 생생한 사실주의는 실재와 표상을 구분하는 것의 어려움을 강조했다. 펠리페 라미레즈(Felipe Ramirez 1628)가 묘사한 포도와 채소와 꽃(마드리드 프라도국립미술관), 그리고 토머스 히페스(Tomas Hiepes 1642)가 그린 두 개의 과일 그릇(마드리드 프라도국립미술관)은 일상적인 가정용품이 고급문화의 상징으로 재평가된 시기를 특징짓는다. 이러한 음식 그림은 경제성장을 찬양한다. 다음 세기에 루이스 멜렌데즈(Luis Meléndez 1770)는 유럽에 초콜릿을 가져오는 스페인 상인의 성공에 경의를 표하기 위해 초콜릿을 접대하는 모습을 그렸다.

음식을 조각 재료로 삼아 놀이하는 추세와 음식을 경제적·정치적 번영의 상징으로 변형시킨 것 모두는 오랜 역사를 가진 것으로,

오늘날 우리의 관습 속에서도 여전히 되풀이되고 있다. 1580년에 몽테뉴가 묘사한 테이블 세팅을 살펴보면, 우리의 현재의 관행과 유사하게 그릇, 식탁보, 냅킨, 불이 켜진 양초, 그리고 소금 또는 올리브 오일을 담는 작은 그릇을 사용했다. 16세기는 개인들이 자신의 식사도구를 가져오는 것이 아니라 식사를 대접하는 주인이 손님들에게 개별 스푼과 나이프를 제공한 시기로 특징지어진다. 개별 차림에는 접시, 컵, 스푼과 나이프, 그리고 때로는 포크가 포함되었지만, 이러한 구성 요소가 관습이 되기까지는 각기 다른 시간이 걸렸다. 이전에는 컵과 접시를 공동으로 사용했고, 개인들은 자신들의 손을 이용하여 공동의 큰 그릇이나 접시에서 '먹을 만큼을 덜었다. 개별 포크는 테이블에 마지막으로 들어온 근대 식사도구에 속하는 것이었다. 이러한 변화는 개인들이 물리적 공간과 관행을 공유하는 규칙을 서서히 바꾸었다(Braudel 1979: 203~206).

이러한 변화는 우리의 욕구를 틀 짓는 데 영향을 미치며, 또한 다른 사람들의 감성에 대한 관심이 점점 더 증가하고 있음을 보여준다. 음식을 덜기 위해 공동의 큰 그릇에 손을 넣고 다른 사람들과 공동으로 사용하는 컵으로 물을 마시고 원하지 않는 음식을 다시 공동의 그릇에 넣어버리는 것은 점점 더 받아들일 수 없는 관행이 되었다. 이것은 매너와 공적 행동에 대한 자의식이 증가하고 있음을 나타내며, 이러한 문화적 혁신에서 중심이 된 것이 바로 식탁이다. 노르베르트 엘리아스(Norbert Elias 1978)가 기술했듯이, 다른 사람들과 신체적으로 근접한 상태에서 행동하는 것은 관용의 경계境界를 끌어올리게 만든 기폭제이다. 사람들은 다른 사람들을 좀 더 면밀하게 관찰하고 그들의 습관에 반응하는 법, 점점 더 서로에게 덜 무례하고 더 관대해지는 법, 그리고 누군가의 생리작용이 다른 사람들의 안락함에 미치는 영향을 더욱 의식하는 법을 배웠다. 이와 동일한 관심이 근대 레스토랑에서도 발생한다. 레스토랑에서 다른 사람들 앞에서 사생활을 단속하는 것이 외식의 기본적인 규약을 형성해 왔다. 음식을 가지고 장난을 하여 음식을 예술작품으로 만들어 화려한 테이블 세팅의 일부로 만들 때(이는 음식 표현과 음식 소비를 의례화한다), 그것이 주안점을 두는 것은 음식이 보편적으로 불러내는 문화적 가치이다. 그러한 특이한 음식 의례와 음식 장난이 보여주고 싶어 하는 것은 음식이 갖는 사회적·정치적 지위이다. 풍요의 시대에는 너무 많은 음식이 과도한 쓰레기를 만들어낸다. 그러한 낭비는 누벨 퀴진과 같은 경우에는 음식을 준비하는 데 들이는 시간과 관련하여, 그리고 스낵과 패스트푸드의 경우에는 정교한 포장과 관련하여 측정할 수 있다. 음식을 예술, 오락, 지위 상징 등으로 대하는 태도는 어떤 문화적 가치들이 우리의 일상적 삶을 유형화하는지를 보여준다.

음식 규칙

그 사회의 경제조직이 농업적인지, 봉건적인지, 자본주의적인지 또는 공동체적인지와는 무관하게 모든 사회는 음식을 하나의 상징체계 ─ 음식을 문화적 규칙으로 변형시키는 ─ 로 둘러쌓아 왔다. 그러한 음식 상징체계는 다시 개인적 열정과 냉정 같은 보다 일시적인 속성뿐만 아니라 개인의 지위도 표현한다. 마르셀 프루스트Marcel Proust는 4000쪽에 달하는 『잃어버린 시간을 찾아서Remembrance of Things Past』를 마들렌madeleine[작은 카스테라의 일종 _ 옮긴이]에 대한 기억으로 시작한다. 음식은 다른 어떤 것을 연상시킨다. 빵과 포도주는 성찬식에서 살과 피가 되었다. 음식의 색깔, 질감, 모양, 음식이 구매되는 장소, 음식을 준비한 사람, 음식이 소비되는 곳 모두는 음식의 사회적 중요성과 의미에 영향을 미친다.

레스토랑을 독특한 사회적 습관을 산출하는 하나의 장치로 보는 것은 음식의 변화하는 사회적 가치와 표상에 주목하게 한다. 최근에 다양한 요리 프로그램이 텔레비전에 등장했고, 셰프의 역할이 유명인사의 지위를 부여받았고, 무수한 요리책이 출간되었고, 지역 요리의 역사에 관한 진지한 다큐멘터리 영화들이 만들어졌다. 그뿐만 아니라 대량생산 식품산업의 작동에 관한 연구결과들도 발표되었다. 음식은 뉴스가치를 지니게 되었는데, 아마도 대규모의 가축 질병과 글로벌 먹을거리 오염(광우병, 조류독감, 가공육 속의 말 DNA) 사건 이후 훨씬 더 그러하다. 점점 더 정교해진 마케팅 기법을 갖춘 막강한 금융기업(월마트)으로서의 슈퍼마켓의 등장은 공중 사이에서 식품의 품질을 (그곳에서 공급하는) 깔끔하게 포장된 품질관리 제품의 판매를 촉진하는 수단으로 바라보는 인식을 급격히 고조시켰다. 체질량지수 모니터링과 국가 비만 수준 같은 건강문제 또한 식품을 사회적·정치적 의제와 관련한 한 항목으로 바라보는 견해를 강화해 왔다.

음식은 하나의 사회적 기표이고, 따라서 그것은 비어 있는 상태이기도 하고 과잉결정되어 있기도 하다. 음식은 정체성의 증명서이고 증거이다. 유대교도, 힌두교도, 가톨릭교도, 남성, 여성, 유아, 노인 모두는 다르게 먹고, 따라서 그들은 자신들이 먹는 방식에 부여된 형태의 정체성을 가진다. 음식은 또한 격한 상태의 기분이나 심적 성향을 보여주기도 한다. 이를테면 단식은 종교성(속죄 또는 참회를 위한 굶기)의 기호일 수도 있고, 다이어트하기에서처럼 자제의 기호일 수도 있다. 그리고 폭식은 정신착란과 정신질환의 신호일 수도 있다. 음식은 계속해서 확장하는 사회적 언어를 생산해 왔고, 그것은 산업화 과정에 의해 더 속도를 내어왔다. 산업화 과정은 음식의 모습을 계속해서 변화시키고, 음식의 가변성plasticity을 보장하며, 음식을 "선물, 위협, 독물, 보상, 교역물품, 유혹, 연대, 질식으로 끊임없이 해석할 수 있게" 만든다(Eagleton 1998: 204).

롤랑 바르트(Roland Barthes 1972: 59)에 따르면, 음식을 소비하는 것은 장식의 가치를 지닌다. 즉, 그것은 다른 속성들에 대해 말해준다. 우리가 먹고 마시는 방법과 시간은 우리를 연상적인 상황으로 끌어들인다. 이를테면 추운 날씨에 와인을 마시는 것은 우리에게 따뜻함을 생각나게 하고, 여름의 열기 속에서 와인을 마시는 것은 "시원하고 탄산이 든 온갖 것"을 생각나게 한다. 붉은 고기는 계급에 따라 다르게 준비된다. 그것은 "값싼 레스토랑에서는 구두의 밑창처럼" 납작하게, 그리고 중간계급이 좋아하는 비스트로에서는 "두툼하고 즙이 많게" 제공되는 반면, 상층계급은 "오트 퀴진 속에서 살짝 태운 껍질 아래에 물기가 촉촉한 채로" 제공되는 것을 좋아한다. 바르트가 볼 때, 스테이크는 애국적 가치의 기호이고, 스테이크에 동반되는 감자튀김은 향수의 기호이다(Barthes 1972: 60~63). 그는 음식을 항상 다른 어떤 것을 연상시키는 것으로 간주한다. 이를테면 음식은 계급구조를 재현하고, 따라서 사회의 제유提喩[일부를 가지고 전체를 나타내는 표현법 _ 옮긴이]이다.

우리가 외식을 하기로 결정할 때, 우리로 하여금 그렇게 하도록 강제하는 것은 없다. 다시 말해 우리는 우리가 보기에 매력적인 메뉴와 분위기를 갖춘 레스토랑을 선택한다. 그리고 우리는 그런 식으로 우리의 감정 레퍼토리의 요소들을 의도적으로 최전면에 내세운다. 우리의 쾌락 추구와 취향 표현은 다른 사람 — 주시하고 있을 수도 있고 그렇지 않을 수도 있는 — 을 지향하며, 그 과정에서 우리가 가진 자질들이 드러난다. 외식을 개인적 욕망을 틀 짓는 하나의 관행으로 바라보는 것은 인간의 감정이 상황에 의해 어떻게 영향받을 수 있는지를 파악하기 위해서이다. 따라서 외식은 우리가 다른 사람들과 교류하는 방식을 부각시키는 수단의 하나이다. 외식은 사교성이 가시적 형태를 띠는 순간이다. 하지만 외식의 인기는 (백화점이 우리의 물질주의의 산물로 인과적으로 설명될 수 없고 교회가 종교성의 직접적인 결과로 설명될 수 없는 것처럼) 외식과 쾌락의 욕망을 연계시키는 것만으로는 설명될 수 없다. 외식의 인기와 외식이 갖는 경제적 의미는 우리로 하여금 인구밀도가 높고 시끄러운 근대 도시에서 살아가는 삶의 요소로 널리 중요성을 획득해 온 일상적 습관들에 관심의 초점을 맞추게 한다. 이런 의미에서 외식은 더 큰 사회적 패턴을 구성하는 마이크로-스펙터클micro-spectacle의 하나이다. 외식은 오늘날 욕망에서 일어난 변화와 우리가 사회적 페르소나를 형성하는 방법뿐만 아니라 우리가 가족을 형성하는 새로운 방식도 반영한다. 우리는 취향에 기초하여 자아를 형성하는 기계로, 그리고 정체성을 찾기 위해 우리 주변의 상징들을 게걸스럽게 먹어치우는 문화적 잡식동물로 묘사되어 왔다(Bell and Valentine 1997: 47). 따라서 우리가 외식에서 즐거움을 발견할 때, 그 활동 자체는 사회적·경제적 상황과 우리의 정체성 의식 간에 일어나는, 즉 에바 일루즈(Eva Illouz 2007)가 감정자본주의의 차가운 친밀성으로 묘사한 것과 서구의 개인주의 역사 간에 일어나는 복잡한 교환의 많은 것을 보여주는 표지가 된다.

　음식은 수많은 과장된 표현들로 에워싸여 있다. 광고와 다이어트 산업은 신체 이미지를 강조하고 건강에 대한 걱정을 증가시켜 왔다. 그리고 과도하게 탐닉한 몸은 도덕적으로 비난받아 왔다. 영화 〈슈퍼 사이즈 미Super Size Me〉(2004)는 특정 레스토랑의 마케팅 스타일과 서구의 비만 추세에 주목하게 했다. 다큐멘터리 〈푸드 주식회사Food, Inc.〉(2009)는 농업과 식품산업을 공중보건과 영양 측면에서 살펴보았다. 쿠엔틴 타란티노Quentin Tarantino 감독의 〈펄프 픽션Pulp Fiction〉(1994)에서 잔인한 두 살인청부업자가 미국식 치즈버거와 파리식 치즈 로열을 비교하며 음식을 문화적으로 분석하는 장면은 많이 언급되는 상징적 순간이 되었다. 앤디 워홀Andy Warhol의 수프 캔 그림은 거의 모든 사람이 알아볼 수 있을 정도이다. 인기 있는 TV 시리즈 〈소프라노스The Sopranos〉에서 제공된 식사는 그 조리법들을 엮어 요리책으로 만들어졌다. 10년 동안 인기를 끌었던 텔레비전

시트콤 〈사인필드Seinfeld〉의 일부는 뉴욕의 한 식당에서 야외 촬영 되었다. 이러한 사례들은 글로벌 음식과 레스토랑의 이미지가 유포 되는 데 도움이 되었으며, 음식과 레스토랑 모두와 관련된 과장된 표현들을 이용하여 어떻게 음식이 상업적 상품이 되고 어떻게 음식 점이 사적 집착의 장소가 되는지를 분명하게 보여주었다.

보편적 식사와 취향의 기원

전통적으로 그리고 비교문화적으로 볼 때, 대부분의 식사는 쌀, 밀, 옥수수와 같은 전분 핵이나 복합 탄수화물과 고기나 콩류(완두콩, 콩 또는 견과류)와 같은 단백질 제공 물질의 조합으로 이루어졌으며, 거기에 양념이나 맛있는 소스와 향신료를 추가하여 풍미를 더했다. 대부분의 식사는 이 세 가지의 조합물이다. 식사는 좀처럼 단 한 가 지로만 ― 전분으로만, 단백질로만, 양념이나 가벼운 음식으로만 ― 이루 어지지 않는다. 이것은 적어도 음식의 산업화가 이루어지고 스낵 식품 시장이 성장하기 이전에는 지배적인 관습이었다. 전분 ― 단백 질 ― 양념이라는 세 부분의 단순한 조합은 이러한 성분 중 하나 또 는 두 가지만 제공하는 새로운 식품의 도입으로 근본적으로 변화되 었다. 이러한 식생활 변화로 인해 휴대 가능한 스낵 식품이 도입되 었고, 이 스낵 식품이 세 부분으로 이루어진 조리된 식사를 몰아내 고 그것을 새로운 먹을거리들로 대체했다. 이제 아이스크림은 "스 틱 위에 있는 천국"이고, 달콤한 콜라 음료는 "진정한 것"이다. 음식은 그 모습을 근본적으로 바꾸어 왔고, 그리하여 유행에 그리고 음식이 전달하는 오락적 가치에 더 많은 영향을 받게 되었다.

스낵 식품의 인기는 광고 방법의 변화와 직접적으로 연관되어 있는 것으로 보일 수도 있지만, 농업 관행과 식품생산에서 일어난 기술적 진보와 같은 다른 조건들도 그 같은 변화와 얼마간 연관되어 있다. 소비자 취향의 변덕과 유행은 선형적이거나 인과적이지 않다. 맛의 유행은 마케팅 주기와 제조 및 유통 혁신과 관련되어 있다. 특정 제품에 대한 맛을 개발하는 것은 식품 마케팅의 일부이다. 이런 식으로 요리 스타일의 진화와 음식 소비 방식은 사회·경제체계에 착근된다. 이를테면 중세 유럽에서 일반적으로 이용할 수 있던 식재료는 고기, 생선, 사냥한 고기, 죽이었고, 사람들이 먹는 것은 자신의 사회적·계급적 지위를 나타냈다. 채소 수프인 죽은 하층계급의 일상적 음식이었지만, 사냥한 고기와 생선은 귀족과 신사계급의 주요 음식이었고, 그들은 좀처럼 죽은 먹지 않았다. 가지고 다닐 수 있게 작은 부분으로 나누어진 정육점 고기라는 신제품을 사는 것은 그 사람이 새로운 상인계급 — 그 성원들은 만족스럽지 못한 거래를 피하거나 새로운 시장을 찾기 위해 항상 이동할 준비가 되어 있을 필요가 있었다 — 임을 보여주는 표지였다(Braudel 1973; Mennell 1985: 41). 식생활은 지위와 직업을 정확하게 반영했다. 음식 소비는 또한 신체의 건강에 관한 가정과 주요 체액들 — 피, 담즙, 점액 — 간의 균형을 유지할 필요성에 의거했다. 질병, 음식, 건강을 연결 짓는 관념들은 수세기 동안 지속되어 왔으며, 우리가 오늘날 발견할 수 있는 음식 가치와 관련한 다양한 견해를 생산해 왔다. 이를테면 양배추는 흑담즙을 증가시켜서 악몽을 꾸게 만들고 시력을 악화시킨다고 생각했기 때문에 얼마간 두려움의 대상이었다(Varriano 2009: 12). 그러나 음식에 대한 불안감은 유전자 변형 곡물, 식품의 유통기한, 포장 정보, 그리고 공장 생산에 사용되는 기법에 대한 우려들에 다양하게 부착되어 현재까지 계속되고 있다.

음식 분야에서 저명한 인물인 엘리자베스 데이비드(Elizabeth David 1969: 169)는 자신의 책 『이탈리아 음식Italian Food』에서 베니스의 이른 아침 햇빛이 시장의 식품 진열대를 어떻게 시각적으로 흥미로운 미묘한 파노라마로 만드는지를 자세하게 묘사한다. "여기 양배추는 코발트블루이고 …… 복숭아, 체리, 살구의 색깔이 …… 장밋빛 숭어에 반사되고 있다." 르네상스 시대의 그림은 빈번히 다양한 정도의 자연주의 화법으로 음식을 묘사했다. 카라바조Caravaggio는 〈과일 바구니Basket of Fruit〉 ― 1596년에서 1598년 사이에 그려진 것으로 여겨지는 이 그림은 일상의 평범한 소재를 그린 아주 초기의 그림 중 하나이다 ― 에서 엮어 만든 바구니 안에 수북이 담겨 있는 잘 익은 과일을 묘사한다. 사과, 포도, 무화과와 그 잎을 결함과 흠집까지 있는 그대로 묘사한 이 자연주의 그림은 그 화제畵題가 먹으라고 간청하기라도 하듯이 식욕을 돋운다. 또 다른 음식 그림은 보다 종교적인 환경에서 음식을 표현한다. 신성한 것의 일부로서의 음식, 이를테면 둥근 빵과 포도주 성배에 대한 묘사는 보다 단순하고 금욕적이다. 정물화가 생생하고 자연주의적인 모습을 띠면서 음식에 대한 보다 근대적인 태도가 출현하기 시작했다. 이를테면 이탈리아의 다양한 즐거움을 소개하는 16세기 가이드북은 21세기의 쇼핑객에게도 친숙할 수 있는 음식 목록을 제공한다. 그 책은 우리가 이탈리아 올리브 오일, 비살균 프랑스 치즈, 이스라엘 대추야자를 추천하듯이, 최상의 콩으로는 크레모나Cremona 지방에서 생산된 것을, 소금에 절인 뱀장어로는 코마키오Comacchio 지방, 프로슈토로는 페라라Ferrara 지방, 치즈로는 피아첸차Piacenza 지방, 그리고 멜론으로는 파르마Parma 지방에서 생산된 것을 추천한다(Varriano 2009: 39).

엘리자베스 데이비드는 지방 요리가 계절성을 비롯한 독특한 특질로 인해 그에 걸맞은 칭송을 받고 있다고 지적했다(David 1969: 14). 실제로 지방 요리는 항상 계절적이다. 프로방스의 부야베스 bouillabaisse[다양한 종류의 생선으로 만든 스튜 요리 _ 옮긴이], 랑그독의 카술레cassoulet[고기와 흰 콩을 함께 구운 요리 _ 옮긴이], 부르고뉴의 코코뱅coq au vin[포도주로 만든 닭고기 요리 _ 옮긴이]은 현지 레스토랑 경영자가 매일 준비하는 것이 아니라 농산물을 이용할 수 있거나 특별한 경우에만 준비한다. 하지만 그 품질은 상업주의로 인해 크게 저하되었다. 하지만 정통 지방 요리를 찾는 고객의 수는 20세기 중반 이후 증가해 왔다. 정통 요리에 대한 수요는 실제로 이용할 수 있는 요리 재료를 초과한다. 그 결과 기회주의적인 레스토랑 경영자들은 정통 고급요리라는 말에 잘 속아 넘어가는 새로운 고객을 유혹한다. 데이비드는 도로변의 편의 카페 ─ 어떤 점에서는 글로벌 체인 레스토랑의 선구자인 ─ 의 인기가 상승한 것이 계절에 상관없이 관광객 손님들의 요구에 맞춰 정통적이지 않은 지방 요리를 만들어내게 하는 데서 결정적인 역할을 했다고 주장한다.

수많은 사회적 영역을 가로지르며 변화가 일어나고 있는 상황에서는 요리법과 요리 기술의 역사를 분명하게 기술하는 것은 어렵고, 심지어는 무익하기까지 하다. 향신료를 덜 넣은 요리들이 보다 자연적인 맛에 길을 내어준 시점, 또는 꾸며낸 외양 ― 이를테면 물고기를 염소의 머리와 비슷하게 정교하게 만들거나 연어와 젤라틴으로 가짜 햄을 만들어 표현하는 것과 같은 ― 이 정통적인 맛과 질감에 대한 욕망을 대신하게 된 시점을 확인하기란 불가능하다. 노르베르트 엘리아스는 문명화 과정의 역사를 다루면서 장기적인 사회적 과정이 정확한 연대를 확정할 수 없게 하며, 실제로 미식의 역사가 그 이론을 뒷받침한다고 시사해 왔다(Elias 1982: 232). 요리의 역사는 특별한 셰프나 레스토랑 경영자의 놀라운 재능과 유명 요리의 탄생에 대한 설명으로 가득 차 있다. 또한 요리 역사에는 포크의 도입과 같은 심대한 변화를 가져온 것으로 가정되는 위대한 인물에 대한 서사들이 존재한다. 그 가운데서도 카트린 드 메디치Catherine de Medici는 '이탈리아 요리의 깔끔함'을 홍보한 것으로 널리 알려져 있다(Fisher 1954: 75). 하지만 요리 관행은 나타났다가 사라지고 서로 중첩되는 경향이 있다. 이를테면 포크는 식사 테이블의 한 관습이 되기 전에 수백 년 동안 다양한 모양과 크기로 사용되었고(Braudel 1973: 121ff; Rebora 2001), 대량의 향신료를 사용하는 중세 요리 관행은 르네상스 요리 관습이 그 스타일을 대체한 훨씬 후인 18세기까지 지속된 것으로 파악되기도 한다(Goody 1982; Revel 1982; Mennell 1985). 먹기 스타일의 진화 속에서 일어난 이 같은 오랜 뒤틀림과 변화의 역사에서 테이블 매너가 중요성을 획득했고, 우리가 행동을 통제하지 못하고 타인의 감성을 고려하지 않을 때 다른 사람들이 불쾌감을 느낄 수 있다는 인식이 증대되었다.

욕구 만들기

레스토랑 이야기에서 계속 반복되는 관념은 레스토랑이 여러 가지 개인적 욕망을 만족시켜 줄 수 있는 새로움과 즐거움을 제공한다는 것이다. 레스토랑이 공적 영역의 중심에 위치하기 때문에 그곳은 백화점처럼 더욱 다양해지고 더 쉽게 접근할 수 있게 되었다. 레스토랑은 당시의 유행을 아주 압축적으로 반영할 뿐만 아니라 새로운 양식의 행동과 감정을 안출한다는 점에서 중요하다. 동시에 레스토랑 자체는 그곳의 분위기와 평판의 뒤에 잘 작동하는 기제를 숨기고 있는 고도로 통제되는 사업이다. 변화하는 유행 ─ 오트 퀴진, 전통 요리, 부르주아 요리, 지역 농민 요리, 향토 요리, 누벨 퀴진 ─ 에도 불구하고, 레스토랑의 기능은 여전히 소비경제 및 감정자본주의의 이익과 긴밀하게 연결되어 있다. 새로 출현하고 있던 근대사회의 복잡한 서사 속에 자신의 자리를 확보한 레스토랑의 흥미로운 특징은 레스토랑의 유행성이며, 이는 레스토랑으로 하여금 사적인 것과 공적인 것, 악과 미덕, 욕망과 유행, 개인 습관과 사회적 관행이 다시 균형을 잡는 과정에서 중요한 역할을 하게 만들었다.

　커피하우스는 17세기 후반에 성장하고 있던 상업 도시의 공적 공간이 변화하면서 출현했다. 런던에서는 1660년대부터 커피하우스가 영업을 시작했는데, 1700년경에는 그 시설이 수백 개에 이르렀다. 커피하우스는 이전에는 가능하지 않았던 교제 기회를 제공했기 때문에 즉시 인기를 끌었다. 커피하우스는 신문 읽기, 세계정세에 관한 대화, 의견 교환을 장려했고, 그 결과 새로운 상업적 관행을 창안했으며, 일반적으로 서로 다른 사회적 신분과 계급이 무차별적으로 뒤섞일 수 있는 기회를 제공했다. 일부 보수주의자들은 커피하우스를 혁명적 열정의 온상으로 묘사하며 반발했다. 그럼에도 불구하고 그곳의 인기는 줄어들지 않았다. 1800년경에는 미국뿐만 아니라 유럽 전역에 그런 장소가 수만 개가 있었다. 17세기 유럽에서는 소모품, 특히 커피, 차, 설탕에 대한 관심이 폭발적으로 증가했다(Mintz 1985). 18세기 말을 향해 나아갈 때, 새뮤얼 피프스Samuel Pepys와 새뮤얼 존슨은 각기 자신의 일기장에 증가하는 쾌락의 상업화 조짐뿐만 아니라 인기 있는 여가 활동으로서의 음식과 음주에 대한 증가하는 관심에 대해 논급했다(Porter 2000: 270).

우리가 사적인 것과 공적인 것에 대해 생각하는 방식, 그리고 우리가 다른 사람들 앞에서 해도 된다고 생각하는 행동은 사회적 예의범절에 대한 보다 일반적인 견해를 반영한다. 노르베르트 엘리아스는 우리가 신체적 습관에 대한 자의식이 강해지고 그러한 습관을 더욱 통제하게 되면서 점점 더 통제된 형태로 매너를 드러내는 것이 더욱 매력적이고 가치 있게 되었다고 주장했다. 이를테면 유럽 매너의 역사에서 식탁에서 음식을 허겁지겁 먹거나 엄청나게 많이 먹거나 바닥에 음식을 뱉는 행동은 점점 더 불쾌하게 여겨졌다. 보다 통제되는, 그리고 의식적으로 변화시킨 먹기 양식은 복장

스타일과 신체적 행동거지, 대화 관례, 개인위생 습관과 같은 다른 관련 행동에도 중요한 영향을 미쳤다. 개인들은 그러한 관행을 관찰함으로써 자신과 자신의 욕구를 규율하는 법을 배웠다. 사회적 관행에서 일어난 이러한 변화는 우리가 다른 사람들 및 우리 자신에 대해 어떻게 생각하는지를 반영하는 것이었다. 이것은 특히 공개적인 장소에서 음식을 소비하는 관행에서 분명하게 드러났다. 우리가 낯선 사람들과 아주 근접한 상태에서 많은 시간을 보내게 됨에 따라, 우리는 점점 더 자신을 의식하게 되고, 우리가 그들에게 미치는 영향을 인식하게 된다. 엘리아스는 우리가 더 오래된 일련의 동기 및 인과관계 ─ 우리는 이것이 우리가 어떻게 여겨지는지와 관련되어 있다고 배운다 ─ 와 관련하여 다른 사람들과 우리 자신을 보다 정확하게 관찰하는 것으로부터 '심리학적' 견해가 발전한다고 진술한다(Elias 1982: 274). 이를테면 사회적 장벽이 약화되고 더 많은 다양성이 일상생활에 들어옴에 따라, 우리가 서로 교역하고 상업적 거래를 함에 따라, 우리가 서로 다른 계급의 사람들과 함께 일함에 따라, 그리고 가족들이 서로 다른 사람들과 결혼하고 아이들이 함께 놀게 됨에 따라, 우리가 자기통제적이 되고 자신이 계속해서 관찰되고 있음을 의식하게 되기 때문에, 이러한 장기적인 교제는 경계하는 능력을 키운다. 시간이 경과하면서 우리는 보다 복잡해진 이 새로운 사회적 환경 속에서 다른 사람들이 우리를 어떻게 여기고 평가하는지가 갖는 중요성을 인지하게 된다. 엘리아스는 우리가 매너를 드러내는 방식 속에서, 즉 우리가 처신하는 방식 속에서 우리가 사회의 작동에 대한 비판적 통찰력을 가지게 된다고 주장해 왔다.

엘리아스는 이러한 견해를 뒷받침하기 위해 개인적 행동거지에 대한 초기의 설명들을 언급한다. 그는 로테르담의 에라스무스Erasmus의 저작과 신체적 예의범절에 대한 그의 16세기 논문을 인간 행동에서 일어나고 있던 변화를 보여주는 초기의 길잡이로 삼는다. 그리고 엘리아스는 그러한 변화가 오늘날 우리가 심리적이라고 칭하는 것에 대한 개인의 감성 특성에서 일어난 변화를 어떻게 반영하고 있었는지를 살펴본다. 엘리아스는 테이블 매너, 영양섭취, 코풀기, 자세, 성관계 같은 개인적인 품행에 대한 에라스무스의 생생한 묘사를 이용하여, 그러한 행동의 표출에 대해 다른 사람들이 어떻게 반응할 것인지에 대한 증대하는 우려가 사람들의 행동방식을 어떻게 변화시켰는지를 보여준다(Elias 1978). 자기 자신을 다른 사람으로 바라보는 능력(즉, 자기성찰적 상상력을 발휘하는 능력)과 타인의 시선을 의식하여 자신을 통제하고 판별하는 능력은 인간행동에 중요한 영향을 미친다. 그리고 그러한 인간행동들은 수세기를 거치며 우리가 오늘날 일상생활에서 따르는 평범한 매너와 사회적 규약으로 진화했다.

테이블 매너가 사회적 지위의 상징이 됨에 따라, 우리는 더 많은 관심을 가지고 서로를 바라보게 되었고, 또 우리가 서로를 바라보는 방식도 새로워졌다. 몸짓과 태도에 대한 이러한 관심은 개인적 특성을 읽어내는 근거가 되었다. 몸에 대한 묘사도 점점 세세해지고 있었다. 페르낭 브로델은 니콜라 드 본퐁스Nicolas de Bonnefons의 저삭을 인용했다(Braudel 1973: 137). 미식생활에 대한 니콜라 드 본퐁스의 설명(*Les Loisirs des Campagnes*, 1650)은 먹는 방법과 먹는 장소에 대한 하나의 지침이었다. 브로델은 습관에 이처럼 면밀한 주의를 기울이는 것을 사회적 스타일이 새롭게 강조되고 있음을 보여주는 것으로 해석한다. 그는 식탁보의 실제 크기와 식사하는 사람들 사이에 할당된 거리에 대한 정확한 치수를 포함하여 본퐁스가 상세하게 묘사한 테이블 세팅을 인용한다. 이처럼 꼼꼼하게 설명한 목적은 식사하는 사람의 사생활을 강화하기 위해서였다. 식탁보는 엄청난 식도락을 즐긴 후에 느슨해졌을 수도 있는 사람들의 몸과 옷매무새를 덮어 가리는 데 이용될 수 있었다. 식탁보는 또한 거부된 음식 조각들을 숨길 수 있게 함으로써 음식을 테이블이나 바닥에 뱉는 습관을 피할 수 있게 해주었다. 먹는 방법에 대한 이 세세한 묘사 속에서 우리는 (특히 식탁이라는 한정된 공간에서) 불쾌감을 유발하지 않음으로써 다른 사람을 기쁘게 하고 또 다른 사람의 암묵적인 비판이나 경멸로부터 자신을 보호하고 싶은 욕구가 커지고 있음을 볼 수 있다.

음식은 오랫동안 포함과 배제의 경계와 사회적 장벽을 가로지르는 거래를 통제하는 부호로 사용되어 왔다(Douglas 1972: 61). 부르디외(Bourdieu 1984)는 특정 음식을 젠더와 사회적 지위를 반영하는 것으로 규명해 왔다. 이를테면 물고기는 여성에게 더 선호되었고, 붉은 고기는 남성에게 더 선호되었다. 오늘날에도 음식소비 관행은 여전히 부호로 작용한다. 우리가 타인을 관찰하는 데서 예리해지고 사회적 만남에서 일어나는 제스처(눈 맞춤, 물리적 근접성, 발언의 양)를 지나칠 정도로 경계하게 됨에 따라, 우리는 동시에 점점 더 그러한 단서에 의지하여 복잡한 사회적 책략과 권력, 위세, 지위의 표현들을 해석하게 된다. 이처럼 세세한 것에 대한 관심이 강조되는 곳에서 하나의 사교 스타일이 생겨난다.

특히 개인적 통제는 위세와 연관되어졌다. 즉, 우리가 말이 없고 무표정할수록 우리는 더 기꺼이 사회적으로 신뢰할 수 있는 것으로 여겨진다. 말이 없다는 것은 다른 사람들의 기대에 부응하기 위해 자신의 성향과 충동을 기꺼이 억누르고 있다는 증거이다. 말이 없고 말을 잘 듣고 자기통제적인 사람은 예측하기가 훨씬 쉽기 때문에 더 기꺼이 받아들여진다. 그런 사람들은 우리에게 더 적게 요구한다. 우리가 그런 사람에게 부여하는 가치와 존경은 깨지기 쉬운 사회적 상황에 대해 우리가 항상 가지는 우려를 보여주는 척도의 하나이다. 우리가 다른 사람을 상대하는 순간은 우리가 고열을 잴 때처럼 집중적으로 주목하는 순간이다. 다른 사람이 기꺼이 순응하고자 한다는, 즉 표준 규칙을 따르고자 한다는 판단은 우리가 그다음에 일어나는 일에서 우리를 얼마나 드러낼 것인지를 결정하게 해준다. 인습적인 교환은 모든 사람이 기꺼이 규칙을 준수하고 서로에게 객체로서 행동한다는 것을 말해 준다. 기대에 따른다는 것은 우리가 상황에 대해 인식하고 있다는 것, 좀 더 구체적으로는 우리가 무례한 행동을 통해 다른 사람들을 얼마나 빨리 혼란스럽게 할 수 있는지 아니면 반대로 그들이 기대하는 대로 행동함으로써 얼마나 그들의 호의를 얻을 수 있는지를 인식하고 있다는 것을 보여준다. 이러한 생각들은 자신이 스스로를 통제하고 있음을 드러냄으로써 우리는 우리 자신의 이익 또한 증진시킨다는 견해를 뒷받침한

다. 이것은 사회적 지위가 다른 사람의 견해와 함수관계에 있게 한
다. 우리가 기대된 레퍼토리를 따른다는 것은 다른 사람들의 요구
에 응하기로 암묵적으로 동의하는 것이다. 그것은 우리가 불안하지
않은 예측 가능한 상황을 산출하기 위해 우리 자신의 충동을 기꺼
이 통제하고 있음을 보여주는 것이다. 레스토랑과 같은 공적 장소
는 일군의 낯선 사람들이 기꺼이 규칙을 준수하고 암묵적인 관용의
경계를 넘어서지 않으려는 것에 크게 의존한다. 이러한 통제수준은
사적 영역과 공적 영역 간의, 즉 우리가 하고 싶은 것과 우리가 할
것 간의 긴장을 보여주는 척도이다. 엘리아스, 브로델, 부르디외 같
은 매너를 다룬 역사가들은 에티켓에 대한 기록들에 의존하여 그러
한 상호관계를 규명했다. 그리고 그러한 작업은 오늘날 일상적 행
동과 관련된 사회적 규칙을 따르는 법을 우리가 어떻게 학습하는지
를 이해하는 효과적인 수단이 되고 있다(또한 Aries 1962: 406~407;
Levi-Strauss 1978: 507도 보라).

음식의 지위

피에르 부르디외는 일상적인 라이프 스타일을 경험적으로 연구한
저작 『구별 짓기Distinction』(1984)에서 우리가 가지고 있는 서로 다
른 지식 유형, 그리고 우리가 사용하는 서로 다른 사회적·상징적·
경제적·문화적 자본을 예증했다. 그는 프랑스인들의 일상적인 삶
에서 일어나는 세세한 사항들을 면밀하게 기술함으로써 그렇게 했

다. 그는 우리가 어떤 종류의 텔레비전 프로그램을 보는지, 우리가 어디에서 어떤 종류의 주택에서 사는지를 고찰했다. 그는 재량소득의 지출 규모, 우리가 즐기는 엔터테인먼트의 종류, 우리가 귀중히 여기는 소유물, 우리가 소비하는 음식, 우리가 가지고 있는 직업을 고찰했다. 부르디외는 다양한 라이프 스타일을 상세히 설명함으로써 우리가 삶의 방식 속에서 차이를 만들어내고 유지하는 방법을 설명한다. 엘리아스와 브로델처럼 부르디외 또한 음식의 중요성 및 먹기와 관련한 관습들을 서로 다른 사회적 특징들을 보여주는 것으로 강조했다. 부르디외는 일상의 식사를 신체 유지라는 적나라한 현실을 복잡한 사회적 표현의 한 사례로 변형시키는 복잡한 이벤트라고 묘사했다. 음식은 단지 생존의 수단이 아니다. 그것은 색깔과 질감의 유형과 같은 심미적 속성을 지닌다. 음식은 준비 양식과 독특한 표현 양식을 가진다. 이 모든 것은 우리 자신의 자아 이미지에 다시 영향을 미친다(Bourdieu 1984: 196). 부르디외는 다음과 같이 진술한다.

음식을 표현하고 소비하는 방식, 요리의 순서에 따라 엄격하게 구별되고 눈을 즐겁게 하기 위해 배열되는 식사의 조직화와 장소 설정, 소비할 내용물만큼이나 (예술작품처럼) 모양과 색깔을 고려하는 요리 표현, 마음가짐과 몸가짐을 지배하는 에티켓, 자신과 남에게 음식을 제공하는 방식과 서로 다른 주방 용품을 사용하는 방식, 엄격하지만 사려 깊게 위계적으로 이루어지는 자리 배치, 먹기 행위나 즐거움의 신체적 표현(이를테면 법석 떨기나 서두름)에 대한 검열, 양보다 질을 더욱 중시하는 아주 치밀한 먹을거리 선정 — 양식화에 기여하는 이 모든 것이 먹기의 강조점을 내용물과 기능에서 형식과 매너로 이동시키고, 그리하여 그 행위의 적나라한 육체적 현실을 부정하는 경향이 있다.

음식은 근대적 삶에서 중대한 관심사 가운데 하나이다. 우리가 어디서, 누구와, 얼마나 자주, 얼마의 비용으로 왜 먹는지는 문화의 핵심에 자리하고 있는 사회적 관행들을 보여준다. 그리고 음식이 욕망과 욕구를 창출하는 방식을 이해하는 것은 사회가 작동하는 방식을 이해하는 것과 같다. 클로드 레비스트로스Claude Levi-Strauss의 고전적 저작『날것과 요리된 것The Raw and the Cooked』(1969)에서부터 피셔M. F. K. Fisher의『요리의 기술The Art of Eating』(1954), 매리언 네슬Marion Nestle의『음식정치Food Politics』(2002), 그리고 조너선 사프란 포어Jonathan Safran Foer의『동물 먹기Eating Animals』(2009)에 이르기까지, 그간 음식과 그것의 사회적 중요성에 대해서는 다방면에서 논급되어 왔다. 음식은 현대사회에 연료를 공급하는 일련의 방대한 근대적 욕구를 이해하는 열쇠이다. 음식은 또한 음식의 생산 및 글로벌 마케팅의 정치와 직접적으로 연관된 하나의 유행 아이템이기도 하다. 식품은 광고 캠페인, 슈퍼마켓 진열대, 식품매장과 레스토랑에서 계속해서 우리의 주목을 받고 있다. 그러한 노출과정에서 음식에 대한 우리의 지식과 음식의 생산에 존재하는 모순이 자주 노정된다. 이를테면 우리는 공장식 양계농장과 유전자 조작 곡물 같은 몇몇 관행에 대해 점점 더 도덕적으로 분노하면서도, 일상생활에서는 습관대로 슈퍼마켓과 레스토랑에서 우리가 원하는 것은 무엇이든 공급받음으로써 우리의 다양한 욕구를 충족시키고자 한다.

음식과 음식을 표현하는 방식은 사회적 차별의 상징이 되어왔다. 먹기 양식의 변화는 요리 기술의 진화가 인간사회의 다른 변화들과 분리되어 있지 않다는 것을 보여준다. 공개적인 음식 소비는 우리를 자의식적이게 만들었고, 레스토랑은 심리학적 관점을 생산하는 데서 중요한 역할을 해왔다. 우리가 우리 자신을 다른 사람들이 바라볼지도 모르는 방식으로 바라보려고 노력하는 것, 그리고 다른 사람들을 강제하거나 차별하고 다른 사람들의 시선의 침입을 무력화하기 위해 심리학적 상상력을 행사하는 것은 이제 일상적 삶의 일부이다. 우리는 새로운 방식으로 서로를 바라보는 법과 서로 다른 속성의 표시로서의 몸짓과 표현에 보다 주목하는 법을 학습해왔다.

외식의 기호학을 살펴볼 때, 외식에는 단순한 쾌락 추구 이상의 것이 존재한다는 것을 알 수 있다. 외식은 우리의 감각이 훨씬 더 복잡한 문화적 영토에 착근되어 있다는 것을 알 수 있게 해준다. 이는 이따금씩 자신의 취향과 쾌락의 기원, 근거, 신뢰성에 대해 반신반의하게 만들기도 한다. 외식은 처음에는 일상생활의 일상적인 부분으로, 몸이 연료를 공급받는 수단으로, 그리고 그다음으로는 우리가 삶을 살아가는 수단으로 보이지만, 외식의 오랜 역사와 인류학은 우리로 하여금 외식의 사회적 중대성과 외식이 인간 연구에서 갖는 중심적 위치에 주의를 기울이게 한다. 서구의 산업화된 사회에서 먹기의 스타일과 유형은 장기적인 경제적 의미를 지닐 뿐만 아니라 또한 그 활동을 감정적 격자 — 고도로 네트워크화되고 팽창되고 있는 지구화 과정의 소비 가치를 지지하는 — 내에 위치시킨다.

레스토랑은 새로운 감성과 욕구를 규정하는 데서 뚜렷한 역할을 수행해 왔다. 외식의 증가하는 인기는 사적인 것과 사회적인 것 간의 경계를 흐리게 하는 여타 문화적 혁신과 동시에 발생해 왔다. 특히 엔터테인먼트 산업과 문화산업은 19세기 이래로 서구 소비자들의 성격을 지배해 왔고, 그 산업들의 성장은 외식의 유행과 병행한다. 사적 활동이 공적 활동으로 이전하는 것의 밑바탕에는 낯선 사람들 — 자신들의 즐거움을 위해 우리를 지켜볼 수도 있고 다시 우리가 그들을 지켜볼 수도 있는 — 이 아주 가까이에 있는 가운데서 공개적으로 친밀한 상황을 경험하고자 하는 새로운 욕구가 깔려 있다. 따라서 우리의 사적 삶은 공개적인 스펙터클의 일부가 되었다. 레스토랑에서 우리는 마치 연극 공연의 한가운데에 있는 것처럼 즉각 진행되고 있는 사회적 흐름 속으로 빠져들고, 동시에 우리는 우리 자신의 환상과 욕망을 그 장면 위에 겹쳐놓을 수도 있다. 보다 광범한 맥락에서 바라보면, 이 같은 공개적인 먹기 방식은 현대 세계에서 특정한 사회적 욕구를 향유하는 방식을 훈련하는 데서 중요하다. 이러한 점에서 레스토랑은 코즈모폴리턴 소비사회라는 특유한 상황에서의 삶에 적합한 개인적 행동 유형을 만들어가는 데서 중요한 역할을 수행한다.

게오르그 짐멜은 한 세기도 더 전에 대도시의 출현이 새로운 사회적 능력과 특별한 감성을 요구한다고 파악하면서 이러한 상황을 묘사했다(Simmel 1905). 산업혁명이 경제적 활동을 도시로 집중시킴에 따라, 그리고 은행업, 상업, 제조업이 새로운 고용양식을 산출함에 따라 개인들은 훨씬 더 다양한 부류의 사람들과 접촉하게 되었다. 과밀하고 시끄럽고 자극적인 도시에서 살아남기 위해서는 계산하기와 둔감함 모두가 요구되었다. 도시 거주자들은 물리적으로 서로 부딪칠 수밖에 없을 때조차 다른 사람들을 의식하지 않을 수 있는 능력을 발전시킬 필요가 있었고, 또 어떤 무례하거나 당황스러운 문화적 차이에 충격을 받은 것처럼 보이지 않게 하기 위해 더 높은 수준의 관용의 경계를 가지는 것이 필요했다. 이것이 바로 둔감한 태도 — 매우 의식하고 있으면서도 동시에 통제를 통해 표정을 드러내지 않는 태도 — 였다. 동시에 도시는 즐거움에 대한 욕구를 증대시킬 수 있는 새로운 기회를 제공했다. 짐멜은 근대 도시의 삶이 새로운 심리학적 관점 — 강화된 사회적 접촉이 주는 자극 및 요구와 그러한 것이 가하는 초자극을 통제할 필요성을 균형 잡는, 자기규율의 경계가 보다 높아진 관점 — 을 요구한다고 진단했다.

인간행동에서 일어나는 대부분의 변화는 비체계적인 경향, 다시 말해 퇴행을 자초하고 항시 모순을 포함하는 경향이 있다. 그리고 심리학적 관점의 형성과 관련된 장기적인 사회적 과정도 이러한 방식으로 고찰할 수 있다(Elias 1982: 232). 레스토랑은 공적 행동의 스타일에 영향을 미치며 새로운 즐거움과 욕구를 규정해 왔고, 그리하여 우리가 인구밀도가 높은 코즈모폴리턴한 도시에서 살아가는 데 필요한 심적 속성을 획득하는 훈련을 하는 데서 중요한 역할을 수행해 왔다. 레스토랑은 사회적 상호작용의 실험이 일어나는, 사회를 자유화하는 사회적 발명물이었고, 지금도 여전히 그러하다.

노르베르트 엘리아스에 따르면, "먹는 동안의 행동이 따로 떨어져 있을 수는 없다. 그것은 사회적으로 주입된 전체 행동 형태들의 한 단편 — 매우 독특한 한 단편 — 이다"라고 지적했다(Elias 1978: 68). 이는 일상생활의 대부분의 관행을 전체 사회의 특징을 반영하는 것으로 생각할 수 있다는 것을 시사한다. 왜냐하면 그러한 관행들 자체는 현상現狀을 무매개적으로 재생산하기 때문이다. 따라서 우리가 일상생활의 관습적 요소들로 받아들이는 몸짓과 매너는 이미 규정된 관점을 실어 나른다. 공적 이벤트와 개인의 사적 감성이 매우 밀접하게 연관되어 있다는 사실은, 개인에게서 "감정통제의 구체적인 기준을 요구하고 만들어내는 것은 바로 사회구조"(Elias 1978: 201)라는 생각을 더욱 강화한다. 이러한 맥락에서 외식은 내면을 틀 짓는 수단이다. 이것은 많은 레스토랑이 우리에게 요구하는 인위적이고 부자연스러운 행동들을 어째서 우리가 단지 상황의 요구인 것으로(마치 우리가 식사하는 레스토랑이라는 곳이 우리로 하여금 어떻게든 낭만적이게 하고, 야단법석을 떨게 하고, 생동감 넘치게 하고, 젠체하게 하는 것처럼) 간단하게 처리해버릴 수 없는지를 설명해 준다. 그러한 행동들은 우리의 쾌락 의식, 그리고 더 나아가 우리 자신의 독특한 정체성 의식과 분리될 수 없는 것이다.

* * *

근대의 초기 단계부터 레스토랑은 무역, 소비, 당대의 문화, 정치와 결부되어 있었다. 레스토랑은 개인들이 자유롭게 새로운 욕망을 탐닉하고 사회적 접촉을 실험할 수 있는 장소를 제공했다. 이러한 자유는 여전히 레스토랑이 지닌 지속적인 매력의 일부이며, 레스토랑이 오랫동안 사회적으로 성공해 온 이유를 상당 부분 설명해준다. 여러 면에서 레스토랑은 여전히 사적 이익이 공적 번영으로 재편되는 장소이다. 레스토랑이 거둔 분명한 상업적 성공은 레스토랑이 수많은 개인들에게 제공하는 즐거움과 분리될 수 없고, 그러한 즐거움은 사적 이익과 공적 이익 간에 공생적 밀접함이 존재한다는 것을 시사한다. 초기 레스토랑에서 사람들은 낯선 사람들의 관심을 끌지 않으면서 그들과 나란히 가까이 앉아 있는 법을 배웠다. 우리는 근접함의 규칙을 배우는 것이 필요했다. 우리는 그러한 사회적 원리를 이해함으로써 새로운 관점을 획득했다. 이처럼 레스토랑은 근대 도시적 삶과 관련된 일상적 관행 및 사회적 욕구의 많은 것 – 특히 낯선 사람(그리고 거의 대부분은 여전히 낯선 사람으로 남아 있는) 으로부터 덧없고 계산적인 거래를 통해 서비스를 구매하는 것의 즐거움 – 을 계발하는 데서 중요한 역할을 수행했다.

20세기 중반에 사회적 행동에 대한 논평자들, 구체적으로는 어빙 고프먼(Erving Goffman, 1961)과 피터 버거와 토마스 루크만(Peter Berger and Thomas Luckmann, 1966)은 사회와 개인이 서로 집합되는 방식을 고찰하면서, 보이는 것이 다가 아니라는, 그리고 우리가 알고 있는 모든 것은 끊임없이 반복적으로 우리에게 가르쳐지고 있는 것이 틀림없다는 원리에 입각하여 작업했다. 그런 까닭에 사교의 일상적 규칙이 확실히 진실인 것으로 보이기 위해서는 그 규칙이 널리 반복될 필요가 있었다. 이러한 견해는 우리는 다른 사람들과 관계를 맺으면서 시간이 경과함에 따라 우리의 삶을 보다 보람 있게 만들 것으로 추정되는 행동 레퍼토리를 구축한다고 주장한 초기 논평들에 근거한다. 우리는 우리에게 기대되는 행동을 배우고, 우리에 대한 다른 사람들의 반응을 해석하여 우리의 행동을 신중하게 채택한다. 우리가 이러한 인상과 해석을 부단히 교환한다는 것은 사회의 작동방식에 대한 우리의 지식이 특이하고 지역적인 습관과 믿음에 상당히 기초한다는 것을 의미한다. 이는 우리가 우리 주변의 다른 모든 사람이 믿는 것처럼 보이는 것을 계속해서 반복하여 강화할 때에만 우리가 알고 있는 것이 분별 가능해지고 일관적이게 되는 것과도 같다.

이런 식으로 공개적으로 음식을 소비하는 것은 우리를 보다 자의식적이게 만들어왔고, 레스토랑은 심리학적 상상력을 계발하는 데서 하나의 역할을 수행해 왔다. 이 관점에 따르면, 지금 우리가 일상생활의 일부로 받아들이는, 당연한 것으로 간주되는 관습과 사회적 부호는 수세기를 거치며 진화해 온 것이다. 우리가 서로를 바라보는 법을 학습해 온 방식, 우리가 몸짓과 표정이 하나의 신호라는 듯이 그것들에 더욱 주목하게 된 방식, 그리고 우리가 몸의 세세한 부분을 확대해서 보고 다른 사람의 시선을 의식하게 된 방식은 우리가 지금은 자유롭게 드나드는 레스토랑과 여타 사회적 장소가 암묵적으로 제공한 사회적 훈련과 상당한 관계가 있다.

~ 2 ~

취향과 욕망

그는 서구 스타일의 레스토랑에서 식사를 한 적이 없었다. …… 놀랍
게도 홍차가 립턴 티백으로 긴 잔에 담겨 나왔다. 팝콘은 너무 달고
고무처럼 질겼다. 커피는 훌륭했지만 너무 뜨거웠다. …… 그를 놀라
게 한 것은 그들이 제공한 음식의 질이 열악하다는 것이 아니라 그럼
에도 불구하고 사람들이 만족한다는 것이었다. 마치 분위기가 다른
어떤 것을 보상하는 것 같았다.

—『레드가 블랙일 때』, 추 샤오룽

서구의 소비사회에서는 우리가 상상할 수 있는 모든 관념, 관행, 물
질적 실체가 시장의 힘에 의해 우리가 감탄하고 욕망하는, 그리고
그다음에는 획득하고 소유하는 하나의 상품으로 전환되어 왔다. 소
비사회는 모든 것을 판매를 위해 내놓는데, 음식도 예외는 아니다.
음식에 대한 욕망은 기본적인 영양상의 필요를 충족시키는 단순한
문제가 아니다. 음식은 우리가 사회적 지위와 위세를 주장하는 데

이용하는 복잡한 체계의 일부이다. 음식은 상징, 아이콘, 유행, 도구로 전환되어 왔다. 음식은 우리의 식욕을 자극하고 되살리기 위해 항상 전시되어 있다. 우리가 패스트푸드 아울렛, 고급 백화점의 우아한 식료품 매장, 슈퍼마켓의 선반과 전문 조제식품점 등에서 만나는 음식 품목들은 우리에게 말을 거는 능력을 가지고 있다. 음식 품목들은 우리의 주목을 끌기 위해 수다스럽기도 하고 자주 비꼬기도 하고 우리의 비위를 맞추어주기도 하고, 심지어는 극적인 방식으로 불쾌감을 주기도 한다. 롤랑 바르트는 음식을 "하나의 커뮤니케이션 체계이자 일단의 이미지의 구현체이고 관습·상황·행동의 시발점"이라고 정의했다(Barthes, 1982: 78). 그는 음식이 때때로 모순적으로 보일 수도 있는 가치들의 스펙트럼을 체현하고 있는, 특정한 시대들을 표상하는 대상이라는 점을 우리에게 환기시킨다. 음식은 단순한 필수품인 동시에 심미적·물질적 관심을 충족시키기 위해 환경을 가공하는 인간의 능력을 반영하는 우아한 제스처이다. 음식은 욕구의 사이클을 작동시키는 에너지이고, 따라서 우리의 욕구를 틀 짓고 개조하기 위해서는 계속해서 우리에게 즐거움을 주고 위안을 주고 비밀스럽고 매력적이어야만 한다.

도시의 성장, 그리고 안마당에서 도시 번화가로의 이동은 근대 초기 시대에 엄청난 문화적 변동이 일어나는 데서 필수적이었다. 사람들은 커피하우스에서의 만남(주로 남자들에게 제한된), 거리 산책, 전람회와 미술관 관람과 같은 새로운 사회적 이벤트들에 참여하게 되었다. 새로운 양식의 공적 사교모임으로부터 보다 개방적이고 자유주의적인 공론장이 발전되었고, 개인들은 자신을 달리 바라보게 되었다. 또한 자신을 청중이라는 낯선 사람들에게 드러내고 그들의 반응을 예상할 때 발생하는 고조된 불안의식 또한 사람들로 하여금 자신이 만들어내는 인상을 더욱 의식하게 했고, 정체성이 어떻게 갑자기 출현하는지 그리고 또한 정체성이 의지에 의해서뿐만 아니라 우연한 노출에 의해서도 어떻게 변화될 수 있는지에 주목하게 했다. 소설, 일기, 순수문학, 신문 및 여타 그러한 문건들이 누리는 인기는 사람들이 하나의 사회적 인물로서의 자신에게 새롭게 집착하고 있음을 보여주는 증거였다. 그러한 것들은 또한 자아 만들기self-fashioning와 타인의 인물평가 모두와 관련한 어휘들을 만들어냈다. 우리는 『트리스트럼 섄디의 생애와 견해The Life and Opinions of Tristram Shandy』(1759~1767)의 인기를 개인들로 하여금 일제히 자신에게 열중하기 시작하게 만든 전환점으로 고려할 수 있다. 당시에는 개인적 경험, 새로움과 모험의 추구, 감정의 계발 및 내적 진실과 관련한 지식에 대한 관심이 점점 더 증가하고 있었다. 자신에 대해 다르게 생각한다는 것은 또한 이전의 전통과 권위가 내리는 확고한 지침들에 대해서도 다르게 생각한다는 것을 의미했다. 그리하여 자아가 코어를 찾기 위한, 즉 개인적 장점과 능력을 확인하기 위한 항해를 하면서부터 자아의 연대기가 시작되었다. 이러한 내적 영역의 탐구는 대체로 팽창하고 있는 도시사회 ― 붐비고 겉으로 보기에 무질서한 ― 에서 만나는 낯선 사람과의 접촉을 통해 이루어졌다.

전근대 귀족 세계에서는 음식의 자연적 기원을 숨기는 방식으로 음식을 제공하는 것이 일반적이었으며, 이는 궁정예절의 수행에서 더 많은 제약이 가해지고 더 많은 위장이 이루어지는 것과 같은, 인간의 사교활동에서 일어난 또 다른 변화들과 동시에 발생했다. 동시에 양은 질에 길을 내어주고 있었다. 중세시대에는 식탁을 엄청난 양의 음식들로 치장하던 (그리하여 엄청난 양의 쓰레기를 만들어내던) 것에서 더 맛있는 음식에 집중하는 것으로 서서히 바뀌었다. 그리고 엄청나게 많은 다량의 향신료 소스가 아니라 자연 향을 강조한, 입맛을 돋우는 소스가 표준이 되었다(Mennell 1985: 72). 식사하는 사람들 각자를 위한 그릇, 나이프, 그리고 마침내 포크까지를 포함하여 개별 테이블 세팅이 시작되면서 개별 음식 차림이 도입되었다. 궁정의 음식 스타일은 작고 우아하고 값비싼 것을 강조하기 시작했다. 하지만 주인의 부와 권력을 과시하기 위해 여전히 사치품들이 눈에 띄게 진열되었다. 이를테면 16세기 요리 기술 교본에는 40명의 손님을 위한 간소한 연회의 경우에 50개 이상의 요리를 400개의 금색·은색 식기류에 제공하고 그와 함께 27개의 디저트를 200개의 접시로 제공하라고 기술되어 있었다. 게다가 설탕·버터·파스타로 만든 요정, 이국적인 동물, 신화적인 신을 묘사한 작은 상像들로 이루어진 여섯 개의 테이블 장식은 그 연회를 더욱 화려하게 만들었다. 음식의 품목이 주인의 열망과 지위를 나타내는 데 계속해서 이용되었기 때문에, 변화하는 음식 표현 스타일과 음식 소비 태도는 중세 후기 인간사회의 도덕적 질서에서 일어난 복잡한 변화를 보여주는 것으로 인식될 수도 있었다. 테이블 매너에서 일정 정도의 자제력을 드러내는 것이 더욱 일반적이 되었고, 이는 개인들이 점점 더 자의식을 가지게 되고 자신의 행동이 다른 사람들에게 어떤 영향을 미치는지를 인식하게 되었다는 것을 의미했다. 너무 빨리 먹는 것, 입맛에 맞지 않는 음식을 뱉는 것과 같은 행동들은 다른 사람들에게 불쾌감을 주는 것으로 인식되었다.

르네상스의 요리 세계는 중세 전통과의 광범위한 단절을 보여주는 여러 현상의 일부였다. 우리가 그러한 단절을 그 시대의 특정 순간과 결정적으로 연계 지을 수는 없지만, 그것은 소비 습관의 변화 속에서 점차 가시화되었다. 중세 시대의 범주화 체계는 아리스토텔레스Aristotle식의 논리에 의해 지배되었다. 즉, 시각, 촉각, 청각, 미각, 후각이라는 인간의 다섯 가지 감각은 당시에 가장 높은 수준을 차지했던 시각에서부터 가장 낮은 수준에 위치했던 후각과 미각의 순서로 엄격하게 서열화되어 있었다. 이 위계체계는 음식을 낮은 지위로 강등시켰다. 왜냐하면 음식은 신체 유지라는 보다 천한 것과 직접 관련되어 있기 때문이었다. 이와 대조적으로 시각은 사람들로 하여금 직접적인 것을 넘어 하늘과 지평선을 바라보게 하고 추상적이고 초월적인 이상을 찾게 하기 때문에 격상되었다. 많은 사람이 볼 때, 이것은 사람들이 음식을 소비하는 방식이 예법의 규칙에 의해 엄격하게 통제되지 않았다는 것을 의미했다. 먹기는 육체적 욕구를 충족시키는 문제였지만, 낯선 사람들을 더 가까운 공간에 함께 있게 만드는 상업과 여행이 증가하면서 다른 사람들에게 불쾌감을 주지 않는 일이 보다 긴급히 요구되었다. 특히 최근에 만난 낯선 사람이 조만간 유용한 정보나 사업의 원천이 될 수도 있기 때문에 불쾌감을 주는 일을 피할 필요성이 서서히 테이블 매너의 관습과 음식 공유의 규칙들을 더욱 지배하게 되었다. 게다가 무역은 아리스토텔레스식의 세계를 흔들어놓았고, 맛과 냄새에 대한 감각적 경험은 이제 더 이상 인간의 경험 가운데 가장 낮은 서열로 강등되지 않게 되었다.

사회적 관습에서 변화가 일어난 시점은 쉽게 추정할 수 없으며, 특정 사건이나 정확한 상황에 의해 정해지지도 않는다. 시간이 경과하면서 관행들의 서열 변화를 식별할 수 있는 변화가 일어나고, 우리는 그러한 관행들의 서열이 바뀔 때 새로운 관습이 출현하는 방식을 인식할 수 있게 된다. 그러한 변화는 서서히 일어나지만, 일단 시작되면 다른 영역에서 반향을 불러일으키기 시작한다. 이를테면 신체적 외모에 대한 인식, 즉 몸과 영양에 대해 생각하는 방식은 체액 모델에 기초한 엄격한 서열체계가 변화하면서 크게 바뀌었다. 몸은 이제 더 이상 미리 정해진 용기가 아니라 권력, 취향, 지위를 보여주는 무대가 되었다. 외모 꾸미기는 우리의 행동 방식과 상대를 바라보는 방식에 영향을 미쳤다. 이처럼 하나의 활동영역에서의 습관과 관심사가 다른 영역으로 스며들었다. 이탈리아 르네상스는 관습이 바뀌고 서로 다른 사회적 양식이 출현하는 과정을 보여주는 스펙터클한 사례이다. 이를테면 회화에서 등장한 새로운 기법은 전통을 깨고 이전 체계를 미묘하게 동요시켰다. 그러한 사례들은 서로 다른 수준에 있던 일용품들이 예기치 않게 조합 – 실제로는 천한 것과 고상한 것의 혼합 – 되면서 출현했다. 꽃, 둥근 빵, 와인 병, 포도, 레몬, 과일 및 그릇을 그린 정물화는 (헬레니즘 모자이크와 벽화가 이 모티프를 사용했기 때문에 처음은 아니었지만) 소재가 종교적인 것에서 가시적 세계의 속성 – 네덜란드와 같은 새로운 제국이 그러한 가시적 속성에 기초하여 세워지고 있었다 – 으로 전환되고 있음을 보여주는 증거였다(Gombrich 1960: 431). 정물화는 부유한 도시 계급들이 (자신들이 수립한) 시민사회를 대표하던 17세기 중반부터 그 도시 계급들에게서 점점 더 인기를 끌었다(Portus 2012: 184). 은행업과 무역 같은 상업거래에서 일어난 또 다른 변화들 역시 새로운 사고 유형을 창조했고, 그것이 계급 이동, 세속주의, 공론장의 규약과 같은 보다 복잡한 사회적 형태들의 발전에 영향을 미쳤다.

식품경제

17세기에 유럽에서는 소모품, 특히 커피, 차, 설탕에 대한 관심이 폭발적으로 증가했다(Mintz 1985). 민츠는 취향의 급격한 변화를 보여주는 한 가지 사례로 영국에서 설탕이 누린 인기를 인용한다. 그는 1660년대에서 1740년대까지 설탕 소비가 일곱 배 증가했으며 현재까지 계속해서 증가해 왔다고 추정했다. 설탕뿐만 아니라 커피와 차의 소비는 영국과 서유럽을 통해 빠르게 확산되었으며, 그것들은 짧은 시간 동안 많은 사람이 이용할 수 있게 된 최초의 식용 사치품이었던 것으로 보인다. 그것들은 또한 소비를 늘리기 위해 광고를 한 최초의 물질이었다(Mintz 1997: 359). 18세기에 사치품과 의료용 해독제였다가 상대적으로 저렴한 에너지원과 음식 대체품으로 바뀐, 그리고 다음 세기까지 모든 사람의 식생활에서 주요 품목으로 자리 잡은 설탕의 역사는 음식 관습이 사회적 가치를 엄청나게 변화시킬 수 있다는 것을 보여준다. 민츠는 설탕 소비가 증가함에 따라 설탕을 첨가한 과일, 잼, 마멀레이드와 같은 새로운 식품을 제조하는 산업의 능력도 증가했다고 지적했다. 음식 준비에 시간을 투자하는 것에서부터 특정 식품을 상징적인 의미와 성격으로 윤색하는 것에 이르기까지 일상생활 자체에 대한 새로운 사고방식이 새로운 식품을 개발하는 데 필수적이었다. 민츠는 차, 커피, 너트메그 nutmeg, 생강, 후추, 담배와 같은 영양가 없는 물질이 인기를 끌고 일상적인 식생활에 빠르게 흡수되었다는 것, 그리고 현재까지도 여전히 그러하다는 것을 수수께끼로 간주했다(Mintz 1997: 364). 이러한 추세는 상품의 상징적 가치가 반드시 그 상품의 자연적 특성과 동일하지는 않다는 것을 보여준다.

문화적 중력의 변화는 얼마간 소비자 취향의 변화를 설명해 준다. 17세기가 끝날 무렵, 시장과 공적 영역은 궁정사회의 고급스러움에서 도시로 관심을 옮겼다. 런던의 거리 생활은 번잡했고, 스트랜드가와 피카딜리가를 따라 상점들이 번성하고 있었다. 극장, 커피하우스, 미술관은 세련된 대도시의 분위기를 창조하고 있었다. 이 새로운 차원의 거리 생활은 풍부한 오락거리와 함께 상거래와 사회적 즐거움을 혼합할 수 있는 기회를 제공했다(Porter 2000: 36~37). 설탕과 담배에 대한 취향은 그러한 유행에 의해 영향을 받았으며, 그와 유사한 물품들도 이용가능성이 증대하며 보다 광범하게 소비되었다.

자아정체성, 도시생활, 그리고 취향의 중요성 간의 연관관계는 19세기와 20세기에 있었던 대량이주에 의해 잘 설명된다. 그 과정에서 호스트 국가는 많은 경우 이주로 인해 도입되는 새로운 관행과 습관에 저항하기 위해 분투했다. 인종정체성에 대한 믿음과 민족주의가 자주 그러한 사건들을 특징지었으며, 편견과 적대감을 불러일으켰다. 이를테면 19세기 후반에 이탈리아인들이 시카고로 이주하자 미국 호스트 사회의 성원들은 자신들이 이민자의 건강에 해를 끼치는 것으로 (그리하여 결과적으로는 보다 광범한 사회체social body를 위협할 것으로) 인식한 음식습관을 개혁하려는 투쟁을 벌였다. 하비 레벤스타인(Harvey Levenstein 1988)은 이 명백한 문화전쟁을 부분적으로는 전통적인 습속과 당시 진전되고 있던 상업화된 대량생산 식품의 과학화 간의 투쟁으로 묘사했다. 그는 이탈리아 요리의 눈에 띄는 성공, 즉 이탈리아 요리가 현대 미국 취향에 현저한 영향을 미친 반면 다른 이민자 요리는 훨씬 적은 영향을 미쳤다는 점을 지적한다. 이를테면 피자와 스파게티와 미트볼은 이제 미국 식생활에서 주요 식품이다. 그리고 그 요리들은 이탈리아에서 만드는 것과 다르게 재생되었을 수도 있지만, 그럼에도 불구하고 미국 음식 명칭 속으로 진입하여 유지되고 있는 외국 요리의 사례들이다. 유대인 요리와 중국 요리 같은 다른 요리도 미국의 가정에 진입했지만, 제멋대로 뜯어고친 형태로 진입했다. 이탈리아 요리는 그 스타일을 거의 그대로 유지해 왔다. 이탈리아 요리가 새로 도착한 이탈리아인들의 식습관을 변화시키기 위해 19세기에 미국 개혁자들이 벌인 캠페인의 중점 대상이었기 때문에 이것은 더욱더 놀라운 일이다. 그러한 운동의 배후에 작동한 이유는 겉으로 보기에는 자비로웠다. 즉, 그 운동의 명분은 인구밀도가 높은 도심지역 빈민가의 공동 주택에 모여 사는 이주자들의 생활조건과 전반적인 건강을 향상시킨다는 것이었다. 하지만 이탈리아식 식생활은 부분적으로는 강력한 가족 전통과 오랫동안 유지된 지역 요리법으로 인해 영양사라는 미국 신흥 직업의 개혁 열정으로부터 살아남았다. 이탈리아 이민자의 집단 거주지에 이탈리아인들의 상점이 있었고 그 상점이 이탈리아인들로 하여금 친숙한 제품을 구입하도록 조장한 것도 사실이었다. 이탈리아 식품은 또한 약간 더 저렴했으며, 최근에 도착한 이민자는 미국 식생활을 채택하는 것이 금전적으로 가능하지 않았다. 고기, 콩, 치즈, 파스타를 함께 넣는 이탈리아 요리를 비난한 전문 영양사가 그러한 요리를 음식 가치를 파괴하는 것으로 보았을 때 크게 간과한 것이 바로 이 같은 요인이었다.

미국 정부기관에 고용된 가정경제학자들은 토마토, 꽃양배추, 올리브, 포도와 같은 주요 성분을 저장식품으로 만들어 병에 담아두는 이탈리아인들의 식습관을 바꾸게 하는 데 대체로 실패했다. 동일한 개혁적 영양사들 또한 자신들의 이론적 전문지식과 전문성을 확립할 것을 강요받았다. 하지만 1918년경에 국제정치가 음식과 식생활을 바라보는 국내적 관점에 상이한 영향을 미치기 시작했다. 식량부족과 식량배급이 고기의 이용가능성에 악영향을 미치자, 제1차 세계대전 동안에 미국의 동맹국이었던 이탈리아 요리가 인기 있는 해결책이 되었다. 고기와 함께 조리된 파스타, 쌀, 야채는 이제 정부의 식량제한 정책에 부합하는 효과적인 배급방법으로 옹호되었다. 제1차 세계대전 이전에는 이탈리아 이민자들이 검약한 음식으로 인해 얕잡혔는데, 그러한 태도가 변화되었다. 이제 그들이 올리브 오일, 치즈, 야채를 사용하는 것에 박수를 보냈다. 아이러니하게도 1920년대 초반경에 영양에 대한 새로운 연구와 비타민의 발견으로 전통적인 이탈리아 식단은 잘 균형 잡히고 에너지가 풍부한 것으로 인정받았다. 지난 10년간 파스타, 토마토, 고기 소스가 주요 식품으로 널리 채택됨에 따라, 식품 개혁자들은 수입된 식이요법에 대한 태도를 수정할 것을 강요받았다.

레벤스타인의 연구는 음식 유행이 어떻게 출현하고 진화하는지를 보여주는 흥미로운 사례의 하나이다. 음식 유행은 임의적으로 또는 불가해하게 진화하는 것이 아니라 사회경제적·정치적 영향과 맞물렸을 때 가장 뚜렷한 모습으로 진화한다. 미국에서는 1829년에 그레이엄 크래커, 다시 말해 허니 '비스킷'이 판매된 이후 식품과 식품이 감성에 미치는 영향에 대한 초기의 우려가 강화되었다. 실베스터 그레이엄Sylvester Graham이 개발한 이 담백한 비스킷은 엄격하고 단순한 식단이 건강에 해로운 신체적 욕구와 욕망을 통제할 수 있다는 그레이엄의 청교도적 신념을 전파하기 위한 것이었다. 음식은 도덕적인 우려를 자아내는 문제였고, 개인의 정신 건강과 직접적으로 연관되어 있었다. 그레이엄의 종교적·건강적 믿음은 인기를 얻었고, 다음 세대에는 그러한 믿음이 식생활, 도덕성, 그리고 새로운 산업적 대량생산 기술 간에 보다 상호 침투적인 관계를 만들어냈다. 켈로그의 모험담은 그가 음식 및 욕구와 도덕발달을 연계시킴으로써 어떻게 상업적 기회를 확보해 내었는지를 잘 보여준다. 실베스터 그레이엄과 마찬가지로 존 켈로그John Kellogg와 윌 켈로그Will Kellogg 형제는 음식을 육체적·정신적 건강에 필수적이라고 생각했다. 1890년대에 그들은 새니타스 푸드 컴퍼니Sanitas Food Company(전세계적인 새니터리엄Sanitarium 브랜드의 선조)를 설립하고, 고기와 계란으로 구성된 보다 비싼 아침 식사를 대신할 채식주의적 대체물로 곡물과 시리얼을 판매했다. 우리는 그들의 규율된 몸에 대한 태도에서 종교적 함의를 다시 한 번 더 확인할 수 있다. 그들은 식단에서 고기를 제거하고 요구르트와 관장제로 장관腸管을 정기적으로 청소할 것을 제창하는 켈로그 철학에 기초하여 건강 농장을 열었다. 켈로그 형제는 건강 농장을 통제하기 어려운 육체적 욕망을 통제하는 가장 좋은 방법으로 제시했다. 그들은 타고난 신체적 충동은 제멋대로이기 때문에 억제될 필요가 있다고 가정했다. 몸을 깨끗이하기 위해서는 담백한 식단이 필요했다. 이러한 태도는 욕구와 욕망의 본질에 대한 책임을 전적으로 개인에게 지우고, 원치 않는 발각과 탄로의 잠재적 원천으로서의 몸에 대한 불안감을 강화한다. 만약 개인이 건강에 관심을 가지지 않고 색다른 물질을 계속해서 먹는다면, 그는 타락하고 퇴폐적이고 심지어는 병에 걸린 것으로 인식될 수도 있었다. 육체적 몸을 유지하는 데서 청결의 모티프는 몸이 인종차별과 우생학의 미덕을 지지하기 위해 사용될 때 정치적으로 더욱 사악하게 굴절되었다. 켈로그 형제의 형인 존은 인종 정화에 동조하는 생각을 담고 있는, 올바른 삶을 사는 방법에 대한 인기 있는 텍스트를 썼다. 20세기 초 미국은 경제적·정치적 상황 속에서 정치체body politic의 힘과 활력에 초점을 맞춘 보다 광범위한 사회적 틀을 통해 건강과 개인적 위생에 대한 우려를 쉽게 제거할 수 있었다.

음식과 건강에 대한 불안은 현재 사라지지 않았고, 심지어는 줄어들지도 않았다. 1980년대와 1990년대의 음식 공포(살모넬라 오염 계란과 오염된 소고기를 통해 전염되는 광우병)는 소비자들의 품질보증 요구에 영향을 미쳤다. 환경규제가 강화되었고, 식품공급망과 함께 취급자들도 규제 대상이 되었는데, 그것들은 서로 다른 정도로 성공을 거두었다. 이제 식품은 소비자들이 신선도와 원산지에 대해 안심하고 구매할 수 있도록 그 재료의 일부 공급원에 대한 정보와 함께 포장된다. 상점 판매대에 진열해 놓고 직접 판매하는 고기, 생선, 치즈와 같은 신선 식품은 유효기간과 영양 정보를 표시하고 있는 포장 식품과 동일한 수준으로 항상 품질을 보증하고 있다고 볼 수는 없다. 투명한 플라스틱 진공 포장 식품(부위별로 포장된 고급 고기와 생선과 같은)은 그 품목의 구매 가격을 상승시켰고, 고객으로 하여금 그 제품을 더 많이 집어 들게 한다는 점에서 마케팅 측면에서는 성공을 거두었다. 식품의 지속적인 재브랜드화, 재평가, 재포장은 식습관 패턴에도 직접적으로 영향을 미친다.

특정 제품에 대한 맛을 개발하는 것은 식품 마케팅의 일부이다. 매리언 네슬(Marion Nestle 2002: 1)은 "식품회사들은 [전 세계적인 규모로] 사람들에게 더 많은 제품을 먹도록 설득해야 한다"라고 지적했다. 식품회사들은 소비자 취향에서 변덕과 유행이 일어나게 하는 데 적극적이다. 소비재의 인기가 (일찍이 1958년에 할리우드 로맨틱 코미디 영화 〈인디스크리트Indiscreet〉에서 크리넥스Kleenex 박스를 영화에 배치하고 뮤직비디오 클립에서 유명인사가 펩시, 루코제이드, 우유를 홍보하는 것과 같은) 광고 방법의 변화와 직접적으로 연관되어 있는 것처럼 보일 수도 있지만, 농업 관행과 제조업에서의 기술 진보와 같은 다른 요인들 역시 새로운 취향에 대한 수요를 창출한다. 오늘날 취향의 변화는 자주 마케팅 주기와 연결되어 있다(마케팅 주기 또한 관련 산업의 공급망과 연결되어 있다). 이 경우에도 제조기술의 혁신이 식품생산에 영향을 미쳐왔다. 가당 음료, 아이스크림, 구운 비스킷, 즉석식품과 냉동식품 같은 품목의 인기는 더 큰 산업 과정의 일부로, 기업은 기술혁신을 통해 수요에 앞서 상품을 성공적으로 출시했고, 광고를 통해 특정 취향을 위한 시장을 육성했다. 이를테면 우유 생산에 사용되는 새로운 기법을 통해 부산물인 유장乳漿을 수집한 것은 요구르트의 생산을 증가시킬 수 있게 해주었고, 요구르트는 최근 몇 년 동안 인기 있는 건강식품이 되어 상당한 규모의 새로운 시장을 창출해 왔다.

슈퍼마켓은 식품의 변화에서, 그리고 그다음에는 우리의 먹기 습관의 변화에서 중요한 역할을 했다. 백화점이 19세기 중반에 유행의 민주화에서 중요했던 만큼이나 슈퍼마켓은 식품소비에서 중요했다. 슈퍼마켓에서 소비자는 제품을 스스로 집어 든다. 백화점에서와 마찬가지로 제품과 구매자 사이에는 어떠한 장벽도 존재하지 않는다. 이전에는 고객이 판매대 너머에 있는 상점 주인과 거래하는 방식이었고, 그것이 물리적 장벽뿐만 아니라 사회적 장벽도 만들어냈다. 물건을 만지고 잡아보고 살펴볼 수 있는 기회는 보다 감정이 부여된 친밀한 관계를 즉각적으로 만들어준다. 초기 백화점에서는 이것이 매출을 빠르게 증가시키는 요인이었다. 고객이 일단 사치스러운 물건을 들어보고 가죽 장갑의 질을 느껴보고 화장품의 향기를 맡아보고 목에 실크 스카프를 둘러보고 나면, 디스플레이 선반에 그 물건을 되돌려 놓기가 훨씬 더 어려워진다.

마찬가지로 슈퍼마켓에서도 제품과의 거리가 사라졌고, 우리는 흔히 식품을 선택하여 어딘가에 붙어 있는 라벨에서 성분과 이력을 확인하는 일을 한다. 이전에는 식료품 상인이나 상점 주인이 많은 식품을 대량으로 들여놓고 있다가 손님이 요구한 만큼의 식품을 싸서 포장해 주었다. 슈퍼마켓이 가져온 혁명적인 변화는 고객에게 권력을 부여하는 것처럼 보였다. 이제 고객은 식품이 잔뜩 쌓인 선반들을 어슬렁거리다가 자신이 원하는 제품을 선택할 수 있다. 이것은 쇼핑객으로 하여금 반드시 주요 품목이라서가 아니라 재미나 새로움 때문에 마음이 끌리는 제품을 만져보고 선택하는 자유를 느끼게 한다. 예쁘게 포장된 제품들을 진열하고 있는 밝은 색깔의 선반을 따라 거니는 것은 산책자flâneur의 한 형태이다.

슈퍼마켓은 우리의 관심을 사로잡는 온갖 맛을 제공하는 다양한 물품을 한데 모아놓았다. 슈퍼마켓에는 일반적으로 끝없이 진열된 원재료와 함께 냉장 및 냉동 즉석식품들도 나란히 놓여 있다. 슈퍼마켓은 수입된 진기한 식품뿐만 아니라 더 저렴한 가정식 제품도 제공한다. 그곳은 기본 식품과 사치품 모두를 판매한다. 슈퍼마켓은 기대를 부추기는 열린 바자회를 여는 것처럼 보이며, 우리로 하여금 자유롭게 선택했다고 생각하게 만든다. 슈퍼마켓은 그 정의상 기본 식품에서부터 사치품까지, 그리고 음식에서 전구까지 거의 모든 것을 판매한다. 슈퍼마켓은 소비자로 하여금 전시된 물품의 논리에 따라 통로를 거닐면서 서로 부합하는 것처럼 보이는 품목들 – 청소용품이나 휴지와 함께 있는 세탁용품, 생야채나 치즈와 나란히 있는 신선한 고기 − 을 발견하도록 유인한다. 이러한 배치에는 단지 관련 제품을 이용하기 좋게 배열해 놓았을 뿐 연상작용을 통해 판매를 촉진하고자 하는 간계가 전혀 포함되어 있지 않은 것처럼 보인다.

하지만 슈퍼마켓은 판매를 극대화하기 위해 매우 공학적으로 설계된 장소이다. 그것은 식품 포장산업에 자극을 주었다. 왜냐하면 슈퍼마켓은 멋지게 디자인된 포장지로 제공되는 새로운 식품을 공급할 것을 항상 재촉하기 때문이다. 그리고 그러한 포장은 식품의 유통기간을 늘리고 품질의 저하를 막을 뿐만 아니라 진열된 제품의 수를 증가시킨다. 슈퍼마켓에서의 쇼핑은 제품을 오락거리로 전환시켜 왔다. 식품은 이제 다양한 경쟁과 특별 구매를 위해 광고에 제시된 추가 제공 물품과 함께 포장된다. 거기에는 신뢰할 수 있는 브랜드명에 기초하여 우리의 마음을 끌고자 하는 유명 브랜드 식품들도 있다. 그리고 거기에는 다이어트 제품, 건강식품, 그리고 (추가적인 광고비용이 숨어 있지 않으면서도 그 품질을 약속하는) 실속형 홈 브랜드 식품과 같은 새로운 종류의 식품들도 있다. 포장이 우리의 인식을 바꾸어왔다. 깡통용기들은 그 내용물을 밀봉하여 오랜 유통기간 동안 온전하게 보관하기 때문에 한때 신뢰를 받았다. 하지만 이제 깡통용기들은 보다 촉감이 좋고 식품 내용물을 보다 잘 확인할 수 있는 속이 들여다보이는 포장재로 대체되고 있다.

셀프 서비스 식품점이라는 개념은 1920년대에 미국 기업가 클래런스 손더스Clarence Saunders가 창안한 발명품일지도 모르지만, 슈퍼마켓의 현재 성장은 다른 경제적 조건들과 결부되어 있었다. 1960

년대에 테스코Tesco가 영국에서, 그리고 콜스Coles가 호주에서 주요 슈퍼마켓 소매업체로 등장하기 전에 미국에도 슈퍼마켓이 확실히 자리 잡고 있었다. 그 후 식료품 마케팅은 마케팅 '과학'에 기초하여 새로운 맛을 지속적으로 창조하는 작업과 더욱 뒤얽히게 되었다. 이제 슈퍼마켓은 쇼핑객들에게 영향을 미치고 그들이 미묘하게 선택의 자유를 느낄 수 있도록 설계된 다양한 기술을 이용하고 있다. 계산대 줄서기를 피하는 방식으로 제공되는 셀프 스캐닝self-scanning과 고액 소비자에게 보상하는 우대카드loyalty card는 또한 우리의 구매 선호도에 대한 많은 데이터를 수집한다. 이러한 정보는 쇼핑객 프로파일을 개발하는 데 이용할 수 있다. 이 프로파일은 보다 개인화되고 표적화된 캠페인에서 판매정보를 관리하는 데 유익한 것으로 간주된다. 슈퍼마켓, 가정용품 상점, 쇼핑몰은 놀이방, 커피숍, 약국, 배달서비스도 제공하는데, 이것들 모두는 쇼핑 경험의 질을 높여준다.

최근 미국을 근거지로 하는 식료품 체인 월마트는 지구상에서 가장 큰 소매업체 제너럴 모터스를 대체한 '기업 고릴라'로 선정되었다. 월마트는 제너럴 모터스, 포드, 제너럴 일렉트릭, IBM보다 더 많은 140만 명을 고용하고 있다. 연간 수입은 미국 GDP의 2%에 달한다(Head 2003). 월마트는 식료품 이상의 것들을 파는 하이퍼마트로, 건강관리, 보험, 자동차 정비 등과 같은 서비스도 판매한다. 월마트는 20세기 중반에 저소득층 여성을 겨냥한 할인점으로 시작했다. 원래 그 상점은 인구 5000명 미만의 농촌 타운에 소재한 '꼴사나운 상자 모양의 건물'에 입주하고 있었다. 그것은 더 큰 소매업체와 경쟁하지 않는 소규모 시장에서 독점을 확립하고 성공을 보장받는 효과적인 비즈니스 전략이었다. 월마트는 그 후 급속도로 확장했고, 그리하여 월마트의 고속 성공에 경탄하는 고급 비즈니스 및 노동 분석가들의 관심을 끌었다. 월마트의 경제적 성장은 가혹한 고용관행과 직접 연관되어 있었다. 그러한 관행은 성 차별과 냉혹한 보수구조를 비난하는 사람들로 하여금 오랫동안 수많은 소송을 제기하게 했다. 월마트에서 일하는 풀타임 판매원은 미국 정부의 공식적인 빈곤선 정의보다 낮은 수준의 임금을 받는다고 주장되어 왔다(Head 2003: 4f). 월마트의 역사가 잘 보여주듯이, 소비제품이 지구화되면서 슈퍼마켓은 산업 이익과 기업 이익을 상호 촉진하는 상업적 틀을 전파하는 데서뿐만 아니라 그 소비자들을 묘사하는 무한한 메시지를 전달하는 데서도 식품이 효과적이라는 견해를 강화한다.

우리가 리들Lidl, 세인즈버리Sainsbury, 크로거Kroger, 콜스, A&P에서 쇼핑을 하기로 결정할 때, 우리는 편의를 위해서만이 아니라, 평판이 암시하는 무정형적인 부가물들을 위해서 그렇게 하기도 한다. 특정 식품점, 시내 중심가 레스토랑, 자동차 유형, 초콜릿 바, 보드카 브랜드 등에 대한 선호가 우리의 소비의식에 뿌리를 둔 문화적 관행에 의해 지배되고 있는 것인지, 아니면 우리의 일상적인 행동을 인도하는 잘 훈련된 비판적 심문으로부터 나온 것인지를 알 수는 없다. 자유의지, 정체성, 자아표현, 자아 등의 관념이 일상의 담론에 너무나도 깊숙이 들어와서 유통됨으로써 일상 속에서 그것들의 존재가 반박 당하지 않고 당연한 것으로 간주되고 있기 때문에,

이 질문에 답하는 것은 무의미하다. 물론 일상생활에서 우리가 의식하든 의식하지 않든 간에, 우리는 지배 문화에 깊이 부호화되어 있는 의미들을 살아 움직이게 한다. 우리는 선호를 드러내고 실행하는 과정에서 대중강연 형태로 끊임없이 우리에게 전달되는 교훈적인 규정들에 의해 인도된다. 소비윤리는 상품들 — 매력적인 새로운 특성과 열망을 가지고 우리를 계속해서 새롭게 만들어주는 — 을 통해 정체성을 구매하라고 우리를 부추기고 있다는 점에서 역설적이다. 정체성이 광범위하게 거래되고 있으며, 정체성이 우리에게 이제 너무나도 익숙하기 때문에 정체성이 지닌 신비가 거의 사라지고 있다. 에바 일루즈(Eva Illouz 2007)는 이러한 측면에서 감정자본주의의 역학을 이해한다.

정체성은 감정적 채색을 거치면서 매일 재구성된다. 우리는 다양한 형태로 끊임없이 우리의 선호와 욕망에 대해 심문받는다. 우리는 우리가 하는 일을 좋아하는가 아니면 지겨워하는가? 우리는 왜 휴식을 취하지 않는가? 우리는 왜 휴가를 얻고 초콜릿 바나 새 향수를 사는가? 감정이 우리로 하여금 행위하게 하는 것은 아니며, 우리의 행위 밑에 깔려 있는 감정의 강도는 우리의 자아를 측정하는 척도도 아니다. 오히려 우리 행위가 얼마나 비성찰적으로 행해졌는지가 우리가 그 행위에 감정을 투여한 정도를 보여준다. 감정은 의식과 행위들에 달라붙어 그 의식과 행위에 독특한 성격을 부여한다. 이를테면 우리는 감정의 균형을 유지하기 위해, 그리고 편안함과 확신 같은 가치 있는 감정을 느끼기 위해 행동한다. 롤랑 바르트도 이러한 생각에 공감한다(Barthes 1972). 이는 그가 자명하고 중립적인 진실로 가장 기꺼이 받아들여지는 관념들이 어째서 성공적으로 내화된 문화를 표현하는 것으로 간주되어야 하는지를 설명할 때 드러난다. 평범하고 일상적이고 자연스러운 것처럼 보이는 것들은 그것이 무엇이든 간에 우리가 문화에 얼마나 깊이 빠져 있는지를 보여주는 척도이다. 정체성을 불확실한 것으로, 즉 항상 정의하고 발전시키고 표현하고 향상시킬 필요가 있는 것으로 받아들인다는 것은 우리가 이 문화적 수준의 중요성을 당연한 것으로 여겨왔다는 것을 뜻한다(이것은 현대 삶에서 피할 수 없는 현실이다). 그리고 문화의 중심성을 받아들일 때, 문화의 본질과 필요성에 대한 신화들은 가장 강한 힘을 발휘한다.

취향과 갈망

모든 취향은 획득된다. 세련된 대상에 대한 취향은 계발된다. 맛에 대한 취향도 마찬가지이다. 취향은 아티초크, 조개류, 커피, 담배를 좋아하는 것을 지칭하지만, 또한 소유물이나 실제 경험에 대한 심미안을 가리키기도 한다. 그 다양성에도 불구하고 취향은 오랫동안 세련됨과 우아함의 상징으로 간주되며 개인적 정체성을 규정해 왔다. 17세기 이래로 취향은 하나의 논쟁적인 개념이었지만, 일상생활에서는 사람들과 그들의 습관을 범주화하는 수단으로 사용된다(Bourdieu 1984: 2). 우리가 컵과 컵받침, 나이프와 포크 같은 물건과 도구를 다루는 방법은 몸에 하나의 양식으로 각인되고, 그리하여 우리가 그러한 물건을 능숙하게 다루는 것은 그것을 지켜보는 사람들에게서 가치 있는 개인적 속성을 보여주는 척도의 하나로 전환된다. 우리가 먹고 마시고 서 있고 몸을 움직이고 살아가는 방식과 관련하여 발전시킨 습관들은 개인적 성격의 여러 측면을 성찰하기 위한 수단으로 이용된다. 우리가 그러한 것에 정통한지 또는 그렇지 않는지는 다른 사람들(그리고 우리 자신)에 의해 우리의 능력과 분별력을 보여주는 것으로 인식된다. 즉, 우리의 몸짓, 우리가 응시하는 방식, 우리가 눈을 마주치는 방식, 우리의 억양의 특징, 우리의 목소리의 강도 — 이 모든 것이 정체성의 지표로 이용된다.

취향이라는 개념은 개인의 속성을 손쉽게 평가하는 수단이 되었다. 하지만 이 17세기 후반의 관념이 다른 사람들을 범주화하는 사회적 척도로 유용해진 바로 그 시대에 거꾸로 사람들은 물질적 재화를 더 쉽게 손에 넣을 수 있게 되었다. 우리가 계속해서 점점 더 많은 재화를 소유하기 시작함에 따라 그러한 소유물은 계급과 사회적 구별 짓기의 지표로 덜 신뢰받게 되었다. 따라서 이제 재화의 소유보다는 우리가 소유한 재화의 유형에 더 의존하는 보다 미묘한 형태의 구별이 요구된다. 취향은 소유하는 데 필요한 금전적 비용을 뛰어넘는 것으로, 기능적으로 구별할 수 없는 광범위한 선택지들 가운데 하나의 품목을 다른 품목보다 우선적으로 선택하는 하나의 이유가 된다. 취향은 사회적 구별 짓기를 하는 데서 극히 중요한 요소이다. 『여인의 초상The Portrait of a Lady』(James 1881)에서 유럽의 귀족인 길버트 오즈몬드Gilbert Osmond와 세레나 멀Serena Merle은 자신들을 좋은 취향의 전형으로 제시한다. 그들은 취향과 정체성이 분리될 수 없음을 증명한다. "[자아는] 우리의 모든 것으로 흘러든다 — 그리고 그것은 다시 원래 있던 자리로 돌아간다. 나는 나의 많은 것이 내가 선택하여 입은 옷에 있다는 것을 안다. 나는 **물건들**을 매우 중시한다!" 마담 멀은 계속해서 집과 가구, 자신이 읽은 책, 그리고 자신이 어울리는 친구들을 자신이 훌륭한 사람임을 보여주는 지표로 열거한다(Thomas 2009: 129~131).

취향을 실제의 행동으로 표출하는 것은 우리로 하여금 서로 다른 유형의 욕망에 주목하게 한다. 이를테면 그 경험이 즐거움을 주고 위안을 주고 기분 좋게 해주기 때문에 그 경험 자체를 위해 경험을 추구하는 것과, 욕망을 채움으로써 그 욕망이 사라지게 하기 위해 욕망을 추구하는 것은 서로 다른 두 가지 충동이다. 전자는 거리두기를 포함한다. 즉, 즉각적으로 경험하지 않고 생각 속에서 그 경험이 갖는 가치를 헤아려볼 수 있다. 후자는 욕망하는 것을 무가치하게 만들기 위해 그 욕망을 어떤 식으로든 탐하고 획득해야만 하는 보다 적극적인 과정이다. 이를테면 음식은 그것이 지닌 심미적 특성 때문에 높은 평가를 받을 수도 있고, 아니면 굶주림에서 오는 경련을 막아주는 연료로 간주될 수도 있다. 음식은 카라바조와 루이스 멜렌데즈의 걸작에서처럼 정물화의 주제로 매력을 끌 수도 있다. 엘리자베스 데이비드는 이른 아침 베니스 시장에 진열된 코발트블루 양배추를 묘사했고, 그것은 우리에게서 심미적 반응을 성공적으로 불러일으켰다. 음식의 다차원성을 볼 수 있다는 것은 그 자체로 문화적 구별 짓기를 보여주는 것이다. 레스토랑을 엔터테인먼트 산업의 일부이자 근대 대도시 생활의 많은 편의시설의 하나로 바라보는 대중적인 견해는 레스토랑을 덜 중요해 보이게 한다. 레스토랑을 멀리서 거리를 두고 바라보고 그것을 일상생활의 편의시설과 분리시키는 까닭은 레스토랑이 겉으로 드러나는 것 이상의 의미를 지닌다는 것을 인식하기 위해서이다. 레스토랑은 음식의 의미를 지나치게 강조해 왔다. 레스토랑은 스타일을 강조하고 형식과 기능을 분리시켜 왔다. 레스토랑은 음식을 신체의 연료 이상의 것으로 정의하고, 그렇게 함으로써 우리로 하여금 우리의 식욕을 승화된 욕망으로 채색할 수 있게 해준다. 네슬(Nestle 2000)과 포어(Foer 2009)는 음식을 글로벌 정치로, 레비스트로스(Levi-Strauss 1969)와 구디(Goody 1982)는 문화적 차이의 정수로, 엘리아스(Elias 1978)는 문명화 과정의 한 요소로, 부르디외(Bourdieu 1984)는 계급의 표현으로 재조명했다. 우리가 음식과 물리적 욕구를 분리할 때, 우리는 음식의 의미를 이해하기 위한 더 넓은 지평을 만들어내게 된다.

취향의 관념은 널리 논쟁의 대상이 되고 있지만, 근대 초기 시대에는 취향이 '고상함'에 대한 신뢰할 만한 지표였고, 그러한 취향을 표출하는 것은 엘리트에 속하는 사람들이었다. 취향은 분명했다. 취향은 특정한 제품을 소유하고 있다는 것과 그러한 제품이 감탄받는 이유에 관한 전문지식을 드러내는 것에 의존했다. 오늘날 우리가 부를 과시하는 것이 유명인사의 특권이라고 생각하기도 하는 것과 거의 동일한 방식으로, 취향을 드러내는 것은 취향을 가진 사람들의 특권이었다. 부르디외(Bourdieu 1984: 2)는 당시 프랑스 중간계급에 대한 연구에서 취향이 논쟁적인 개념일 수는 있지만 사람들과 그들의 습관을 범주화하는 수단으로 일상적으로 사용된다는 것을 보여주었다. 17세기와 18세기에 사회이동이 서서히 증가하면서, 취향 드러내기는 신흥부자들이 구매할 수 있는 하나의 상품이 되었다. 벼락부자들이 하나의 사회계급으로 부상했을 때, 그들은 사회적 상급자들의 생활양식을 모방했고, 시간이 지남에 따라 상급자들의 지위에 도전하기 시작했다. 신흥부자들은 귀족처럼 보이고 귀족과 동등한 권력과 지위를 드러내는 데 필요한 소지품들을 살 수 있었다. 신흥부자들은 자신들의 우위성과 안목을 보여주는 기호를 구입할 수 있었고, 실제로 자신들을 훈련시켜 더 뛰어난 자질을 입증할 수 있게 해주는 전문가 시장을 창출했다. 그러한 전문가들로는 정원사, 예술가, 건축가 등이 있었고, 그들은 벼락부자들의 집을 특정한 스타일로 짓고 그곳을 필요한 물건들로 채웠다.

부가 더 널리 분배되고 새로운 사회계급이 자신들을 점점 더 세련되어 보이게 하는 데 성공함에 따라 취향의 척도는 좁아졌다. "부유함을 과시적으로 드러내는 것에서 우아함, 세련됨, 깐깐한 안목을 보다 절제적으로 증명하는 것"으로 취향을 엄격하게 정의할 필요가 있게 되었다(Thomas 2009: 129). 취향이 대상에 적용되었을 때, 취향은 가시화되었다. 그러나 개인들이 자기 나름의 좋은 취향에 근거하여 자신들의 높아진 개인적 지위를 주장하고 나서자, 그 정의는 보다 내밀하고 모호해졌다. 취향을 통해 드러나는 사회적 우위성은 특정 유형의 교육 및 세속적인 경험과 관련되어 있었다. 이런 의미에서 취향은 덜 실체적이었다. 취향은 작은 리본을 구입하는 것처럼, 겉으로 보기에 평범한 관행이나 재킷 소매부리에 달린 버튼의 수를 통해서도 드러날 수 있었다. 급격한 사회이동이 일어나던 18세기 후반과 19세기 초반의 시기 동안에 일부 사회집단에서는 옷을 어울리게 입는 것이 중요했다. 리처드 세넷Richard Sennett은 좋은 취향의 기호를 설명하면서, 외모와 스타일에서의 부조화가 아주 적다는 것이 어째서 다른 사람들에게 숨어 있는 야만성을 보여주는 숨길 수 없는 표시로 해석될 수 있는지에 대해 기술했다. 이러한 견해의 배후에는 요한 카스파어 라바테르Johann Caspar Lavater(1741~1801)와 같은 지난 세기의 인기 있던 인상학자들이 상정한 가정이 깔려 있다. 라바테르는 행동과 외모를 구성하는 모든 요소가 숨어 있는 성격 특질들을 보여준다는 것을 증명했다. 허구의 탐정 셜록 홈즈Sherlock Holmes의 추리방법이 인기를 끈 후에 세부사항을 잘 아는 것은 사회적으로 반드시 필요한 일이 되었다. 원래의 인간본성은 통제될 필요가 있었다. 인간본성에는 언제든지 분출하여 예의범절과 사회적 무질서 사이의 취약한 경계를 파괴할 수 있는 위험이 항상 존재했다. 사람들은 서로의 외모와 행동을 그러한 가능성의 단서로 간주하게 되었다. 따라서 상층계급의 성격, 지위, 정체성의 기호들도 분명해졌다. 이를테면 재킷 소매부리에 달린 버튼이 실제로 채워져 있는지 아니면 풀려 있는지는 그들의 성격을 보여주는 것이었다(Sennett 1976: 166).

신중간계급의 구매력이 확대됨에 따라 취향 드러내기는 부를 넘어서게 되었다. 순응주의와 새로운 부르주아 가치가 강화되던 20세기 중반에 러셀 라인즈(Russell Lynes 1949)는 귀족의 넓은 이마와 짐승의 좁은 이마에 대한 인상학적 해석을 암시하는 세 가지 차원

— 교양 있는highbrow, 교양 없는lowbrow, 중간정도인middle brow — 에 따라 취향을 뛰어나게 정의했다. 취향은 새로운 사회적 위계가 되었고 문화적 자본은 말투, 어휘, 버릇, 감정적 반응, 생각에 의존하게 되었다. 서로를 판단하는 그러한 불분명한 방식은 취향을 새로운 형태의 사회공학으로 만든 무혈혁명의 일부였다. 이 혁명의 결과 지위 공포status panic가 지속되는 체제가 막을 열었다. C. W. 밀스(C. W. Mills 1951)에 따르면, 중간계급은 유행과 여론에 의해 정의되는 끊임없이 변화하는 유동적 위계구조 내에 자신들을 계속해서 재배치하는 일에 빠지게 되었다. 그 시기에 드와이트 맥도널드(Dwight MacDonald 1944: 22)는 취향을 가진 사람을 소시지를 보고 피카소를 생각할 수 있는 사람이라고 비꼬았다.

이처럼 감성이 양에서 질로, 물질에서 매너로 변화한 것은, 식사가 넘쳐나는 요리의 수가 아니라 선택된 고기, 맛깔 나는 조미료, 음식을 제공하는 범절에 따라 판단되었다는 것을 의미했다. 옷차림에서도 과도함은 주의를 받았다. 장신구를 과시하던 것은 당시의 세련된 패션을 보다 섬세하게 표현하는 것으로 대체되었다. 취향은 보다 유동적이고 불가해지는 사회세계에서 지위와 가치를 나타내는 하나의 지표였다. "현 시대에 개인적인 취향 — 그것이 음식, 음악, 벽지, 아이 이름의 선택, 그 어디서 드러나든 간에 — 보다 사회적 차이를 더 정확하게 정의하는 것은 없다. 사람들이 이러한 삶의 영역에서 내리는 선택이 자발적이고 마음에서 우러나오는 것처럼 보일 수도 있지만, 어떤 명백한 압력이나 강요가 없어도 그들은 일반적으로 계급 노선을 따른다. 우리가 우리의 생활공간에 두는 소유물과 그 공간을 장식하는 방식은 즉각적으로 우리의 감성, 우리의 관심사, 우리의 사회적 환경을 드러낸다"(Thomas 2009: 132).

브로델(Braudel 1973)과 엘리아스(Elias 1978)가 기록한 먹기 규칙, 이를테면 게걸스럽게 먹지 말고 음식을 꿀꺽 삼키지 말고 연골 조각을 뱉지 말라는 훈계는 먹는 행위와 거리를 두라는, 그리고 그렇게 함으로써 자신의 높아진 사회적 지위를 입증하라는 요구를 예증한다. 식욕 취향을 포함하여 특정 관행에 대한 취향을 개발하는 것은 여전히 사회적 구별 짓기와 연관되어 있다. 아마도 지금은 취향이 어떤 분명한 계급 감각보다는 물질주의, 대중문화, 그리고 특정 사회적 네트워크의 성원자격과 더 밀접하게 연계되어 있을 것이다. 취향은 평범한 것과의 거리를 보여주는 하나의 척도일 수 있다. 그것은 배타성과 내밀한 전문 지식의 정도를 나타낸다. 그것은 음식 선호와 함께 작동한다. 따라서 항상 새로운 취향이 유행하기 마련이다. 이를테면 사람들이 이제 무염 버터보다 버진 올리브 오일을 더 선호하고, 프랑스 샴페인보다 이탈리아 프로세코를, 붉은 고기보다 생선을, 아이스크림보다 셔벗을 더 선호하는 것처럼 말이다. 온갖 종류의 오락거리와 쾌락을 구입할 수 있는 현대 소비주의사회에서 레스토랑은 취향의 중재자가 되어왔다. 레스토랑은 소비자를 서로 다른 유형들로 구분하고 음식 스타일을 축으로 하는 경제를 창출함으로써 상업적 이익의 증식을 뒷받침해 왔다.

현대사회에서 물질적 재화와 오락적 쾌락의 유용성이 커짐에 따라, 우리는 우리의 선호를 차별화할 수 있는 구별 짓기 유형들에 더 많은 관심을 기울여왔다. 상인과 소비자들은 공히 특정 제품과 특정 유형의 주체성을 등치시키는 방식으로 양자를 연관 짓는다. 그리하여 상품은 인간의 속성들로 가득 차게 되고, 우리는 다시 상품들의 구현물 – 말보로 맨, 펩시 부족, 나이키 팀 등등 – 이 된다. 선호는 우리를 구별하고 다른 사람들이 읽어낼 수 있는 이미지를 창조하는 동시에, 또한 취향을 정의하기 더 어려운 범주로 만든다. 키스 토머스Keith Thomas가 기술했듯이, 취향 관념은 자유롭게 적용되지만, 우리의 독특한 행동 방식에 대한 이 관념의 설명력은 여전히 고정관념에 묶여 있다. 취향이 맥도날드 햄버거와 나이키 운동화, 페라리 자동차, 17세기 네덜란드 그림과 같이 겉으로 드러나는 특이한 선호를 지칭할 때조차, 그 개념이 유용한 정보를 전달하기에 충분한 정도의 설명력을 가지고 있는지는 여전히 의문의 여지가 있다. 이처럼 묘하게 연결된 선호들은 현재 한창 유행하는 여러 가지 것을 그냥 기술하는 것에 지나지 않을 수도 있다.

우리가 소비가 하나의 생활양식을 제공한다는 점을 받아들일 경우, 제품은 개인의 세세한 점을 들추어내어 보여주는 능력을 지니는 것으로 인식된다. 재화와 서비스를 소비하는 것은 가치와 진부한 생각들을 외부의 사회적 맥락에서 내부로 일관성 있게 흡수하는 하나의 방법이 된다. 레이먼드 윌리엄스(Raymond Williams 1961)는 그의 초기 저작에서 사회적 패턴과 생활습관을 이해하기 위해서는 그가 '느낌의 구조the structure of feeling'라고 부른 의미의 층에 주의를 기울일 필요가 있다고 주장했다. 윌리엄스는 우리가 우리 자신과 다른 사람들에 대해 어떻게 생각하고 느끼는지가 우리가 선택한 삶의 방식을 틀 짓는 데서 대단히 중요한 역할을 한다고 지적했다.

일상생활의 본질을 더 잘 이해하기 위해서는 우리는 가족과 경제적 생산조직 같은 사회제도 너머를 살펴볼 필요가 있다. 즉, 우리는 우리가 발전시키는 욕망, 그러한 욕망이 다른 사람들과 소통되는 방식, 그리고 우리가 추구하는 즐거움의 종류를 이해할 필요가 있다. 일상생활의 느낌 구조에 대한 이러한 강조는 우리가 상품에 부여하는 가치를 알려주고, 더 나아가 감정자본주의의 일부 역학을 예증한다(Illouz 1997).

판매용 정체성

소비양식은 우리의 주체성 형성에, 그리고 우리가 우리 자신에 대해서나 우리가 살고 있는 세계에 대해 생각하는 방식에 당연히 기여할 것이지만, 지구화된 경제에서 소비자의 성격은 계속해서 변화하고 있다. 우리는 수동적이지만 가만히 있지 못하고 지루해하고 불안해하는 사람으로, 즉 자신의 어떤 목적의식을 내세우기 위해 광고주와 마케터가 제공하는 상품을 필요로 하는 사람으로 자주 묘사된다. 20세기 중반, 밴스 패커드Vance Packard는 소비자가 얼마나 쉽게 자신의 소비습관에 따라 움직이는지와 관련하여 하나의 강력한 주장을 개진했다. 그는 『숨어 있는 설득자들Hidden Persuaders』(1957)에서 광고회사들이 우리의 욕구를 조작하기 위해 의도적으로 심리학적 기법들을 이용한다고 묘사했다. 인간의 심리상태가 무의식적으로 조작될 수 있다는 관념에 소비자가 부응하면서 이 접근방식은 즉시 인기를 끌었다. 어떤 점에서 그것은 사람들로 하여금 자신들의 불필요한 구매에 대해 덜 책임지게 만들었다. 딕 헵디지(Dick Hebdige 1993: 82)는 소비자를 보다 더 현대적으로, 그렇지만 여전히 비판적으로 묘사했다. 그는 이상적인 소비자를 사회적·심리적으로 아주 문제 있는 사람으로, 즉 상충하는 충동과 환상의 덩어리인 탈중심화된 주체decentered subject로, 그리하여 수동적이고 무책임하며 신뢰할 수 없는 존재로 묘사한다. 로런 랭먼(Lauren Langman 2009: 472)은 이러한 견해에 덧붙여 현대 소비자의 사사화된 쾌락주의에는 대중문화가 만들어낸 여러 가면 뒤에 숨어 있는, 허약해진 자아정체성이 자리하고 있다고 시사했다. 우리의 변화하는 욕망이 탈본질화된 자아de-essentialized self의 본질을 형성한다(Brown 2003: 213). 따라서 내가 추구하는 특정한 만족들은 결국에는 하나의 아상블라주assemblage[물건의 단편이나 폐품을 모아 만든 조각 작품_ 옮긴이] — 내가 파멸에 이를 정도로 파편화된 정체성이라고 부르는 것 — 를 만들어낸다. 우리는 특정한 인기 있는 오락물과 유행하는 상품에서 등장하는 일련의 다양한 주체 위치를 습관적으로 차지함으로써 서로 다른 다양한 등장인물이 될 수 있다. 따라서 정크푸드와 고급문화에 대한, 다시 말해 프랑스 튀김과 베르메르Vermeer의 그림에 대한 나의 선호는 내가 그러한 선호를 항상 새로운 선호로 대체하고 있기 때문에 그리 중요하지 않다. 그 결과 우리는 끊임없이 변화하는 일련의 경험에 자동인형처럼 순응하면서 상당한 정도의 심리적 편안함을 느낀다. 나는 정크푸드를 먹고 할리우드 블록버스터 영화를 보고 텔레비전 연속극을 보고 유명 상품의 운동화를 살 능력이 있으며 또한 그것들로부터 즐거움을 얻을 수 있는 나의 능력에 뿌듯해한다. 하지만 나는 마찬가지로 그런 행동은 쉽게 변할 수 있기 때문에 별 의미가 없다는 것도 알고 있다.

자아 만들기와 자아 재발명에 부여된 가치는 비교적 짧지만 강렬한 역사를 가지고 있다. 그것은 우리로 하여금 서로 대립하는 입장, 즉 한편으로는 자아를 인상학의 신뢰할 수 있는 표현들 속에 반영되어 있는 하나의 본질적인 내적 코어로 정의하는 입장과, 다른 한편으로는 정체성은 인간에게 보편적인 것이 아니라 보다 정확하게는 자연화되어 하나의 보편적 관념으로 만들어진 근대 서구 개념이라는 입장 간의 해소될 수 없는 논쟁에 주목하게 한다. 자아정체성 관념은 역설적이다. 그것은 개성 — 즉, 우리가 다른 사람들과 어떻게 다르고 구분되는지 — 을 압축적으로 보여주는 것으로 가정하면서도 또한 우리에게 소속감을 제공하는 집합적 정체성 속으로 우리를 끼워 넣기 때문이다. 정체성의 개념화는 대중소설의 등장 및 세속주의의 강화와 함께 18세기에 뜻하지 않은 방향으로 나아갔다. 그 후 정체성 관념은 문화적 관행들로 물들며, 그 정의가 산만하고 모호해졌다. 하지만 심층적 감정, 기억, 내면의 표현과 같은 정체성의 구성요소로 간주되는 것들이 정체성을 분명하게 정의하기 어렵게 만들고 있음에도 불구하고, 개인적 정체성 개념은 여전히 인기가 있다. 자아 관념이 지닌 불가해한 내용은 영향력 있는 정명과 가치가 어디에서 기원하는지, 보다 구체적으로는 그러한 정명과 가치들이 상업, 민족주의, 종교, 젠더, 계급에 대한 외부의 이데올로기적 관심에서 비롯된 것인지 아니면 일관되고 본질적인 자아의 고유한 특성의 일부인지와 관련하여 우리를 심히 혼란스럽게 한다.

소비주의는 특정 사물의 속성으로 상정된 의미를 강조한다. 음식, 자동차, 여가활동 유형, 정치적 입장, 기업윤리는 그것들이 개인 정체성에 어떻게 기여하는지와 관련하여 끊임없이 재평가되고 재전유되고 쇄신된다. 요리법이 절정에 이른 미슐랭 3스타 레스토랑에서 식사하는 것과 전기 자동차와 공정무역 바나나를 사는 것은 친환경 시민사회의 요구를 절감하는 윤리적 소비자임을 보여주는 기호가 될 수 있다. 하지만 동시에 그러한 소비자는 정반대로, 즉 특권 있는 탐닉적인 소비자처럼 보일 수도 있다. 소비시대는 우리가 살고 있는 물질문화의 밀도를 증가시켜 더 많은 것을 선택할 수 있게 해주었지만, 동시에 과다함에 대한 어떠한 기준도 설정하지 않은 채 더 많은 것을 원망하는 욕구를 증대시켰다. 그리하여 우리는 소비쾌락을 극대화하는 지점에 도달한다. 다시 말해 이제 우리는 우리가 좋아하는 상품에 개인적 의미, 즉 우리를 되비추는 아우라를 부여함으로써 우리의 욕구와 취향을 충족시키고, 우리의 소유물과 우리의 취향을 과시함으로써 우리가 누구인지를 다른 사람들에게 보여준다.

이런 소비주의적 정명에 우리 자신을 예속시키는 데 우리가 공모하고 있다는 관념은 인기가 없으며, 이러한 관념은 가족과 우정, 시민 담론에 참여하기, 직업에 전념하기와 같은 다른 관심사들이 자기 주도적이고 자율적인 삶에서 보다 신뢰할 수 있는 즐거움을 제공하는 것으로 묘사되는 사례들에 의해 손쉽게 반박된다. 이러한 견해는 하나의 확고한 자아a stable self에 대한 믿음을 뒷받침한다.

이러한 자아 관념은 우리의 의식이 소비욕망에 의해 식민지화되는 것이 아니라 오히려 우리를 자동인형 소비자로 만들 수도 있는 경제적 또는 정치적 이해관계부터 독립되어 있음을 적극적으로 강변한다. 현대 소비자로서 우리는 광범위한 지평의 주관적 상태를 가로지르며, 때로는 마케팅 산업의 얼뜨기가 되기도 하고, 때로는 책임 있는 소비를 예리하게 제창하기도 한다. 우리는 소비를 중앙정부의 정책과 국제무역협정, 그리고 (법적으로 규제되는) 글로벌 기업의 사회적 책무를 잇는 긴 연결고리에서 일어나는 최종 행위로 이해하기도 하지만, 동시에 사적인 즐거움의 직접적인 원천으로 이해하기도 한다. 그 모습이 어떠하든 간에, 우리와 상품 ─ 근대시대에 제조된 풍부한 물건들 ─ 의 관계는 이해관계들이 각축을 벌이는 장이라는 것은 분명하다. 우리는 사람들과의 관계에 감정을 투여하는 것 못지않게 생명 없는 대상들에게도 감정을 투여한다. 부르디외(Bourdieu 1984)는 프랑스 중간계급에 대한 경험적 연구를 통해 이를 설명했다. 그 연구에서 그는 생활양식의 선택과 경제적·종교적·문화적·상징적 지표들을 연계시킴으로써 근대 소비자의 성격을 묘사했다. 부르디외는 누가 브랜드 상품을 구입하는지, 스포츠카를 소유하는지, 어린 사람과 결혼하는지, 대출금이 있는지, 이국적인 휴가를 보내는지, 고기와 감자보다 생선과 녹색 채소를 더 자주 먹는지를 확인함으로써 취향을 설명했고, 그것에 기초하여 소비주의 일반에 대한 보다 객관적이고 공평한 관점을 구축할 필요가 있다고 주장했다.

우리는 우리가 대상과 관계를 맺고 살아가며 유명 브랜드 상품으로 넘쳐나는 환경과 관련하여 우리 자신을 이해한다는 관념에 친숙하다. 우리는 또한 일상생활에서의 자아표현이 애매하다는 것도 알고 있다(Goffman 1961). 우리는 끊임없이 우리의 인상을 만들어내고 우리가 무심코 '드러낸' 메시지를 관리하는 데 항상 관심을 기울인다. 이 과정에서 대상 자체를 통해 표현된 의미가 안정성을 확보한다. 이제 브랜드 제품은 그 자체로 우리 자신이 택하고 착용할 바람직한 속성을 가지는 것처럼 보인다. 우리가 리바이스Levi's, 캘빈클라인Calvin Klein, 불가리Bulgari, 미소니Missoni, 디젤Diesel 등의 제품을 살 때 우리는 제품 그 이상의 것을 구매한다. 이들 브랜드 제품에 부여된 특성은 너무나도 강력해서 그것들의 물질적 경계 너머로까지 확장되는 아우라를 만들어낸다. 만약 우리가 버드Bud보다 흐롤스Grolsch를, 맥스 팩터Max Factor보다 디오르Dior를, 조지George보다 폴 스미스Paul Smith를 더 좋아한다면, 우리는 상품으로 자아 이미지를 표현하는 중이다. 아이러니하게도 브랜드 제품의 대표 정체성signature identity이 그 제품의 디자이너가 판매를 늘리기 위해 계속해서 상표출원범위를 넓힘에 따라 항상 변화하고 있다. 브랜드 제품들은 번식한다. 피에르 가르뎅Pierre Cardin은 끊임없이 브랜드화 작업을 진전시킨 초기 혁신가였다. 의류에서 거둔 그의 초기 성공은 곧 다른 제품으로 확대되었다. 카테고리를 가로지르는 그러한 제휴는 하나의 표준이 되었다. 돌체 앤 가바나Dolce & Gabbana는 의류와 모터바이크 헬멧을 보증하고 또한 축구 클럽을 후원하고 있으며, 아르마니Armani는 향수, 손목시계, 몇 개의 호텔을 보유하고 있다. 그리고 프라다Prada는 핸드폰에 이름을 빌려주었고, 페라가모Ferragamo는 부티크 호텔 네트워크를 보유하고 있으며, 에르메스Hermes는 미술관과 박물관 시장에 진입했다. 이들 브랜드 제품은 다중의 정체성을 획득하면서 원래의 상징적 가치를 확장해 왔다. 유명 브랜드 제품을 통해 사회적 정체성과 자아 이미지를 구입하는 것은 일상생활의 통상적인 관행이 되었다. 비록 우리가 우리 자신을 세련된 취향과 가치에서 발견되는 보다 우아하고 보다 심원한 자질의 구현물로 생각하기를 좋아하지만, 우리의 소비 패턴은 우리를 계급, 나이, 젠더, 소득, 교육, 거주지에 따라 사회경제적 스펙트럼상의 특정 범주에 소속시킨다.

소비사회를 더 잘 이해하기 위해서는 명백해 보이는 모든 것을 적극적으로 탈자연화할 것이 요구된다. 누가 누구에게, 언제, 어디서, 무엇을 하는지에 대한 철저한 조사와 보고는 구별 짓기 — 즉, 우리가 다른 사람들과 어떻게 다르고 그 독특함을 어떻게 주장하는지 — 를 보여주는 증거를 제공한다. 하지만 모든 의례, 습관, 사회적 행위에 착근된 것을 받아들이는 것 — 이는 개인 정체성을 재진술하는 것이다 — 은 감각과 감정을 내부화하는 과정이 상황에 의해 사회적·역사적으로 규정된다는 것 역시 받아들이는 것이다. 다양한 우연한 관계들이 어떻게 형성되고 활성화되는지가 우리가 정체성으로 이해하는 전기적 일관성을 생산하고 계속해서 재생산한다. 일상생활 내내 우리가 욕망을 추구하고 취향을 공식화하고 필요에 따라 실험을 하기 때문에 우리 자신을 만들어내는 이 과정은 끝없이 계속된다. 상업제도, 정치제도, 경제제도가 미치는 보다 추상적인 영향과 마찬가지로 우리 역시 이 과정을 움직이는 주체이다. 일상의 습관과 외견상의 일상적 관행 ─ 우리가 어디에서 무엇을 먹는지와 같은 ─ 을 우리의 습관으로부터 충분히 멀리 떨어져서 면밀히 살펴보면, 우리는 음식선호를 넘어 취향과 욕구가 어떻게 만들어져 왔는지를 고찰할 수 있다.

"당신을 사랑한다고 말하고 나서 몇 분이 지난 다음
바닷가재도 사랑한다고 말했어야 했는데."

J. B. Handelsman, *THE NEW YORKER*, 1987.1.5.

~ *3* ~

먹기 습관

레스토랑이 어떤 단일한 특성을 가지는 것은 아니다. 레스토랑의 가장 기본적인 기능은 돈을 지불하는 고객의 요구에 따라 음식을 제공하는 것이다. 여기서부터 레스토랑은 무수한 형태로 스스로를 재생산한다. 레스토랑들은 가격, 평판, 영업 상태와 영업시간의 측면에서 서로 매우 다르다. 레스토랑들은 장식과 분위기를 식사의 즐거움에 있어 필수 요소로 인식한다는 점에서 서로 가장 유사하다. 레스토랑 형태가 명확하게 정의할 수 있는 질서정연한 어떤 원칙을 따라 증식해 온 것은 아니다. 레스토랑이 성공할 수 있었던 것은 부분적으로는 근대 자유주의 시대를 특징지어온 인간의 취향과 사회적 활동들이 폭발했기 때문이다. 아래에서 논의되는 다양한 종류의 외식은 상호 배타적이지 않다. 페테 스페시알Fête Spéciale 범주에 속하는 스펙터클한 레스토랑은 세부적인 것까지 주의를 기울이는 비스트로 몽댕bistro mondain의 경우만큼 항상 장식이 뛰어난 것은 아니며, 또한 그러한 레스토랑이 테마 레스토랑보다 관광객들에게 항상 인기가 더 많은 것도 아니다. 음식의 질이 반드시 장식이나 서비스와 일치하지도 않는다. 예외가 있기는 하지만, 유형학은 맥도날드 패스트푸드점, 700개의 테이블이 있는 거대한 메조Mezzo, 피치트리 플라자Peach Tree Plaza의 회전하는 꼭대기 층에 위치한 선 다이얼 Sun Dial, 그리고 전설적인 포시즌즈Four Seasons와 같은 다양한 레스토랑 간의 유사점을 강조하는 데 유용하다.

근대 레스토랑은 요리용품점, 커피하우스, 여관, 길드, 공제조합과 같은 다양한 선구자에서 진화했으며, 이것들 모두의 공통점은 개인들이 낯선 사람을 만날 가능성이 높은 붐비는 사회적 장소에 위치해 있었다는 것이다. 이들 퍼블릭 하우스는 이를테면 커피와 담배 같은 새로운 미식 취향을 탐닉할 뿐만 아니라 사교활동을 하고 다른 개인적 욕구도 충족시킬 수 있는 기회를 제공했다. 퍼블릭 하우스가 개인들로 하여금 자신에게 주어진 사회적 지위를 벗어나서 행동하게 하고 오락과 사회이동의 기회를 모색할 수 있게 해줄 경우, 그것들은 근대성의 실험실로 기능했다. 이 새로운 사회적 장소들은 주로 남성들로 하여금 서로 접촉할 수 있게 해주었고, 사회적 실험과 경쟁을 고무했다(Thomas 2009: 225). 이러한 문화적 발전의 기저에는 인간의 강력한 사교 충동이 깔려 있고, 그것은 예기치 않은 만남으로부터 자극받는다. 지그문트 바우만(Zygmunt Bauman 2001)은 그러한 즐거움을 인간 조건에 기본적인 것으로 언급했다. 사교적이 되는 것은 흥분을 동반한다. 그리하여 우리는 가만히 있지 못하고 뭔가 활동을 함으로써 기분을 전환하거나 흥미로운 것을 찾는다. 외식과 같은 관행은 인간의 이 같은 속성을 예중한다. 우리는 그러한 관행을 통해 사교적이 되는 법을 학습하고, 그러한 능력을 실행하며 개인들 간에 충분한 신뢰를 구축한다. 그리고 그러한 신뢰가 모든 사회생활의 기본 요소들을 뒷받침한다.

고전적 연구

외식에 대한 초기 연구 중의 하나가 윌리엄 푸트 화이트William Foote Whyte의 『레스토랑 산업에서의 인간관계Human Relations in the Restaurant Industry』(1948)였다. 제2차 세계대전의 마지막 몇 년 동안 시카고에서 조사된 이 연구는 레스토랑의 관리를 고무하고 개선하기 위해 설계되었지만, 동시에 화이트의 날카로운 사회학적 눈은 웨이터, 셰프, 고객 간의 관계를 포함하여 레스토랑 내의 노동 공동체를 통찰할 수 있게 해주었다. 셰프, 웨이터, 고객 사이에서 지위를 관리하는 것은 그곳의 가장 두드러진 특징 중 하나였다. 화이트는 레스토랑의 전면과 후면에 대해, 그리고 그 전면과 후면이 그들 각각에게 열려 있는 이동성의 정도와 어떤 관계에 있는지에 대해 기술했다. 이를테면 셰프와 손님은 레스토랑에서 가장 높은 지위를 차지하지만, 제한된 공간과 지점에 가장 많이 갇혀 있다. 대조적으로 웨이터는 다른 사람들이 시키는 대로 하지만, 식당과 주방을 별 제약 없이 왔다 갔다 한다. 식사의 즐거움에서 가장 중요한 것이 서비스이다. 화이트는 손님과 서비스 직원 간의 교환을 복잡하고 취약한 것으로 묘사했다. 웨이터는 어떤 의미에서는 손님의 직원으로 생각할 수 있지만, 실제로는 연극 공연의 감독과 더 비슷하다. 그들은 행사의 템포를 통제하는 꼭두각시 마이스터이다. 격식 있는 레스토랑에서 손님은 웨이터가 제공하는 친절과 서비스에 크게 의존한다. 이 친절과 서비스는 식사의 즐거움에 즉각적인 영향을 미친다. 패스트푸드 매장의 경우처럼 웨이터가 없을 때에도, 서비스는 여전히 중요하다. 그런 매장에서 서비스는 대부분 자동화되고, 그 물리적 공간은 대면적 만남이 최소한으로 이루어지도록 설계되지만, 서비스 자체는 중요하다. 손님은 웨이터를 피하는, 그리고 서비스 제공 시에 느낄 수밖에 없는 사회적 긴장을 피하는 하나의 방법으로 셀프서비스 레스토랑을 선택하기도 한다. 화이트는 웨이터의 존재가 손님의 기대를 강화하고, 손님으로 하여금 복잡한 사회적 양식들과 마주치게 한다고 지적한다. 웨이터는 하인처럼 보일 때조차 레스토랑의 구현물이었다(Whyte 1948: 24). 이 미묘한 관계들이 모든 종류의 레스토랑 — 가장 격식 있는 레스토랑에서부터 지역 번화가에 있는 카페에 이르기까지 — 에서 일어나는 교묘한 사회적 조작들에 영향을 미친다.

스프래들리와 만(Spradley and Mann 1975)의 『칵테일 웨이트리스 The Cocktail Waitress』와 마스와 니코드(Mars and Nicod 1984)의 『웨이터의 세계The World of Waiters』 같은 레스토랑에 대한 또 다른 고전적인 민족지학적 연구는 화이트의 관찰의 많은 것을 뒷받침하고, 레스토랑 내의 미시적 관행들을 세계 전반에서 발견되는 관행들의 확장으로 간주할 수 있는 사례들을 제시한다(또한 Beriss and Sutton 2007도 보라). 스프래들리와 만은 레스토랑에서 전통적인 젠더 역할이 재생산되고 있음을 예증한다. 그들은 상호작용 의례와 단골손님이 공동체의 일부가 되는 방식에 초점을 맞추고 있다. 레스토랑에서 칵테일 웨이트리스는 사회적 결속감을 만들어내어 단골손님들 사이에서 연대를 조장한다. 그녀는 고객들의 욕구를 미루어 알아채고 종종 예견하여 고객들로 하여금 마치 자신들이 그곳의 일원인 것처럼 느끼도록 행동하고, 그럼으로써 우호적인 협력적 분위기를 연출한다.

레스토랑에서 생기는 공동체 의식은 오랫동안 중요하게 인식되어 왔다. 19세기 초에 장 앙텔므 브리야-사바랭은, 손님들은 자신의 이미지 속에서 레스토랑을 리메이크하면서 자신의 식욕을 채운다는, 선견지명이 있는 논평을 했다. 레스토랑을 자기 자신만의 장소로 재영토화하여 친숙하고 편안하게 만드는 것은 외식의 즐거움에 있어 필수적이다. 이 과정에서 손님들은 그 사회적 영토에 자신을 위치시키고, 자신이 마치 어떤 권위를 가지고 있는 것처럼 느낀다. 동시에 레스토랑은 계속해서 줄을 잇는 낯선 사람들을 관리하기 위해 자신의 경계를 유지해야만 한다(이 일은 반드시 수행해야만 한다). 이러한 서로 다른 요구사항을 성공적으로 균형 잡는 일이 이벤트를 특징짓는다.

우리는 식사를 하는 동안 레스토랑의 환경이 우리의 선택에 부합하는지를 점검하면서 자아 만들기를 한다. 웨이터는 그 과정을 살피면서 우리가 우리의 바람직한 공적 페르소나를 주장하는 데 성공하고 있는지를 넌지시 알려준다. 웨이터는 허드레꾼, 즉 식사와 함께 구매한 도구이지만, 그 거래는 간단하지 않다. 자유주의 사회에 만연한 소비주의의 관행은 제품의 취득을 일상적인 일로 만들지만, 물질적 상품이 아닌 인간 서비스를 구매할 때, 그것은 복잡한 심리적 차원을 수반한다. 인간 서비스를 구매하는 것에는 신뢰와 호혜성을 비롯한 감정이 투여된다. 그 거래는 미묘한 협상에 달려 있다. 손님은 웨이터에게 주문했을 수도 있지만, 그 이벤트를 만들어내는 것은 웨이터이다. 따라서 레스토랑에서는 욕망을 드러내고 해소하는 끊임없는 상호작용이 일어나지만, 권력은 플레이어 사이를 왔다 갔다 하면서 균형을 잡는다. 마스와 니코드의 연구에서 웨이터는 궁극적으로는 손님을 착취하도록 계획된, 수많은 '사기 치는 일'을 하는 교활한 사회적 행위자로 묘사된다. 거기에는 외식에서 발생하는 최고로 나쁜 진부한 행동들, 즉 손대지 않은 음식을 주방으로 돌려보내 재사용하게 하는 것, 즉시 소비하지 않으면 버려야 하는 음식을 넣어서 만든 요리를 특별 메뉴로 소개하는 것, 손님이 주문하지 않은 품목을 포함시켜 청구액을 부풀리는 것 등이 포함된다. 웨이터의 역할은 글자 그대로 외식의 즐거움에서 여전히 중심적이다. 새롱거리는 매력적인 웨이터는 추가 서비스를 제공해 주어 온갖 즐거움을 충족시킬 것이라는 기대를 강화함으로써 레스토랑의 감정 온도를 높인다. 근대 이전 궁정사회의 고급 창부처럼 웨이터는 모든 욕구와 욕망이 온전히 충족되었을 때라야 개인이 소중하게 느끼는 분위기를 만들어낼 수 있다. 셀프서비스 패스트푸드 체인이나 지역 카페처럼 웨이터가 없는 곳에도 우리가 행동하는 방식과 우리가 얻을 수 있는 즐거움의 정도를 지시하는 규약은 여전히 존재한다. 다양한 형태의 레스토랑은 아주 세심하게 공학적으로 설계된 공간이다.

레스토랑 내부

외식을 연구하는 하나의 방법으로 아래에 제시한 레스토랑 유형학은 다양성과 일반적 유사성을 강조한다. 레스토랑을 범주화하는 것은 하나의 분석적인 편의수단을 만드는 것으로, 항상 예외가 존재한다. 이러한 체계화 시도는 레스토랑의 구조적·상업적 특성을 규명함으로써 다양한 형태의 외식이 누리는 인기를 더 잘 이해하기 위한 것일 뿐이다. 레스토랑에 대한 미디어의 논평과 리뷰들은 일반적으로 서비스와 장식, 요리, 가격 및 가격 대비 가치, 그리고 그보다는 적지만 위차, 고객, 전속 셰프의 명성 정도에 초점을 맞춘다. 또한 그 레스토랑이 유행할 것인지, 그리고 그곳이 신뢰할 만한 엔터테인먼트를 제공하여 외식을 가치 있어 보이게 하는지를 강조하기도 한다. 이와 동일한 요인들이 아래에서의 분석을 얼마간 인도하지만, 우리의 분석은 그 외에도 외식이 일상적인 행동 레퍼토리에 어떻게 흡수되어 우리의 사회적 정체성 의식을 구성하는지에 초점을 맞추고 있다.

스펙터클한 레스토랑	매력적인 레스토랑	편의적인 레스토랑
페테 스페시알	비스트로 몽딘	카페 먼데인
델모니코	보카 디 루포	부르네띠
포시즌즈	모모후쿠	시즐러
스테파니	하드 록 카페	빌스 개라지
퍼세	제이미	KFC

스펙터클한 페테 스페시알

페테 스페시알은 그 가격과 명성에서 유명한 스펙터클한 레스토랑
이다. Fête Spéciale이라는 발명된 용어는 과도한 억양으로 그 명
칭의 어미를 변화시킴으로써 프랑스 요리가 지닌 헤게모니를 여러
모로 활용한다. 이들 레스토랑은 그리 격식을 요구하지 않는 경우
라도 아주 비쌀 수 있다. 그런 레스토랑들은 전 세계적으로 공통적
이다. 그런 레스토랑들은 대체로 높은 오피스 타워 맨 꼭대기에 자
리 잡고 있거나, 재단장된 19세기 말 건물의 우아함을 그대로 간직
하고 있다. 그곳에서 일하는 직원들은 일반적으로 인상에 남는 옷
을 입고 있지만, 그들의 개인적 행동은 일정하지 않을 수도 있고,
심지어는 일관성이 없을 수도 있다. 그런 레스토랑의 매력은 자주
위치, 장식, 명성에서 비롯된다. 그런 레스토랑에서 식사하는 것은
사회적 열망을 추구하는 것이다. 퍼세Per Se(뉴욕)와 펄Pearl(뭄바이)
과 같은 곳이 가볼 만한 장소이다. 그런 레스토랑의 요리는 대개

최상급으로 선전되지만, 각양각색일 수 있다. 이를테면 초창기의 스펙터클한 레스토랑 중 하나인 델모니코는 20세기로의 전환기에 식도락의 즐거움을 충족시키는 곳이라기보다는 뉴욕시의 명성을 창조하는 데서 더 효력을 발휘했다. 유명한 셰프 찰스 랜호퍼Charles Ranhofer와 그곳의 대표 요리에도 불구하고 델모니코는 미식 경험의 장이기보다는 사교의 장이었다. 오늘날 세계적인 도시들에는 육성·칠성급 호텔들이 있고, 그런 호텔에 있는 레스토랑들이 제공하는 음식은 값은 비싸지만 반드시 일류 부티크 비스트로에서 발견할 수 있는 것과 같이 모험적이거나 뛰어나지는 않다. 그렇기에 페테 스페시알에서의 식사는 요리보다는 지위나 자기과시와 관련된 것일 수 있다. 소스타인 베블런의 유한계급론에 따르면, 페테 스페시알의 명성과 극적 효과가 굼뜬 테이블 서비스, 터무니없는 가격, 평범한 음식이라는 실상보다 중요한 것으로 간주될 때 그런 장소에서의 식사는 과시적 소비의 한 형태가 된다. 유명 관광 레스토랑의 경우 그곳에서의 외식이 중요한 이유는 누군가가 거기에 갔었다고 말할 수 있기 때문일 수도 있다. 테이블 예약을 수개월 전에 미리 해야만 한다면, 그 레스토랑에서의 외식은 특히 만족스러운 것이 될 수도 있다.

서구화된 세계의 모든 대도시에는 세계 최고로 정평이 난 레스토랑이 적어도 하나는, 그리고 아마도 5~6개가 있을 것이다. 그런 레스토랑들은 각기 우아한 의자, 어쩌면 이국적인 대리석 벽난로, 거대한 크리스털 샹들리에, 그리고 비견할 수 없는 와인 저장고 등으로 구성된 인상적인 인테리어 장식을 하고 있다. 각각의 레스토랑에는 매력적인 매너를 갖춘 프런트 매니저, 완벽한 요리 경험을 가진 셰프, 지역 및 클래식 와인에 대한 방대한 지식을 갖춘 소믈리에가 있다. 이들 레스토랑은 명성이 아주 자자하다.

페테 스페시알은 좀처럼 친밀하고 따뜻한 분위기를 연출하지는 않지만, 일부러 얼마간 압도적인 분위기를 만들어내기 위해 그 규모가 웅대할 가능성이 크다. 그런 스펙터클한 레스토랑은 자신이 지닌 매력의 일부로 물리적 환경을 강조한다. 이들 레스토랑은 360도 전망을 즐길 수 있는 도시 고층 건물의 35층, 300년 된 포도원, 또는 그림 같은 해안 작업 항구와 같이 그 레스토랑이 아니라면 우리가 자주 찾지 않을 수도 있는 장소에 접근할 수 있게 해준다. 그러한 레스토랑의 성공의 많은 것이 그러한 특징들이 제공하는 오락거리에 달려 있지만, 또 다른 중요한 요소는 손님들 자체가 노출된다는 것이다. 리츠Ritz에서 차를 마시는 것의 매력은 탁 트인 매우 가시적인 환경이 제공되고 다른 사람들이 자신과 똑같은 행위를 하고 있는 광경을 지켜보는 것이다.

이 스펙터클한 레스토랑 중 일부는 잠시 머무르는 부유한 고객에게 가벼운 식사와 칵테일을 제공한다. 이를테면 조지아 애틀랜타의 피치 트리 플라자의 꼭대기에서 돌고 있는 레스토랑 선 다이얼에서는 도시 및 주변 시골과 함께 지평선 위에 있는, 그 레스토랑과 어울리지 않는 스토니 마운틴Stony Mountain을 360도로 바라볼 수 있다. 그곳은 약 300명을 수용할 수 있으며, 국제적 스타일로 알려진 고전적인 메뉴를 가지고 있고, 비교적 비싼 편이다. 이 묘사는 시드니의 오스트레일리아 하우스Australia House 꼭대기에 있는 서밋Summit과 샌

프란시스코 댈러스와 영국 버밍엄에 있는 웅장한 하얏트 리젠시 호텔Hyatt Regency Hotels에 있는 다른 유사한 레스토랑에도 적합할 수 있다. 모방할 수 없는 독특한 환경을 가진 페테 스페시알은 관광지도에서 자신을 홍보하는 데 그러한 환경을 이용한다. 관광명소로서의 그러한 스펙터클한 레스토랑은 고객에게 별다른 요구를 하지 않을 수 있다. 그런 레스토랑들은 엄격한 복장 규정을 강요하거나 고객에게 격식 있는 식사를 요구하지는 않는다. 대신 그런 레스토랑들은 식당 밖에 우아한 식사 공간과 주변 공간을 가지고 있어, 고객들은 그곳에서 술과 가벼운 간식거리를 비교적 비싼 가격에 구입하여 소비할 수 있다.

이 범주에는 기량이 매우 뛰어난 셰프, 수석 웨이터, 소믈리에와 함께 최고로 꼽히는 특별한 요리 스타일로 명성이 자자한 격식 있는 레스토랑들도 있다. 그러한 레스토랑들은 평범한 것을 단호하게 거부하는 분위기를 창출한다. 뉴욕의 포시즌즈, 러시안 티룸Russian Tearoom, 탑 오브 식시스Top of the Sixes, 파리의 라 투르 다르장La Tour d'Argent, 르 코트 도르Le Coq D'Or, 맥심Maxim's, 카레 데 푀양Carre des Feuillants, 스키야바시 지로Sukiyabashi Jiro, 이시카와Ishikawa, 코주Koju, 멜버른의 부 드 몽드Vue de Monde, 시드니의 테츠야Tetsuya's, 런던의 고든 램지Gordon Ramsay's, 그리고 캘리포니아의 셰 파니스Chez Panisse와 마 메종Ma Maison이 그러한 곳들이다. 포시즌즈는 계절의 변화에 따라 메뉴와 장식을 변경하는 관행으로 국제적 명성을 얻었다. 그 관행은 참신했을 뿐만 아니라 레스토랑에서 보다 다양한 요리를 제공할 수 있게 해주었다. 그 결과 포시즌즈는 확고부동한 정체성을 가지고 있고, 50년 이상 동안 그 레스토랑의 존재를 알고 있는 단골손님들을 보유하고 있다. 그 레스토랑은 또한 그곳의 복도 장식, 파블로 피카소가 발레극 〈삼각모자Le Tricorne〉를 위해 그린 무대 커튼, 풀 Pool 서비스, 그릴 룸Grill Room, 그리고 헨리 키신저Henry Kissinger, 안나 윈투어Anna Wintour, 마사 스튜어트Martha Stewart, 살만 루슈디Salman Rushdie와 같은 세계적 인물들 사이에서 그곳이 누린 인기에 대해 알고 있는 관광객들에게 흥미를 끈다. 이 모든 것이 그것들이 아니었다면 건축학적으로 평범했을 레스토랑을 독특한 곳으로 만든다. 따라서 많은 점에서 포시즌즈는 유명인사와 독특성을 성공적으로 결합시킨, 격식 있는 스펙터클한 페테 스페시알의 전형을 보여준다.

하지만 페테 스페시알의 성공은 요리와 서비스에 과도하게 주의를 기울이는 현재의 풍조 속에서 퇴색되고 있다. 그곳의 뛰어남을 보여주는 징표인 스타일과 화려함을 개발하는 것에 대한 초기의 자신감도 잘난 체하고 세속적인 고객들로 인해 빛을 잃었다. 페테 스페시알이 헤게모니를 장악하고 있던 60~70년 동안 그곳이 유행할 수 있었던 것은 손님들을 위압하기 위해 파스타, 버터, 또는 아이스크림으로 생생하게 조각한 피에스 몽테들로 정교하게 표현한 그랑 드 퀴진 때문이었다. 뉴욕의 델모니코가 최고의 사례로, 그곳은 랍스터 뉴버그Lobster Newberg, 베이크드 알래스카Baked Alaska, 그리고 대표 요리인 매우 두껍게 자른 델모니코 스테이크와 같은 호화로운 요리의 본가였다. 음식은 성대한 의식과 함께 식탁에 제공되었다. 화려한 그릇에는 피컨트 소스가 담겨 있었고, 식사 도구들이 아주 많았고, 웨이터들은 바쁘게 움직이며 재빨리 식사를 건네주고 어느 사이엔가 물러갔다.

원래의 델모니코는 퇴색했지만, 비슷한 유형의 그랜드 레스토랑은 특히 결혼식과 같은 특별한 행사를 축하할 때 여전히 인기가 있다. 그곳들은 사치스럽고 웅장해 보이기 위해 일부러 분위기 있게 꾸며진다. 일부 격식이 있으면서도 스펙터클한 레스토랑의 경우에는 그곳이 서비스를 시작하면 극장처럼 그 실내가 평범한 구조의 룸에서 매혹적인 분위기를 풍기는 환경으로 바뀐다. 그런 곳들이 인기를 끄는 이유는 무엇보다도 사보이 호텔의 세자르 리츠Cesar Ritz 다이닝 룸이나 20세기 초에 상류사회가 애용했던 호화로운 고급 레스토랑 델모니코의 정교한 음식 조각물을 연상시키는 분위기와 웅장함 때문이다. 손님을 매혹시키는 수단으로 음식 표현에 고집스럽게 전념하는 것이 그런 곳들의 주요한 특징이다. 우리는 그곳들의 사치와 과함 때문에 그러한 장소를 선택한다. 보다 호화롭고 인상적이고 특이해 보일수록 그런 곳들의 명성은 더 자자해질 것이다. 그러한 레스토랑에서 우리는 음식뿐만 아니라 심미적인 웅장한 장치들과도 상징적인 만남을 가진다.

하프문Half Moon은 큰 대도시의 비즈니스 지구에 위치한 격식 있는 스펙터클한 레스토랑이다. 그곳은 한때 개인 클럽이었던 저층 빌딩 아트 데코Art Deco에 위치해 있다. 그곳에 가려면 차량 출입구가 있는 반원형 진입로를 따라 진입해야 한다. 이것들은 그곳이 도시의 값비싼 장소에 있다는 사치의 표시이다. 하프문이 명성을 떨치게 된 것은 그곳의 유명 셰프 때문이다. 그 셰프는 25년 전에 미숙련 이민자로 그 지역에 도착했는데, 그 후 프랑스-일본 퓨전 요리를 개선하는 데 전념했다. 하프문은 일상의 수수함이 지배하는 교외 지역에서 지역 비스트로로 시작했다. 20년이 넘는 기간 동안 셰프의 명성은 도시의 중심부로 이전할 수 있게 할 만큼 높아졌고, 이전과 함께 단골손님들도 크게 변했다. 그러한 변화가 일어난 시기는 1990년대의 금융 호황기였다. 레스토랑의 고객들은 몇 단계를 거치며 변화했는데, 초창기에는 값이 싸면서도 참신한 음식을 찾는 모험적인 손님이 주를 이루었다면, 그 다음에는 세련된 음식을 즐기는 금융업 종사자들로 바뀌었고, 지금은 세계적으로 유명한 레스토랑에서의 저녁 식사가 여정에 포함되어야 한다는 것을 알고 있는 시드니 또는 런던으로부터 온 부유한 관광객이 많이 찾고 있다.

하프문에는 전통적인 동양 스타일의 실내 정원으로 둘러싸여 있는 여러 개의 별실이 있다. 대형 유리창을 통해 거의 모든 테이블에서 야외를 볼 수 있다. 정원은 반짝이는 하얀 바위와 잘 단장된 조약돌 길로 이루어져 있다. 밤에는 외부 조명이 그 정원을 암녹색 배경으로 만든다. 외부의 적막은 레스토랑 안으로 그대로 드리워진다. 레스토랑 내부는 검은 색 목재 벽 패널과 두꺼운 회색 카펫을 은은한 배경으로 하여 테이블들이 잘 배치되어 있다. 하프문의 내부는 각 테이블마다 사생활이 최대한 보장될 수 있도록 설계되었다. 그곳은 개인 객실을 갖추고 있어서 손님이 어떤 다른 손님과도 마주치지 않게 하는 전통적인 일본 레스토랑 스타일을 따르고 있다. 단하나의 테이블만 놓여 있는 객실과 착색된 유리 판넬로 신경 써서 구획해 놓은 다른 객실들은 손님들이 서로를 볼 수 없게 한다. 그러한 수준의 분리가 유명인사의 눈에 띄고 싶거나 유명인사를 보고 싶어 하는 특별한 손님들에게는 장애물이 되지만, 중요한 거래를 알선하는, 어쩌면 유혹하거나 상업적 제안을 하는 사람들에게는 유리하다. 하프문은 실제로 분위기가 있다. 배경 소음이 거의 없고, 때로는 미니멀리스트 음악이 객실들을 감돈다. 소음은 분위기를 연출하는 데 중요하다. 시끄러운 부엌과 달가닥거리는 접시뿐만 아니라 다른 손님들의 소란스러움도 맛있는 식사를 방해한다고 한다. 때로는 작은 뮤직 콤보 음악이나 유선방송 무드음악이 원치 않는 소음을 감추는 데 도움이 될 수 있다. 하지만 우리가 최신 유행의 중심에 있다는 느낌을 불러일으키기 위해서는 일정 수준의 웅성거림과 북적거림이 필요하다. 주방이 숨겨져 있고 웅성거림이 최소한으로 유지되는 하프문에서는 중심에 있다는 느낌이 충분히 실현되지는 않는다. 그곳에서의 식사 경험은 먹기의 감각적 질, 즉 그곳에서 미각이 계발되고 있음을 강조한다.

하프문의 서비스 직원은 앳된 얼굴에 완벽한 매너를 갖추고 있고 단순하고 어두운 색깔의 옷을 일률적으로 입고 있다. 이 레스토랑은, 손님은 직원이 배치되어 있는 곳을 볼 수 없지만 손님이 서비스를 위한 신호를 보낼 때마다 직원은 손님을 볼 수 있도록 설계되어 있다. 웨이터는 고개를 살짝 들어 어깨 너머로 살펴보고, 곧 테이블로 온다. 메뉴는 간단하지만 와인의 종류는 아주 다양하다. 손님은 소믈리에에게 각 요리에 맞는 와인을 선택해 달라고 요구함으로써 자신이 그와 관련된 적절한 지식을 드러내야 하는 압박을 덜 수 있다. 식사는 계속되는 일련의 음식 프레젠테이션이다. 기본 코스 사이에는 맛있는 음식의 샘플이 제공되어 심미적 즐거움을 준다. 그것들은 불시에 기분 전환용으로 테이블에 나온다. 웨이터는 연어 조각이나 입안을 닦아내는 한 잔의 맑은 수프를 손님에게 먹어볼 것을 제안한다. 그것은 예고되지 않은 시식dégustation이다. 샘플은, 직원이 왜 테이블에 그러한 것들이 추가되었는지 설명할 때 직원과 더 많은 대화를 할 수 있는 기회를 제공한다. 그 순간은 또한 보다 일반적으로 메뉴, 정원, 셰프의 명성에 대해 이야기를 나눌 수 있게 해준다. 직원들은 이런 상황에 대비할 수 있도록 훈련받았다. 그리고 무일푼에서 부자가 된 셰프에 관한 훈훈한 이야기를 들었다고 가정하면 이 대화의 순간이 중요한데, 왜냐하면 그것은 손님들로 하여금 이 순조롭게 진행되도록 조작된 경험을 하는 와중에 잠시나마 통제감을 경험할 수 있게 해주기 때문이다. 하프문은 조용한 분위기 속에서 손님을 귀하게 대하며, 존재하는지도 몰랐던 근본적인 즐거움을 느낄 수 있는 장을 제공한다.

　모든 훌륭한 식사는 아마도 평범한 식사와는 얼마간 거리가 있는 경험일 것이다. 레스토랑이 만들어내는 분위기는 구매의 일부이며, 레스토랑의 경계 너머에서도 쉽게 사라지지 않을 수 있다. 따라서 식사는 도취적이다. 그런 식사는 다른 사회적·문화적 세계를 테이블로 가져와서 우리의 일상적 습관을 밀어낸다. 이러한 방식으로 하프문은 평범한 것에 대해 반격한다. 그 분위기는 레스토랑의 장식과 온도 그 이상이다. 저밀도의 고요함뿐만 아니라 새로운 풍미와 질감에 대한 본능적 감각은 그러한 분위기를 더욱 고조시킨다. 하프문에서 우리는 유행하는 좋은 취향을 만끽한다. 접시, 와인 잔, 메뉴 모두는 절제된 우아한 멋을 구현한다. 그 식사 경험은 롤랑 바르트의 훈계 ─ 이국적인 음식을 맛보는 것은 다른 문화와 만나기 위한 것이다 ─ 를 충족시킨다. 직원들은 잘 훈련되어 있으며, 정찬용 접시에 심미적으로 배열된 식사를 테이블로 가져와서 음식에 대해 잘 설명해 준다. 우리는 그 음식을 먹기 전에 우아한 세팅을 통해 무언으로 전해지는 또 다른 감각의 영역으로 서서히 진입한다.

화장실에 가서는 일순간 깜짝 놀란다. 남자 화장실과 여자 화장실을 분리하는 인접한 두 개의 문에는 반짝이는 피렌체식 은장식 조각이 붙어 있다. 인간의 손보다 크지 않은 이 조각된 표시판은 문에 눈높이로 부착되어 있는데, 너무나도 기이해서 잠시 집중해서 해석할 것을 요구한다. 남성과 여성을 구분하는 세로줄 각 끝에 분명하게 돌출되어 표현되어 있는 유방은 여자 화장실을, 그리고 음경은 남자 화장실을 의미한다. 이 기호는 보편적인 몸과 자연적인 영양흡수 과정을 즉각 상기시킨다. 음식을 심미적 경이로움으로 변형시키는 이 식당에서 드러나는 품위와 우아함이 각각의 화장실 문에서는 철저하게 젠더화된 생물학적 인식을 상기시키는 것으로 격하된다. 이 단일한 의미 있는 기호의 사용은 단 하나의 선이 갖는 단순함에서 시작하는 중국 서예 예술을 그대로 흉내 낸 것이다. 이 사례에서처럼 일반적으로 수직보다는 수평으로 그어지는 선은 높은 것과 낮은 것, 하늘과 땅, 천당과 지옥, 밤과 낮의 질서를 설득력 있게 구분짓고 위계적으로 서열짓는다. 하프문에서 이 미묘한 표시와 마주친 손님은 어떤 쪽 문으로 들어가야 하는지를 의식적으로 묻지 않을 수 없다. 이 성찰의 순간 뒤에는 다음과 같은 질문이 떠오른다. 기본적인 인체를 시각적으로 상기시키는 것은 이국적인 감각적 식사 경험에 대한 의도적인 교정책인가, 아니면 모든 것이 환상, 즉 단지 허황된 것에 불과하다는 것을 재미있게 상기시키는 것인가? (우리가 생명활동이라는 냉엄한 현실로부터 우리 자신을 비호하기 위해 그 어떤 노력을 할지라도, 그것을 바꿀 수는 없다.) 또는 이 유별나게 양식화된 기호가 단지 실수, 즉 그 기호가 아니었더라면 우아한 장식이었을 것에서 미적 감각의 일탈이 발생한 것인가?

일부 스펙터클한 레스토랑의 고객들은 계속해서 바뀐다. 대부분이 관광객인 그런 레스토랑 손님은 보통 미식적으로 뛰어난 식사만을 고집하지 않는다. 사람들은 유명한 요리 때문이 아니라 특별한 명소이기 때문에 스펙터클한 레스토랑에서 식사하기도 한다. 이를테면 원래 스펙터클한 레스토랑으로 시작한 도쿄의 샤우팅 레스토랑Shouting Restaurant은 요리뿐만 아니라 음식 프레젠테이션 방식으로 유명해졌다. 하지만 그곳의 명성과 함께 런던, 뉴욕, 싱가포르, 홍콩에 똑같은 곳들이 생기면서 더 수수한 레스토랑이 되었다. 손님들은 여전히 조리 공간을 둘러싼 벤치에 앉아 있으며, 음식은 여전히 손잡이가 긴 나무 주걱에 얹혀 배달된다. 큰 소리로 음식을 주문하는 관행으로 인해 발생하는 소음 때문에 대화는 제약받는다. 식사는 여유롭게 몇 시간 동안 이루어지지 않는다. 어떤 경우에는 이 짧은 식사 시간이 외식비용을 줄여주기도 한다. 그 대신 그곳은 먹을 수 있는 서로 다른 코스의 수가 몇 개인지에 의해 평가된다. 샤우팅 레스토랑의 원래 매력은 스타일이었지만, 시간이 지나면서 이 레스토랑이 글로벌 체인으로 급속히 확산됨에 따라 한때 독특했던 그 스타일이 갖는 매력을 많이 잃었다. 평판과 스타일 모두는 스펙터클한 레스토랑이 성공하는 데서 필수적이다. 실제로 평판과 스타일은 진지한 음식 모험가로 하여금 미슐랭 별점을 찾아 시골 지역으로 여행하게 하기도 한다. 이를테면 영국 노팅엄셔의 샛 베인스Sat Bains나 프랑스의 로안Roanne에 있는 호텔 데 프레르 트로아그로Hôtel des Frères Troisgros는 손님들에게 특별하게 만들어진 관람대에서 요리하는 것을 기꺼이 관찰할 마음이 생기게 하는 유명한 주방을 갖추고 있다. 프레르 트로아그로나 샛 베인스에서 식사하는 것은 개별적으로 준비된 고가의 요리를 즐기기 위함이다. 그리고 그곳에서는 식사하는 동안 셰프가 테이블로 와서 고객이 얼마나 만족스러워하는지를 묻고, 심지어 요리를 가장 잘 먹는 방법을 가르쳐주기도 한다. 세심한 배려는 그 무엇과도 비견할 수 없는 것이다. 이러한 식사 경험은 그곳의 손님을 교양 있는 문화인이라고 공언할 수 있게 해준다. 늘 오는 손님에게는 요리가 중요할 수도 있지만, 이 레스토랑의 경우에는 스타일이 더 큰 가치가 있다. 그 스타일이 손님의 마음을 사로잡으면, 그 손님에게는 그것이 어쩌면 인생에서 맛볼 수 있는 가장 최고의 것을 개인적으로 헌정받는 것일 수도 있다.

매력적인 레스토랑

이 범주는 매우 다양하다. 이상한 곳, 이를테면 개조된 객차 또는 재단장된 공장에 위치하는 값비싼 레스토랑은 물론, 보다 일반적으로 번화가에 위치하여 인근의 소박한 사람들이 즐겨 찾는 레스토랑도 이 범주에 포함된다. 그곳들은 사람들이 물리적 위치뿐만 아니라 매력적인 분위기 때문에 이용한다는 공통점을 가진다. 그곳들은 놀이와 과도한 노력을 필요로 하지 않는 즐거움을 위한 장소이다. 하지만 최고급 비스트로 몽딘은 스펙터클한 레스토랑을 일부 모방하기도 한다. 그곳들이 삭제된 프랑스어(원래는 bistrot)를 이용하여 비스트로라고 이름 붙여진 까닭은 그곳들의 오트 퀴진에 대한 열망과 분위기에 대한 헌신이 모방적이고 겉치레적이기 때문이다.

테마 레스토랑은 서로 다른 역사를 지닌 비스트로 몽딘의 한 종류이다. 초창기(1970~1980년대)에는 극장식 레스토랑으로 복합적인 형태의 오락거리를 제공했다. 손님들은 식사만 하는 것이 아니라 쌍방향적 드라마에도 참여했다. 그 레스토랑이 1920년대 미국의 주류 밀매점을 재현한 경우라면, 손님들은 예약을 할 때 "두목이 보냈다"라는 상투적인 표현을 사용하도록 지시받았다. 이런 레스토랑의 연극조는 직원과의 대화로까지 확대된다. 만약 레스토랑이 트란실바니아Transylvania 동굴과 닮았고 웨이터들이 뱀파이어와 늑대 인간으로 분장하고 있다면, 손님은 스테이크의 신선함과 검붉은 상그리아Sangria의 장수 효과에 대한 농담을 주고받을 수 있다. 이것의 목적은 단지 즐거움을 제공하는 것뿐만 아니라 손님과 레스토랑 직원 간의 불평등하고 항상 잠재적으로 어색한 관계를 극복하기 위한 것이다. 테마 레스토랑의 매력은 그곳을 극적으로 현실화하는 데 있다. 그곳은 멀리 떨어진 열대 섬이나 도시 뒷골목의 지하 토굴 감옥처럼 보이게 하기 위해 장식된, 강둑에 계류되어 있는 떠다니는 파빌리온(가설건물)일 수도 있다. 보다 최근에는 테마 레스토랑이 어린이들의 흥미를 끌도록 설계되어 왔다. 이를테면 런던의 레스터

스퀘어Leicester Square에 있는 M&M 카페는 여러 층으로 이루어진 사탕 가게로, 키즈 카페로도 쓰인다. 그리고 레인포레스트Rainforest 레스토랑의 경우에는 설계와 메뉴가 어린이 소비자를 겨냥하고 있다.

테마 레스토랑에서는 장식이 우선이다. 손님들은 실제처럼 보이는 인테리어 설계에 즐거워할 수도 있고, 저속한 분위기에 즐거워할 수도 있다. 그러한 레스토랑은 미각적인 감각에 대한 관심이나 욕망을 추구하기보다는 즐거운 오락을 추구하는 성향이 강한 오피스 파티나 결혼식 전야의 총각 파티에 인기가 있다. 그런 레스토랑에는 단골손님이 거의 없다. 그곳들은 단체 모임에 더 적합하다.

그곳에서 갖는 대규모의 단체 외식이 보다 즐겁고 성공적인 까닭은 양식화된 환경이 응집력을 만들어주기 때문이다. 패러디 레스토랑은 개인들이 서로를 잘 알지 못하는 집단에 더 적합하다. 그러한 환경에서는 너무나도 거슬리는 장식이 손님들에게 대화의 초점이 되어주기 때문에 사회적 어색함이 최소화된다. 테마 레스토랑이 진짜가 아니라는 것이 명백함에도 불구하고, 그곳이 드러내놓고 재미와 경박함을 추구하는 한, 어떤 점에서는 그곳에서의 외식은 정직한 식사의 한 형태이다. 그런 레스토랑에서는 식사보다는 행사 분위기 조성, 이벤트 조직, 손님의 상상력 유발이 더욱 중요한 업무이다. 그곳에서는 자주 다채로운 시각적 차림에 적합하면서도 미식 취향의 차이가 거의 나지 않는 음식들이 스모가스보드smorgasbord[여러 가지 음식을 한꺼번에 차려놓고 원하는 만큼 덜어 먹는 스웨덴식 뷔페 _ 옮긴이] 스타일로 제공된다. 빠르게 요리되어 즉각 서빙이 되어야 하는 미묘한 풍미를 지닌 요리는 이 경제적인 스타일의 뷔페에서는 제공될 수 없다.

테마 레스토랑은 패러디 범주의 일부로, 그곳에서는 레스토랑 자체가 완전히 재창조된 에토스와 새로움으로 가득한 오락물이다. 이 패러디 레스토랑의 경우에는 그곳이 19세기 미국의 황량한 서부의 살롱, 기묘한 영국 마을의 찻집, 토스카나 시장, 차를 운반하던 대형 범선, 그 어떤 모습을 하고 있든 간에, 우리는 음식보다는 그 세팅을 더 중시한다. 그곳에서의 즐거움은 주로 이를테면 방대하게 진열된 장식품들과 겉으로 보기에 진짜 같은 가구 및 부속물들로 꾸며진 그 장소가 주는 재미에 달려 있다.

테마 레스토랑은 20세기의 마지막 4분기에 매우 인기가 있었다. 할리우드는 1970년대 후반에 하드 록 카페Hard Rock Cafe를 세웠고, 그 후 전 세계에 100개가 넘는 계열 영업점을 열었다. 플래닛 할리우드Planet Hollywood는 1992년에 문을 열었다. 원래 그곳은 아이코닉 카페iconic cafe를 소유한 수십 명의 유명 영화배우와의 컨소시엄으로 운영되었다. 스티븐 스필버그Steven Spielberg가 세운 다이브!Dive!는 1994년에 성황리에 문을 열었다. 그곳은 로스앤젤레스의 센츄리 시티 Century City 쇼핑몰(로데오 드라이브에서 1마일 거리)에 있는 파이프 또는 잠수함 모양의 구내에서 고급 샌드위치를 제공했다. 그 레스토랑은 거의 400명의 손님을 수용했는데, 라스베이거스에 또 다른 영업점을 열었다. 새 영업장에는 장식의 일부로 풍부한 시각적 장치들도 있었다. 물고기와 바다 생물들이 천장, 잠망경, 원형 창 — 다른 손님들과 외부 세계를 바라보는 — 들을 돌아다녔다. 메뉴는 재치 있는 말장난과 재미있는 음식 — 조금은 실속 있는sub-stantial 샐러드와 조금은 감탄할 만한sub-lime 디저트 - 을 특징으로 했다. 그곳에서는 티셔츠, 커피 머그잔, 캐리백 등의 테마 상품들도 구입할 수 있었다. 그곳은 첫 번째 다이브!만큼 재미있고 독창적이었지만 단골손님을 확보하지는 못했다. 그곳을 방문하는 것은 일회성 경험이었기 때문에 단 몇 년 만에 사업이 쇠퇴했다. 다이브!의 이야기는 다른 하이퍼-테마 레스토랑도 흔히 겪는 일이다.

하지만 이 단명한 성공이 일반적인 이야기인 것은 아니다. 이를테면 맥도날드 레스토랑은 전 세계에서 계속해서 성공을 거두었다. 아이들을 위한 건전한 가족 레스토랑이라는 테마는 항상 덜 제한적이고 덜 한정적이었고, 그런 까닭에 그 이미지는 싫증나거나 매력을 잃지 않았다. 또한 맥도날드 비즈니스 모델은 기술주도적인 대량제조라는 포드주의 원리를 따라 매우 공학적으로 설계된 시스템과 프로세스를 사용하고, 그것들은 상당한 수익을 보장한다. 지속적인 글로벌 마케팅 캠페인은 햄버거와 감자튀김을 미국 자체의 아이콘적 제품으로 만들었다.

움베르토 에코(Umberto Eco 1986)는 하이퍼리얼리티hyperreality에 대한 자신의 에세이에서 유명한 사람들과 사건을 재현하고 있는 밀랍인형 박물관과 같은 재구성된 리얼리티, 디즈니랜드와 같은 놀이공원, 그리고 라스베이거스에서 발견되는 것과 같은 특정 호텔·모텔·레스토랑의 화려한 장식(Venturi 1977)을 사례로 삼아, 근대 소비 윤리의 독특한 특징 - 즉, 표면과 외양에의 심취 - 을 예증한다. 특정한 에토스를 불러일으키도록 설계된 분위기 있는 비스트로는 현 순간이 피상적으로 구성된다는, 에코의 하이퍼리얼리티 개념을 예증한다. 일부 레스토랑은 문화적 신화를 이용하여 대중적 이미지에 기초하는 하나의 환경을 재현한다. 인공 장식물, 커다란 모조 백랍 맥주잔과 황동 가구, 폴리머 벽돌 벽, 천장에 매달려 있는 나일론 어망 등은 결코 진짜라고 주장되지 않는다. 그것들은 완전히 가짜이지만(Eco 1986: 30~31), 특정 풍조와 분위기의 제조에 대한 이러한 관심은 강력한 호소력을 가지고 있다. 패러디 레스토랑은 완전히 가짜이며, 충실하게 모사되지조차 않아서 우리는 원본이 어떻게 세상에 나왔는지에 대해, 즉 에코가 '거의 진짜Almost Real'라고 묘사한 스타일(Eco 1986: 30)에 대해 생각해 볼 수도 없다. 완전한 가짜를 마구 사용하는 패러디 레스토랑이 인기를 누린다는 것은 진짜에 대해서는 전혀 관심이 없다는 것을 의미한다. 그것은 날조이고, 그것이 그곳의 매력이다.

에코는 완전한 가짜에서 발견되는 즐거움을 사람들이 재구성된 속성을 인식하는 데 전반적으로 무관심하다는 것을 보여주는 전형적인 사례의 하나로 간주한다. 우리는 가짜와 진짜의 차이에 관심이 없다. 실제로 샤넬 핸드백, 구찌 시계, 에르메스 스카프와 같은 가짜 디자이너 제품이 인기를 끈다는 것 그 자체가 가치를 지니게 되었다(그러나 이는 과잉 소비시대를 도외시하는 진술이다). 에코가 제시하는 생각은 복제가 만족감을 줄 수 있다는 것이다. 그가 진술하듯이, "우리는 더 이상 원본에 대한 필요성을 느끼지 않을 만큼 복제물을 제공하고 있다"(Eco 1986: 19).

멋진 테마 레스토랑은 그곳이 상대적으로 비싸고 손님의 상상력 관리에 헌신할 경우 보다 진지한 비스트로와 몇 가지 두드러진 특징을 공유한다. 하지만 그들의 고객을 구분 짓는 현저한 차이들도 존재한다. 테마 레스토랑에서 식사하는 사람들은 습관적으로 레스토랑에 가는 사람이 아닐 것이며, 외식을 보다 자주 하나의 행사로 바라볼 것이다. 이러한 손님들에게는 맥도날드, 시즐러Sizzler, 애플비Applebee 같은 단조로운 테마 패밀리 레스토랑 역시 저렴한 비용과 편의성 때문에 인기가 있다. 비스트로 몽댕은 다양한 스타일과 요리로 독특한 경험을 제공하며 아주 다양한 개별 행동 레퍼토리를 권한다. 많은 경우에 비스트로는 지역 문화를 무시하지 않고 세속적인 가치를 위해 노력한다. 비스트로는 요리를 엔터테인먼트의 한 형태로 평가하는 사람들에 의해 선호된다. 그곳은 특별한 분위기 — 이를테면 건강을 의식하는 누벨 퀴진 고객을 위한 밝고 개방된 공간, 또는 둘만의 은밀한 저녁식사에 관심이 있는 사람들을 위한 좀 더 어두운 색조의 환경 — 를 자아내는 장식을 사용하기 때문에 인기가 있다. 비스트로는 분위기에 훨씬 더 중점을 두지만 요리와 비용을 그곳의 주요 매력으로 홍보한다. 이들 레스토랑은 일반적으로 규모가 작고, 테이블 서비스를 개별 손님에게 맞추고자 한다. 우리는 상황을 통제한다는 느낌을 받고 우리의 욕구 충족을 보장받기 위해 그러한 레스토랑에서 식사하기로 선택하기도 한다.

비스트로라는 공간이 유행한 것은 일반적으로 한정된 메뉴와 십여 개의 테이블, 그리고 몇 개의 1인용 의자를 놓은 공동 테이블만으로도 상업적으로 성공할 수 있다는 것을 의미한다. 그것은 극장 지구나 유명한 소매 구역, 이를테면 고가구점이나 떠오르는 젊은 예술가들의 작품을 주로 취급하는 갤러리 근처에 위치할 수도 있다. 어떤 경우에는 그곳은 생강 절임confit을 곁들인 윤기 나는 돼지 고기, 참치 타르타르tuna tartar, 엄선한 치즈와 처트니chutney, 한 입 크기의 바닷가재 집게발 같은, 손이 많이 가지만 우아한 가벼운 음식을 제공하는 와인 바에 더 가깝다. 비스트로는 스타일이 중요하다. 그곳의 테이블 세팅은 현대적au courant이다. 그곳은 서로 대각선으로 포개진 보완적인 색깔의 두 개의 테이블보와 무겁고 매우 윤이 나고 화려한 옛날식 식탁용품을 사용하기도 한다. 와인 잔은 엄청나게 크고 얇으며, 유행에 매우 민감하기 때문에 실용적이지 않을 수도 있다. 그런 비스트로에서 손님은 다른 사람들에게 자신을 드러내고 싶어 하고 또 다른 사람들을 보고 싶어 한다. 그곳은 우리가 주변을 둘러보면 한두 사람 정도의 얼굴을 알아볼 수 있을 것으로 확신하는 곳이다. 실제로 비스트로에서 우리는 우리의 동료들을 만나거나 우리가 귀감으로 삼고 싶은 취향을 가진 사람들과 마주치기를 바란다. 그곳은 또한 우리를 그곳에서 제공하는 와인, 치즈, 올리브, 고기 및 여타 타파스tapas에 대해 식견을 가진 것으로 대우하는 정중한 직원이 바 서비스를 하기 때문에 혼자서도 식사할 수도 있는 장소이다. 문화자본이 통용되고 있다는 이러한 인식은 우아한 비스트로가 대담한 손님에게 위안을 주는 하나의 안식처가 될 수 있음을 의미한다.

현지에서 공급되는 음식과 주로 가라지스트들garagistes ― 때로는 부러워할 정도의 고품질 제품을 소량으로 한정 생산되는 가라주garage 와인들 ― 로 이루어진 와인 목록을 자랑하는 매우 호평받는 비스트로에서, 우리는 유행이 갖는 중요성을 인식한다. 이 색다른 비스트로들은 1990년대에 인기가 있었지만, 오늘날에는 실속보다 스타일에 집중하는 것이 어리석은 것으로 인식되기 때문에 그 명성을 다소 잃었다. 그럼에도 불구하고 그러한 곳들이 인기를 끌고 열성적인 손님을 확보하는 데 성공한 것이 이 범주의 식당을 만들어냈다. 비스트로는 우리에게 가장 친숙한 레스토랑으로, 광범한 매력을 가지고 있고, 편리한 장소에 적절히 위치해 있으며, 요리, 분위기, 가격이 다양하다. 데이비드 장David Chang이 개발한 인기 있는 일련의 음식점이 그러한 사례 가운데 하나이다. 그곳은 2004년부터 이스트 빌리지East Village(뉴욕)에 소재한 기발한 누들 바인 모모후쿠 코Momofuku Ko로 시작하여 그 후 5년 동안 작은 고에너지 바로 확장했다. 그곳은 예약하기가 쉽지 않았는데, 그 후 그것이 핵심 마케팅 기법이 되었다. ≪뉴욕타임스≫의 음식 평론가 프랭크 브루니(Frank Bruni 2008)는 이 레스토랑을 장식보다는 음식에 주안점을 두기 위해 고안된 '불편한 작은 폭정little tyrannies of discomfort'의 장소라고 묘사했다. 데이비드 장은 자신의 요리 스타일을 미국 밖의 보다 광범한 장소들로 널리 퍼트리는 데 성공하면서, 모모후쿠 브랜드를 또 다른 와가마마Wagamama 레스토랑 또는 샤우팅 레스토랑으로 만드는 위험을 무릅썼다. 텔레비전 출연과 조리법 및 음식 비평에 대한 책을 출간해서 얻은 세간의 이목은 그 레스토랑들을 매우 인기 있게 만들어주었다. 그러나 프랭크 브루니는 결국 이렇게 질문한다. 그곳들은 과연 꼭두새벽까지 "소란스럽고 흥겨운" 것으로부터 자신의 매력을 끌어내는 "겉만 번지르르한 스낵 바"인가?

비스트로는 2~4명의 손님을 가장 잘 응대한다. 그리고 일부 레스토랑은 공유할 수밖에 없도록 조리된 품목들만을 메뉴로 제공함으로써 그러한 선호를 강조한다. 테이블의 크기가 일반적으로 작기 때문에 대규모 단체 손님의 경우에는 음식 준비와 제공에서 문제가 발생한다. 실제로 단체 예약을 거부하는 것은 드문 일이 아니다. 대규모 단체 손님의 경우 셰프가 음식 조리와 음식 프레젠테이션을 조정하는 것을 더욱 어렵게 만들기 때문에 주방이 더 큰 압박을 받는다. 또한 단체 손님들은 시끄럽고 작은 레스토랑을 지배하여 그곳의 분위기를 압도해 버릴 수도 있다. 비스트로는 즐거움의 추구를 뒷받침하는 분위기를 유발하도록 설계된다. 그곳은 우리의 감성을 조율하고 감각을 강화한다. 따라서 그곳은 공개적인 감정 표현을 의례화하여, 성적 유혹, 축하, 그리고 복잡한 거래에 적합한 장소로 만든다. 반면 그곳은 개인적 투자가 노출되어 쉽게 비난받을 수도 있다. 비스트로 몽딘에서의 외식은 미식 이벤트를 행하는 것일 뿐만 아니라 개인의 가치를 실행하는 것이기도 하다.

비스트로는 30명 미만의 사람들에게 서비스하는 비교적 친밀한 환경에서부터 100명 이상을 위해 음식물을 준비하는 대형 시설에 이르기까지 크기와 성격이 다를 수 있다. 적당한 가격의 가족 레스토랑과 값 비싸고 편안한 요리 중심의 비스트로뿐만 아니라 유행을 좇는 비스트로와 일시적으로 유행하는 비스트로들도 있다. 비스트로는 외식을 사회생활의 규칙적인 특징으로 간주하는 사람들이 가장 자주 방문하는 레스토랑이다. 손님들은 일정한 습관을 가지고 있어서 지역 시즐러와 애플비에서 정기적으로 식사를 할 수도 있고, 아니면 미디어 평론가가 긍정적으로 논평한 비스트로의 다양한 요리들을 찾아 나설 수도 있다. 비스트로의 고객들은 또한 일반적으로 와인 북과 최신 먹기 스타일에 대한 미식 가이드를 구입하기도 한다. 그들에게 식도락 즐기기는 하나의 여가활동이다. 음식과 와인의 용어를 배우는 것은 물론 집 주방에서 메잘루나mezzaluna[반원형의 날과 손잡이가 있는 낫_옮긴이]를 사용하는 기술을 익히는 것도 비스트로를 정기적으로 찾는 손님이 향유하는 즐거움의 일부이다.

일부 비스트로 몽딘이 명성과 인기를 얻기 위해 노력하는 벤처 기업이라면, 다른 비스트로들은 유명한 셰프의 대표 요리를 홍보한다. 레스토랑 경영자들은 빈번히 세련된 맛과 상업적 효율성을 결합시키는 과제를 안고 있다. 어떤 경우에는 요리법에 진지하게 전념하는 비스트로가 남들이 부러워할 만한 평판을 가지고 있으면서도 상업적으로는 실패할 수도 있다. 다른 경우에는 레스토랑의 스타일이 자주 바뀌는데, 이는 이 레스토랑들이 시장 트렌드에 부합하도록 자신을 끊임없이 변신시킨다는 것을 의미한다. 이 레스토랑들의 스타일과 비용은 시장 트렌드와 손님의 감정적 요구사항에 따라 달라진다. 따라서 우리가 격리되어 있다는 느낌을 받을 수 있는 은밀한 저녁을 원한다면, 우리는 개별 테이블, 희미한 옅은 조명, 덮개 없는 벽난로, 부드러운 클래식 기타를 연주하는 뮤지션이 있는 비스트로보다는 칸막이 방이 있는 비스트로를 선택할 수 있다. 여흥을 제공하는 레스토랑에서 즐거운 저녁시간을 보내기 위해서는 우리는 한국식 레스토랑처럼 음식 조리, 음식 프레젠테이션, 먹기 방식에 초점을 맞추는 곳에서 특정 요리를 선택할 수도 있다. 한국식 레스토랑에서 우리는 바닥에 앉아 테이블 위에서 조리되고 있는 음식을 먹는다. 만약 우리가 동료 손님에게 깊은 인상을 심어주고 싶다면, 우리는 귀족풍 비스트로의 장중한 위엄에 의존하여 적절한 분위기를 만들어낼 수도 있다. 레스토랑의 외양이 우리의 행동에 교묘하게 파고 들어와서 우리가 이벤트에 부여해 온 욕망과 뒤섞인다. 그곳의 분위기가 의도적으로 비치한 가구와 함께 특별한 기분을 자아낸다. 우리가 보고 다루는 생명 없는 대상들이 우리의 많은 대화의 대상이 되고, 우리 자신의 취향을 반영할 수 있는 방식으로 물리적 공간을 정의한다. 우리가 음식을 먹는 것처럼, 우리는 레스토랑의 미학을 소비한다.

비스트로 몽딘은 인간의 감정과 기대를 공개적으로 관리하는 데 적합한 레스토랑 유형이다. 손님의 기대에 매우 민감하게 반응하는 패스트푸드 레스토랑과 달리 비스트로 몽딘은 보다 오랜 기간 동안 그곳을 세심하게 조율해 왔고, 그 결과 그곳의 도덕적 질서는 더 복잡하고 일관적이다. 그곳은 우리를 보다 효과적으로 매혹한다. 그곳의 주요한 매력은 그곳이 맛이 좋거나 특이하거나 높이 평가되는 식재료를 소비하는 장소에 그치지 않고 우리의 일상적인 레퍼토리에서는 항상 분명하게 드러나지 않는 욕망을 기꺼이 표출할 수 있는 장이기도 하다는 것이다. 분위기와 기대 간의 상호작용이 우리로 하여금 상상력을 발휘할 수 있게 해주고, 또 우리 자신에게 판에 박힌 일상생활로부터 벗어날 수 있는 기회를 제공한다.

정체성, 분위기, 환경을 창조하는 것은 패스트푸드점에서부터 미슐랭 별점이 있는 레스토랑에 이르기까지 모든 레스토랑의 중대 관심사이다. 레스토랑에 대한 초기 논평자 장 앙텔므 브리야-사바랭은 레스토랑 고객들이 어째서 자신들의 행동을 과장하는지를 관찰하고 나서 이 특성을 언급했다. 그에 따르면, 마치 레스토랑이 사람들을 변화시켜 하나의 단일한 성격 차원이 두드러지게 하는 것 같았다. 그 결과 손님들은 레스토랑에서 자신의 부양가족에게 좋은 음식을 챙겨주는 다정한 아버지가 되거나, 또는 사랑하는 사람에게 집중하기 위해 바쁜 세계를 팽개칠 수 있는 열렬한 연인이 되거나, 아니면 친밀하지는 않으면서도 모든 사람과 아주 가까운 친구 — 누구에게나 친절한 친구 — 가 되는, 새로운 도시에 홀로 있는 (우리 모두를 둘러싸고 있지만 일단의 친구와 가족 속에서는 더 쉽게 은폐되는 실존적 간격과 마주친) 고독한 이방인이 되었다. 이 마지막 유형의 손님은 마치 그 관계가 깊고 오래 지속되어 온 것처럼 행동한다(Brillat-Savarin 1970: 310).

울프wolf는 극장 지구 가장자리에 있는 새로 유행하는 트라토리아trattoria[이탈리아 대중음식점 _ 옮긴이]이다. 그곳은 통유리 디스플레이 창으로 꾸며졌던 길고 좁은 갤러리를 개조한 상점으로, 행인들이 내부를 들여다볼 수 있다. 식사공간은 1층에 있는데, 평범한 나무 테이블이 놓여 있고 식탁보가 덮여 있지 않다. 이는 그곳이 장식보다 음식을 중시한다는 것을 말해준다. 각 테이블 위에는 큰 린넨 냅킨과 뚜껑 없는 천일염 용기가 있다. 거기에는 작은 무염버터 덩어리 대신 저온으로 짜낸 버진 올리브 오일이 들어 있는 작은 용기가 놓여 있다. 레스토랑 앞쪽에 있는, 덮개를 씌운 높은 의자들이 놓여 있는 바에서 손님들은 갤러리 주방에서 세 명의 셰프가 즉석요리를 준비하는 것을 볼 수 있다. 20세기 초의 유럽 조제식품점을 연상시키는 조리 공간의 반짝이는 대리석 석판에는 밝은 색의 복고풍으로 설계된 고기 써는 기계가 놓여 있다. 작업장에 있는 셰프를 지켜볼 수 있다는 것은 전면 공간과 후면 공간 간의 ― 비유적으로 말하면 공장과 상점 프런트 간의 ― 전통적인 경계를 흐리게 한다. 그러한 분리가 해체되자 생산자와 소비자 간의 거리가 좁혀졌다. 의도적으로 그렇게 한 까닭은 음식 제공자와 소비자를 사회적으로 차별하는 것을 조롱하기 위함이었다.

울프에서는 또한 지위와 서열의 전도와 반전을 경험한다. 셰프는 예술가이며, 손님은 대단히 귀중한 예술 형식과 문화 전시물을 관람하는 박물관 방문객과 마찬가지로 유료 입장객이다. 울프는 번잡하고 시끄럽다. 그곳은 느긋한 낭만적인 식사나 진지한 대화를 하기 위한 레스토랑이 아니다. 테이블들의 간격은 좁다. 옆 사람의 이야기가 쉽게 들릴 수도 있다. 저녁에 테이블 예약은 1시간 15분 단위로 이루어진다. 하나의 테이블이 밤마다 네 팀의 손님을 받을 수 있다. 울프의 정식 주방은 덜 인기 있는 식사 공간과 함께 지하층에 있다. 바닥은 윤이 난다. 벽에는 정체모를 몇 점의 현대적인 그림 ― 일반적으로 꽃병 그림이나 과일과 고기 조각을 함께 그린 그림 ― 이 걸려 있다. 그 그림들은 특별할 것이 없으며, 재차 주장하지만 그것은 장식을 무시하고 메뉴에만 신경 쓴다는 것을 보여준다. 요리는 전통적인 용어로 묘사되고, 요리들에는 손님들로 하여금 다른 나라의 지역적 풍미를 느끼게 하기 위해 그 요리가 시작된 이탈리아 지역들 ― 풀랴Puglia, 트렌티노Trentino, 베네치아Venezia, 로마Roma, 시칠리아Sicilia ― 이 표시되어 있다. 정통 지역 요리의 샘플이 제공된다. 울프는 엘리트 대학의 최근 졸업생 팀에 의해 설계되었으며, 알만한 사람들은 알고 있는 그곳의 교육 자격증은 울프를 이탈리아 대중음식점의 대표 레스토랑 — 음식과 지역의 정통 요리를 아는 사람들이 인정하는 진정한 트라토리아 — 으로 만들고 있다.

더 클럽The Club은 요리 기술을 진지하게 받아들이고 분위기 자체만큼이나 음식에도 세심한 주의를 기울이는 또 다른 비스트로이다. 울프와 달리 더 클럽은 고객들에게 복장 규정을 요구한다. 남자들에게는 정장을 요구하고, 정장을 입지 않은 손님에게는 필수 품목을 제공한다. 레스토랑의 장식은 화려하고 섬세하다. 조명 부품은 베네치아 유리이고, 벽지는 복잡한 패턴으로 올록볼록하게 되어 있고, 벽에는 금테를 두른 거대한 거울이 있고, 식탁보는 뻣뻣하고 흰색이다. 심미적 분별력과 고상한 취향을 넌지시 내비치는 유리 장식품과 중국 장식품이 정교하게 전시되어 있다. 마치 각각의 물체가 그 고유한 매력과 가치 때문에 신중하게 선택된 것 같다. 음식의 준비에서도 똑같은 정성과 감식력을 살펴볼 수 있으며, 각 음식들도 그 음식에 동반되는 무늬를 새겨 넣은 유리 포도주잔과 리모주 접시처럼 섬세하고 정교하다. 모든 요리는 개별적으로 준비된다. 그 음식은 손이 아주 많이 간다. 셰프는 테이블로 나가기 전에 요리의 모양을 매만진다. 메뉴의 일부 품목은 24시간의 준비가 필요하며, 테이블 예약이 이루어진 경우에만 주문이 가능하다. 특선 요리에 대해 알지 못하고 메뉴에서 주문하는 사람들에게는 만약 그 음식이 가능하지 않을 경우 정보를 제공한다. 그로 인한 실망은 손님으로 하여금 레스토랑을 다시 찾게 만들 수도 있고, 아니면 그 레스토랑 문화를 보다 견고하게 할 수도 있다. 그런 일은 다른 방식으로도 일어난다. 이를테면 더 클럽에서 손님은 웨이터에게 자신이 어떻게 조리된 요리를 좋아하는지를 알려주거나 소고기를 레어가 아닌 미디엄으로 준비해 달라거나 헤이즐럿 토르테를 크림이 아닌 아이스크림과 함께 달라고 요구하지 않는다. 오히려 손님들은 요리를 제공되는 대로 받아들인다. 만약 손님이 역제안을 한다면, 웨이터는 정중하게 "셰프가 당신을 위해 그 특별한 요리를 준비하는 방식을 받아들였으면 좋겠습니다"라고 대답할 수도 있다. 더 클럽에서 손님은 제공되는 요리에 즐겁게 응할 수는 있지만, 대체 제안은 잘 받아들여지지 않는다.

매력적인 레스토랑 범주에서 발견되는 다양성이 이 식사 장소가 왜 지속적으로 인기를 누리고 성공했는지를 설명해 준다. 이 범주의 한 극단에 글로벌 체인인 맥도날드가 있으며, 맥도날드가 도처에 존재하고 가격이 확실히 저렴하기 때문에 그것은 편의적인 레스토랑 범주에서도 다시 등장한다. 이 스펙트럼의 다른 끝에는 유행하는 요리로 손님을 끄는 보다 우아하고 일시적으로 유행하는 레스토랑들이 있다. 그러한 레스토랑들은 보다 불안정한 상업적 역사를 가지고 있지만, 새로움과 즐거움을 지속적으로 찾는, 이것저것 가리지 않는 손님으로부터 계속해서 관심을 받는다.

편의적인 레스토랑

마지막 범주는 편의적인 레스토랑으로, 장시간 영업, 저렴한 식재료, 가까운 위치, 손님에 대한 최소한의 요구 때문에 그렇게 부른다. 이들 레스토랑은 하이브리드 메뉴와 유행을 노린 장식을 갖춘 작은 카페와 개스트로펍gastropub[미식으로 유명한 식당 _ 옮긴이]에서부터 그 스펙트럼의 다른 쪽 끝에 있는 패스트푸드 체인 — 데니Denny's, 레드 루스터Red Rooster, 후터스, 윔피 바Wimpy Bar, 켄터키 프라이드 치킨Kentucky Fried Chicken — 과 상대적으로 저렴한 음식을 제공하는 교외 레스토랑에 이르기까지 다양하다. 고속도로 트럭 정류장, 공항 및 버스 터미널에 위치한 판매점들은 쇼핑몰 및 교외 소매단지의 푸드 코트와 함께 이 범주에 포함될 수 있다. 이 범주에는 패스트푸드 체인 레스토랑뿐만 아니라 중국 음식, 멕시코 음식, 이탈리아 피자, 그리스 음식, 터키 음식 등을 제공하는 지역 전문 카페들도 포함된다. 이 범주에는 평판, 분위기, 서비스, 비용에 기초한 위계서열이 존재한다. 하지만 카페 먼데인café mundane이 지닌 독특한 특징은 그곳의 저렴함이다. 이들 카페 중 일부가 분위기를 창조하는 데 노력을 기울이지만, 궁극적으로 이러한 유형의 레스토랑을 특성화하는 것은 신속하게 조리할 수 있는 저렴한 식재료를 사용한다는 것이다.

영국에서 20세기가 끝날 무렵, 다른 어떤 것보다도 편의식품과 패스트푸드 식사가 더 많이 소비되었다. 1998~1999년 동안에 카페와 레스토랑에서 소비된 200만 번 이상의 상업적 식사(스낵은 제외) 중 100만 번 이상이 패스트푸드인 것으로 확인되었다. 그것에는 퍼브 밀, 피시 앤 칩스, 피자와 버거, 그리고 중국과 인도 테이크아웃 음식이 포함되어 있었다(Burnett 2004: 291). 최근 몇 년 동안 패스트푸드와 관련된 영양부족으로 인해 초래되는 건강 위험에 대한 우려가 커지고 있다. OECD와 연관된 국제기구들은 고도로 산업화된 식품 체계를 갖춘 국가의 비만 추세를 보고하는 데이터를 수집해 왔다. 영국, 미국, 캐나다, 호주는 비만율이 가장 높은 사회로 특징지어진다(http://www.oecd.org/health/health-systems/oecdhealth-data 2012-frequentlyrequesteddata.htm). 이 자료는 남성보다는 여성이, 그리고 덜 교육받은 여성이 과체중과 관련된 건강문제를 안고 있는 비율이 더 높다는 것을 보여준다. 지난 8년 동안 청량음료의 판매가 현저하게 감소하자 코카콜라, 펩시코, 닥터 페퍼 같은 제조업체는 어쩔 수 없이 스포츠 음료와 과일 주스로 제품을 다각화했다.(Esterl 2013)

풍요로운 사회에서는 즐거움을 위한 음식들을 언제든지 입수할 수 있기 때문에 외식은 일상생활의 일상적 부분이라는 기대가 만들어져 왔으며, 카페 먼데인과 함께 이러한 기대는 아주 자주 충족된다. 이를테면 피콜리Piccoli는 인구학적으로 초로의 거주자와 상승이 동한 젊은 가족들이 섞여 사는 잘 정돈된 교외에 위치한 게스트로펍이다. 대부분의 지역 주민들 − 기존의 주민과 새로운 주민 모두 − 은 전문직과 중간 관리직 종사자들이다. 그들은 정치적 권리에 대해 전통적 경향을 드러낸다. 피콜리는 가족뿐만 아니라 소규모 집단과 커플을 위한 테이블도 제공한다. 그곳에는 겨울철에 사용하는 벽난로가 있다. 천장은 그 건물의 건축 시기에 부합하게 높고, 조명은 강하지만 밝지는 않다. 그곳에는 테이블보, 꽃, 또는 촛불 장식물이 없고, 그릇은 단순한 흰색 도자기이다. 냅킨은 진한 색의 두꺼운 종이이다. '스페셜' 메뉴는 벽에 걸린 칠판에 적혀 있고, 테이블 메뉴와 와인 리스트는 컴퓨터로 단 한 장의 종이에 인쇄되어 있다. 식사 전에는 다양한 종류의 다채로운 칵테일이 제공된다. 가격은 무난한 것으로 평가된다. 고객들은 메뉴를 알고 있고 음식의 질이 한결같다고 믿기 때문에 피콜리에서 정기적으로 식사를 한다. 예약이 꼭 필요하지는 않으며, 정장을 할 필요가 거의 없다. 피콜리는 수수하며, 가족 모임과 사교적 회합을 권장한다. 유선방송의 무드 음악이 소음의 수준을 높이고 있다. 다음 예약 손님 때문에 서두르지 않아도 된다. 테이블 서비스는 카페 직원의 이직률이 높을 정도로 다양하다.

피콜리의 장식은 잡동사니를 통해 향수를 불러일으킨다. 벽에 걸려 있는 오래된 영화 포스터와 뉴욕과 파리의 상징적인 도시 풍경이나 거리 풍경을 담은 세피아 색의 사진이 친밀감과 편안함을 자아낸다. 메릴린 먼로, 스티브 맥퀸, 블루스 브라더스와 같은 쉽게 알아볼 수 있는 할리우드 영화배우의 이미지와 장작 오븐에서 빵을 굽는 이탈리아 엄마를 찍은 마음이 따뜻해지는 세피아 색 사진은 카페를 친숙하고 편안하고 안락해 보이게 한다(Hubbert 2007; Pardue 2007). 이러한 유형의 레스토랑에서는 익숙한 분위기를 만들어내는 것이 필수적이다. 이런 레스토랑을 찾는 일반 손님들은 보통 모험가가 아니라 편안함을 찾는 사람들이기 때문이다. 음식은 난해한 메뉴 설명 없이도 알 수 있으며, 서비스는 겁먹게 하지도 않는다. 때로는 장식과 음식이 서로 어울리지 않기도 한다. 카페는 보헤미안 분위기를 조성하기도 하고, 화분에 야자나무를 심어 열대 기후의 건강과 활력을 암시하기도 하지만, 메뉴는 간단하다. 이를테면 아침 특선이 있고, 수프, 샌드위치, 파스타, 미리 만들어져 있는 쌀 스낵으로 구성된 점심 식사도 있다. 그리고 사과 파이, 아이스크림, 상업용으로 구매한 프로피테롤profiterole[속에 크림을 넣고 위에는 보통 초콜릿을 얹은 작은 슈크림 _ 옮긴이]과 같은 디저트가 있을 수도 있다. 손님이 도시의 고급품 시장 섹터에 위치한 세련된 비스트로의 장식에서 특정한 미식 스타일을 언뜻 기대할 수 있는 경우에도 그 카페는 자기현시적인 것으로 보이지는 않는다. 그곳의 장식은 일관성이 없고, 심지어 제공되는 음식과 조화를 이루지 않기도 한다. 그곳은 영화 세트처럼 보이기도 하지만, 선택지가 제한된 기본적인 식사만을 제공한다. 카페 먼데인의 물리적 외양은 의도된 것일 수도 있다. 이를테면 표면이 거친 나무 기둥과 새로운 황동 용구를 사용하여 옛 세계 스타일을 암시함으로써 정통 지역 요리를 연상시킬 수도 있다. 그 카페가 교외 외곽에 위치할 경우 그곳은 지중해 풍미를 암시하기 위해 착색 유리창과 석판 바닥으로 꾸며질 수도 있다. 그렇지만 그곳의 온갖 비일관성과 다양한 요리에도 불구하고, 카페 먼데인은 매우 인기가 있다. 그곳에서는 쉽게 사교적이 되고, 놀랄 만큼의 흥분은 아니더라도 매력적인 오락거리들을 즐길 수도 있다.

쿠엔틴 타란티노의 영화 〈펄프 픽션〉에서 살인청부업자인 줄스, 브렛, 빈센트는 글로벌 음식에 대해 논의한다. 그들은 미국에서 살 수 있는 맥도날드의 쿼터 파운더Quarter Pounder를 프랑스에서 팔 때는 치즈 로열이라고 부르는 것에 의아해 한다. 이 짧은 언쟁은 음식 맛의 글로벌한 성격을 강조한다. 그것이 미국에서의 치즈버거이든 파리에서의 로열이든 간에 맛은 똑같다. 우연이든 그렇지 않든 간에, 그 영화 장면은 맥도날드의 제품은 어디서 제공되더라도 항상 동일하고 항상 신뢰할 수 있고 소비자의 기대를 항상 충족시킬 것이라는 맥도날드의 약속을 광고한다. 맥 맥도널드Mack McDonald와 딕 맥도널드Dick McDonald가 1940년에 캘리포니아 샌 버너디노San Bernardino에서 문을 연 가게에서부터 레이 크록Ray Kroc이 설계한 기업 확장안에 의거하여 전 세계 도처에 설치된 골든 아치에 이르기까지, 맥도날드 체인 레스토랑의 성공은 광범위하게 분석되었다. 맥도날드의 경이적인 마케팅은 대중 음식소비의 세계를 실제로 바꾸어놓았다. 하지만 자신의 강력한 브랜드 제품을 가진 맥도날드조차도 지역의 전복적 힘을 항상 견뎌낼 수는 없으며, 그리하여 자주 한계점에 도달하여 제품을 변화시키지 않을 수 없게 되기도 한다. 이것은 맥도날드의 광고에 나오는 골든 아치의 빛이 바래고 있는 것을 설명해주기도 한다. 그 이미지는 크게 벌어진 굶주린 입술로, 또는 뒤집어져서는 둥글납작한 엉덩이로 아주 널리 패러디되었다.

　체인 레스토랑과 코카콜라, 펩시, 버드 같은 널리 알려진 제품들이 전 세계적으로 거둔 성공은 경제의 지구화 이론, 혼성화creolization 이론, 세계체계 이론 속에서 중심 - 주변 긴장을 통해 설명되어 왔다. 이러한 다양한 설명은 일반적으로 대중 인기의 힘과 집중 마케팅saturation marketing 원리의 효과를 강조한다. 이를테면 미국에 기반을 둔 테마 레스토랑들을 상징하는 시각적으로 독특한 건조물(비방받는 골든 아치를 포함하여)과 포스터스 맥주, 말보로 담배, 캐드버리 초콜릿과 같은 특정 수출 상품의 상징적인 포장은 소비 트렌드에 필수적이다. 이들 상품이 인도, 필리핀, 한국, 동티모르 등 그 상품을 받아들이는 사회의 이국적인 환경에 도착할 때, 그러한 건조물과 포장 때문에 사람들은 그 상품을 쉽게 알아볼 수 있다. 그러한 제품들은 전 세계적으로 판매되고, 문화적 경계를 성공적으로 넘었으며, 다른 문화 제품이 할 수 없는 방식으로 배타적인 민족정체성과 계급 정체성을 깨뜨렸다. 간편한 스낵과 테마 레스토랑(M&M 카페와 같은)은 식품의 산업화를 진척시켜, 네슬레, 마스, 캐드버리, 유니레버와 같은 제조업체와 유통업체를 세계에서 가장 크고 정치적으로 가장 영향력 있는 기업으로 만들었다(Nestle 2002).

21세기에는 미국 국민의 90% 이상이 맥도날드에서 식사를 했다. 전 세계에는 수천 개의 맥도날드 매장이 있다. 항상 변화하는 소비 취향을 충족시키기 위해 그곳의 오리지널 햄버거와 감자튀김도 바뀐 것처럼 보이지 않지만 바뀌어왔다. 맥도날드 레스토랑은 성공한 오리지널 제품을 그대로 유지하면서도 이제는 콩 버거와 렌즈콩 버거, 샐러드, 달콤한 과일 패스트리, 카푸치노를 제공한다. 햄버거가 제공되는 곳이라면, 그곳이 그리니치빌리지이든, 피카딜리 서커스이든, 샹젤리제이든, 밀라노의 두오모 아케이드이든 간에 즐거움은 확실하게 보장된다. 음식 자체보다도 이러한 보장이 성공의 요소이다. 편의식품은 연속성에 기초하여 판매된다. 많은 것이 예측할 수 없고 삶의 패턴이 불연속적이고 일시적인 빠르게 움직이는 세계에서는 안정성의 약속, 즉 익숙한 맛에서 발견되는 "집같이 편안한 곳"을 제공한다는 약속이 매우 성공적이라는 것이 입증되어 왔다.

맥도날드가 항상 동일할 것이라고 약속하지만, 그곳은 실제로는 시장 수요에 부응하여 현지의 맛에 맞춘다. 미국의 일부 남부 주에서는 아침식사 메뉴에 그리츠[거칠게 간 옥수수 _ 옮긴이]가 추가되었고, 일부 유럽 매장에서는 크로와상이 추가되었다. 하지만 맥도날드의 성공을 보장하는 것은 이러한 특이한 대응이 아니라 햄버거와 감자튀김이 항상 동일할 것이라는 약속이다. 이것은 어떤 사람들에게는 너무나도 유동적으로 보일 수 있는 세계에서 안정성과 신뢰성을 보여주는 것이다.

서비스와 스타일

외식의 즐거움은 상당 부분 레스토랑 내부의 사회적 긴장을 관리하는 것에 달려 있다. 음식이 탁월하고 레스토랑이 아주 편안할 수도 있지만, 서비스가 예기치 않게 느려지고 웨이터가 부주의하고 장식이 쓸데없이 거슬릴 때 그러한 즐거움이 약화될 수 있다. 일부 레스토랑은 식사의 즐거움이 대체로 그곳에서 일어나는 감정 흐름에 좌우된다는 인식에 의거하여 직원들의 품행에 세심한 주의를 기울인다. 레스토랑들은 이러한 즐거움을 극대화하기 위해 자주 웨이터를 관리하기도 한다. 양질의 서비스를 보장하는 방법의 하나가 직원을 양성화兩性化하는 것이다. 남성 직원과 여성 직원에게 유사한 복장을 갖추도록 하는 규정은 젠더가 하나로 포괄되고 손님 — 남성이든 여성이든 간에 — 이 동등하게 취급될 것이라는 것을 상징적으로 보여준다. 이러한 관행들은 서비스가 서툴거나 예기치 않은 방향으로 전개될 경우 이벤트가 빛을 잃을 수 있고 그 이벤트의 공연적 성격이 만들어낸 환상이 깨질 수 있다는 것을 알고 있다는 점에서 서비스의 중요성을 암묵적으로 인정하고 있다.

동시에 레스토랑은 더 넓은 사회로부터 지위와 젠더 차이를 빌려와서 그것들을 자신들의 상업적 이익을 위해 사용할 수도 있다. 테마 레스토랑, 이를테면 미국 남부 주에서 시작하여 현재 영국과 아시아로 확장하고 있는 후터스에는 명백히 성차별적인 분위기가 존재한다. 웨이터들은 성적 매력을 지닌 젊은 여성들로, 간단한 음식과 시원한 맥주를 즐기는 남성 손님들을 주로 접대한다. 그 여성들은 자신의 스포츠 팀에게 더 잘하라고 격려하는 데 더 어울릴 듯한 미국 고등학교 치어리더 같은 복장을 하고 테이블에서 시중을 든다. 그들은 남녀 관계에 대한 정형화된 묘사를 반영하는 약간 관능적인 음색으로 말을 한다.

모든 레스토랑에는 공급자와 소비자 사이에 가장 분명한 경계선이 존재한다. 하지만 그것은 똑같은 경계선이 아니다. 셰프/레스토랑 경영자, 웨이터/봉사자, 손님/고객 각각은 동선 구조를 공유하는 서로 다른 일단의 이해당사자들이다. 셰프와 웨이터는 종종 하나의 팀으로 일하지만 서로 대립할 수도 있다. 손님과 웨이터는 웨이터가 손님에게 이익이 되는 내부자 정보를 제공할 경우 동맹을 형성할 수도 있지만, 또 다른 경우에는 웨이터가 다른 이해당사자들을 만족시키기 위해 손님을 이용하기도 한다. 근대 자유주의사회에서 제공하는 서비스는 돈, 젠더, 나이, 지위와 같은 상업적·사회적 수단이 만들어낸 불평등을 정상화한다. 대부분의 서비스 관계와 마찬가지로 소비자는 구매한 서비스가 직접적이고 실용적이고 효율적일 것으로 기대하며, 그것은 아마도 상업주의적 교환에 의해 보장될 것이다. 계산된 상업적 교환이 갖는 아주 단순한 매력은 당사자 간의 모든 고유한 불평등이 이해되고 수용된다는 것이다. 이것이 그러한 교환이 갖는 주요한 이점이다. 하지만 돈의 중재가 항상 그러한 평등을 보장하지는 않는다. 그러한 거래 규칙이 감정과 겹쳐질 때, 즉 교환이 예기치 않은 무관심, 과도한 친밀감 표현, 성적 빈정거림, 또는 다양한 종류의 저항과 맞닥뜨릴 때, 화폐체계가 가진 축소 및 단순화 능력은 무력하다. 레스토랑의 명시적 목적이 즐거움을 제공하고 욕망을 충족시키는 것이기 때문에, 즉 그 이벤트에는 미각적인 욕구와 함께 다른 욕구들도 충족될 것이라는 기대가 깔려 있기 때문에, 그곳에서의 교환은 사회적으로 더욱 복잡해진다. 이런 점에서 감정적·성애적 분위기를 연출하는 레스토랑, 특히 고급 식당 ― 거기서는 인간 서비스를 명시적으로 구매하는 것이 즐거움의 일부이다 ― 의 경우, 손님의 감정 노출과 감정 상함에 더욱 민감할 수밖에 없다.

게오르그 짐멜은 사회가 어떻게 가능한가라는 질문을 고찰하면서 두 명의 당사자(2자 관계dyad)와 세 명의 당사자(3자 관계triad) 간의 최소한의 사회적 상호작용에 초점을 맞추었다. 그는 그러한 상호작용이 작은 가정 수준뿐만 아니라 커다란 제도 수준도 설명하는 하나의 관점이라고 주장했다. 그에 따르면, 소규모 제도와 대규모 제도가 동일한 기반에서 발전하기 때문에, 긴밀한 상호작용에서 관찰되는 교환원리가 반복되고 점점 더 큰 규모로 증폭되어 더 큰 조직을 뒷받침한다. 따라서 사회는 아래로부터 설명될 수 있다. 레스토랑은 이러한 사회성의 근본원리를 보여주는 생생한 실례이다. 레스토랑은 2자 관계와 3자 관계가 형성되는 하나의 무대이며, 따라서 외부 사회세계의 객관적 문화가 어떻게 인간의 교제라는 주관적인 차원으로 침투하여 개인 정체성 어휘의 일부가 되는지를 예증한다.

짐멜은 2자 관계를 사회를 구성하는 기본적이고 가장 쉽게 동의되는 요소로 간주했다. 여기서 두 명의 당사자 또는 개인은 직접 의사소통을 한다. 그들의 교환은 그 둘을 묶어주는 데 필요한 사회적 응집력을 만들어낸다. 두 사람 모두 계속해서 대면적 관계를 유지하거나 서로 외면해서 상황을 해체할 기회를 동일하게 가지기 때문에, 권력은 똑같이 공유된다. 제3자 또는 제3의 당사자가 들어오면, 이원적인 교환은 더욱 복잡하고 예측할 수 없게 된다. 모든 교환의 가장 기본인 2자 관계에서는 권력이 양 당사자 사이를 오가며 배분되고, 한 사람이 다른 사람에게 더 큰 영향력을 행사할 수 있는 능력을 가지는 경우는 거의 없다. 삼인조 또는 3자 관계는 일상생활에서 보다 흔히 형성되는 것으로, 긴장과 예측할 수 없는 권력 교환이 일어나는 복잡한 상황을 나타내며, 그것이 모든 사회적 만남을 통제를 필요로 하는 상황으로 만든다.

3자 관계에서는 제3자의 등장과 함께 재조정을 위한 기회가 생기고, 우위를 차지하기 위한 경쟁적 투쟁의 장이 펼쳐진다. 그리하여 3자 관계에서는 상황이 유동적이 되고, 어떤 경우에는 주변적인 이해당사자가 지배적인 지위를 차지하게 되기도 하고, 반대 상황이

발생하기도 한다. 3자 관계는 상위 지위와 하위 지위 모두를 만들어
내고, 주인 – 노예 관계의 기본 동학을 도입한다. 정의상 모든 3자
교환은 이의, 긴장, 지배를 위한 투쟁을 수반한다. 따라서 3자 교환
은 중재를 필요로 하고, 제3자에게 강력한 중개인 역할을 할 수 있
는 기회를 제공한다. **제3의 성원**은 사회적 균형을 놓고 협의할 수
있으며, 그 지위와 함께 추가적인 이익을 얻는다. 그 지위는 다른
사람들 간의 긴장으로부터 이익을 얻을 수 있기 때문에 웃는 제3자
라고도 알려져 있다. 제3자는 비당파적인 방식으로 중재할 수도 있
고, 아니면 다른 두 입장 중 하나의 입장에 대해 선호를 드러낼 수도
있다. 제3자는 각자에게 혜택을 주는 것처럼 보임으로써 이득을 얻
는다. 만약 두 당사자가 힘을 합쳐 제3자에 반대하여 2자 관계를 수
립하면, 권력과 영향력을 얻기 위한 이러한 책략은 다른 형태를 취
할 수도 있으며, 그것은 다른 모든 관계를 부적절하게 만든다. 2자
관계와 3자 관계가 레스토랑의 내부 문화를 지배하며, 이벤트 동안
그 관계들이 변화하고 재확립되면서 그곳의 감정 템포에 지속적으
로 영향을 미친다.

3자 관계에서 제3자가 된다는 것은 가장 큰 영향력을 행사하는
것이다. 어떤 때에는 웨이터가 셰프와 손님을 중재하기도 한다. 다
른 경우에는 웨이터가 셰프의 이익에 반하여 손님에게 그날 특히
더 좋은 요리를 추천하기도 한다. 니코드와 마스(Nicod and Mars
1984)가 묘사하듯이, 웨이터는 주문서를 '조작'하는 경우와 같이 셰
프와 손님의 이익에 반하고 전적으로 자신에게만 이익이 되게끔 행
동함으로써 더 많은 이익을 취할 수도 있다. 웨이터의 권력은 손님

안내와 공간관리의 측면에서도 설명되어 왔다(Erickson 2007). 웨이터들은 임의로 담당구역을 할당하고 레스토랑 내에서 개인이 이동하는 총량을 규정한다. 손님은 웨이터에 의해 테이블로 인도되는데, 모든 테이블이 동일한 경험을 제공하지는 않는다. 일부는 다른 테이블보다 시끄럽고, 주방이나 화장실, 현관과 통로에 더 가깝다. 이것이 식사 경험에 영향을 줄 수 있다. 웨이터가 자신을 소개하고 도움을 줄 때처럼, 웨이터의 보디랭귀지가 손님의 경험을 틀 짓기도 하고 친밀감을 만들어내기도 한다. 이는 수수한 비스트로에서 더 흔하게 볼 수 있는 일이다. "안녕하세요, 저는 스콧이고 저녁 동안 당신을 위한 봉사자가 될 것입니다." 그렇지 않으면, 웨이터는 멀리 떨어져 있거나, 형식적이거나, 심지어는 다른 곳을 보고 있을 수도 있다. 그것이 전달하는 메시지는 손님을 전혀 중시하지 않는다는 것이다.

셰프 역시 다른 레스토랑 직원 및 유료 고객과 관련하여 제3자의 위치에서 행동할 수 있는 기회를 가지고 있다. 웨이터와 관련하여 셰프는 디바가 되어 주방 직원에게 지나치게 거만하게 행동할 수도 있다. 그러한 자세가 레스토랑 직원에게 적대적인 태도를 취하는 것일 때조차 그것은 셰프가 유료 고객의 입장에 서서 탁월한 음식을 제공하려고 한다는 명분에 의해 정당화된다. 이 경우에 셰프는 조리의 완벽함에 지나치게 신경을 쓰고 주방에서 나가는 모든 요리를 자신의 대표 작품으로 만들려고 하기도 한다. 요리 기술에 대한 이러한 헌신은 삼각형의 정점 ─ 직원과 손님 모두의 주의가 집중되는 지점 ─ 에 셰프를 위치시킨다. 음식에 대한 셰프의 깊은 애착은 음식의 지위를 주인의 지위로까지 끌어올린다. 그러한 헌신을 실제로 보여준 것이 바로 도쿄에 있는 미슐랭 3스타 레스토랑의 셰프 지로 오노Jiro Ono였다. 그는 자신의 몸을 손님의 후각을 결정하는 직접적인 요소인 것처럼 취급했다. 영국 미들랜드에 있는 미슐랭 별점을 받은 레스토랑 샛 브레인스Sat Bains의 동명의 셰프는 손님에게 제공할 최고의 현지 재료를 찾아 지역의 들판과 시장 판매용 채소밭을 정기적으로 돌아다닌다. 위스콘신 주 매디슨에 있는 레뚜알L'Etoile의 셰프 오데사 피퍼Odessa Piper도 이와 유사하게 미국인의 미각을 향상시키기 위한 수단으로 지역 재료를 옹호한다(Trubek 2007: 35~43). 음식에 대한 이러한 헌신은 셰프를 전문가라는 우월한 지위에 위치시킨다. 그리고 그러한 헌신은 셰프들로 하여금 손님이 어쩌면 자신들이 준비하는 요리와 그 요리의 미묘한 맛, 색깔, 질감에 대해 거의 알지 못하지는 않을까 하고 우려하게 한다. 셰프의 역할이 점점 전문화되고 칭송받게 됨에 따라, 셰프들의 솜씨와 고객의 평판 간의 분리가 자기이익을 실현하는 과정에서 또 다른 종류의 투쟁을 야기한다. 에이미 트루벡(Amy Trubek 2007: 35)은 "왜 일부 셰프는 거의 모든 소비자가 자신이 먹는 음식이 어디서 오는지를 점점 더 알지 못하는 시대에 재료에 대한 자신들의 지식을 옹호하는가?"라고 묻는다. 이 경우 셰프는 식사 경험에서 가장 인정받지 못하는 참가자가 될 수 있다. 셰프들의 아주 뛰어난 솜씨와 수년간의 열성적인 훈련은 그들의 고객들이 음식에 대해 제대로 평가할 만한 지식을 충분히 지니지 못하는 것과는 아무런 관계가 없다. 셰프는 오트 퀴진의 우월성을 역설하는 권위주의적인 예술가일 뿐만 아니라 산업화된

식품체계에서 일하는 익명의 직원 – 대량생산 식품제조업체나 패스트
푸드 체인에 고용된 경우 요리의 균질화와 균일적인 소비자 경험을 널리
전파하는 보조자 – 일 수도 있다.

레스토랑의 삼각형은 외식의 흐름에 영향을 미친다. 아주 흔히
그러하듯이, 레스토랑 경영자/셰프와 웨이터가 손을 잡을 때, 손님
은 그 구조에서 제3자가 된다. 셰프와 웨이터는 함께 협력하여 손님
이 메뉴에서 음식을 선택하고 지출할 돈의 양을 결정하는 데 영향
을 미친다. 손님은 다른 두 사람을 위해 존재하는 것처럼 보인다.
손님은 특정 음식을 주문하고, 결국 식사에 만족하거나 만족하지
못한다. 소셜 미디어 커뮤니케이션 시대 이전에는 손님의 반응을
가장 잘 보여주는 것이 최종 청구서에 더해 주는 팁 또는 봉사료의
액수였다. 이제 손님은 블로그와 유튜브를 통해 레스토랑에 대한
의견을 많이 얻으며, 그것이 레스토랑의 평판, 그리고 심지어는 성
공에까지 영향을 미친다. 소비자들은 호텔, 레스토랑, 항공사, 백화
점 등에서 경험한 것에 대해 쉽게 논평할 수 있다. 그러한 담론들은
여전히 다양한 영향을 미치고 있다. 하지만 레스토랑 내에서는 웨
이터, 셰프, 손님이라는 세 가지 위치가 일정한 조치를 취하고 관계
를 조정하게 하는 즉각적인 힘으로 작동한다. 그 위치들의 양태와
알력관계가 이벤트를 유동적이게 만든다. 일상생활에서 일어나는
모든 소규모 상호작용(단지 레스토랑의 상호작용뿐만 아니라)의 일반
적인 구조적 특징이 그러한 유동적인 상황 속에서 발생하며, 이러
한 의미에서 외식 경험은 모든 사회적 경험의 본질적 요소들을 담
고 있다.

서사로서의 음식

우리는 종종 외식을 통해 흥분감과 자기고양 의식을 느끼고 싶어
한다. 우리가 그러한 과시적 소비 행위를 통해 매일의 일상에서 벗
어나 공개적으로 자신을 드러내기 때문이다. 레스토랑의 제한된 공
간에서 우리는 아주 가까이에 있는 다른 사람들에게 자신을 다양한
방식으로 노출한다. 우리가 즐거움을 추구할 때, 우리는 동시에 실
제로 다른 사람들의 관찰을 받기도 하고, 아니면 우리가 관찰받고
있다고 생각하기도 한다. 우리에 대한 다른 사람들의 반응뿐만 아
니라 다른 사람들이 즐거움을 추구할 때 그들이 표출하는 충만감과
즐거움이 서로 결합하여 레스토랑을 미묘하게 관리되고 규율되어
야 하는 환경으로 만든다. 식사가 몇 시간 동안 계속될 때, 우리가
예상 밖의 상황변화에 더 많이 노출되기 때문에, 레스토랑의 템포
는 각 테이블에서 일어나는 일들을 서로 격리하는 장치를 갖출 필
요가 있다.

플레이어들의 직접적인 이익을 통해 외식을 분석하고자 한다면,
외식에 관여된 개인들의 서로 다른 투자에 주목할 필요가 있다. 개
인이 레스토랑에서 행동하는 방식은 (레스토랑의 유형에 무관하게)
잘 알려진 관습과 관행에 의해 틀 지어진다. 우리는 그 틀 안에서 서
로 상호작용하면서 창조적인 지각을 통해 자신의 이익을 실현한다.
개인적 쾌락에 대한 이러한 주장은 현재 통용되는 경제적 관행과
일반적으로 일치하기 때문에 우리가 상상하는 것보다 덜 사적이다.
이 경우 공적 행동의 객관적 문화는 주관적 목적의 레퍼토리들과

잘 구분되지 않는다. 내부와 외부 간의 계속적인 오고 감이 유동적인 사회적 맥락을 안정화시켜 하나의 인지 가능한 공유된 현실을 만들어낸다. 사적인 것과 공적인 것은 분리할 수 없으며, 외식과 같은 즐거움을 개인적으로 추구하는 것이 개인적 즐거움, 행복, 덕의 의미, 성공과 같은 보다 광범한 이상을 규정한다.

우리가 셰프의 요리 솜씨와 서빙 직원의 탁월한 표현 능력을 익히 알고 구매할 때, 우리는 레스토랑에 들어가는 순간부터 우리가 매우 격식 있는 이벤트에 참여한다는 것을 알고 있다. 처음부터 계산을 할 때까지 우리는 레스토랑 경영자, 셰프, 웨이터와 하나가 되어 우리 자신을 즐겁게 만든다. 감정의 강도는 어떤 상황에서는 더 즐겁게 식사하게 할 수도 있으며, 다른 상황에서는 실망스러운 음식의 질을 벌충해 줄 수도 있다. 좋은 서비스가 항상 좋은 음식과 상응하지는 않지만, 음식 표현이 너무나도 돋보여서, 그것이 음식과 직원의 행동에 주의를 기울이지 않게 할 수도 있다. 스펙터클한 세팅과 셰프의 명성으로 이름난 일부 레스토랑에서는 웨이터의 성향이 크게 문제되지 않을 수도 있다. 잘 꾸며진 분위기가 요리의 품질과 일치한다는 가정에 입각하여, 외식에 대한 논평들은 자주 분위기와 장식을 홍보한다. 웨이터에 대한 논평은 거의 없다. 음식의 명성, 유행, 미학, 그리고 지역 요리와 같은 새로운 맛의 인기와 그 요리의 정통성·지역성·고유성 등 추상적인 관념이 논평에서 더 많은 주목을 받는다(Paules 1991; Fine 1996).

바르트(Barthes 1982)는 이국적인 음식을 맛볼 때 더 광범한 문화적 문제를 성찰할 기회를 갖지 않을 경우 하나의 문화 소사전으로서의 레스토랑의 중요성을 보지 못하는 것이라고 시사했다. 바르트의 훈령을 따라 음식을 다른 문화에 들어가기 위한 초대장으로 삼을 경우, 우리는 우리 자신이 감정적 즐거움을 느낄 수 있는 여지를 확장하는 것이다. 어떤 환경에서는 음식과의 만남은 상징체계와의 만남이다. 음식의 색·질감·모양, 음식을 구입한 장소, 음식을 조리한 사람, 음식을 소비한 곳 모두가 음식의 중요성과 의미를 틀 짓는다. 메리 더글러스(Mary Douglas 1972: 61)는 그녀의 유명한 에세이 「식사 해독하기Deciphering a Meal」에서 다음과 같이 지적했다. "음식을 하나의 부호로 간주한다면, 음식이 부호화하는 메시지는 사회적 관계가 표현되는 방식 속에서 발견될 것이다. 그 메시지는 서로 다른 정도의 위계질서, 포함과 배제, 경계, 그리고 그 경계를 가로지르는 거래에 관한 것이다." 바르트와 더글러스 각각의 생각은 오늘날의 음식소비 관행을 사회의 감정적 저류를 이해하는 수단으로 바라보게 한다. 먹기만큼이나 평범하고 외식만큼이나 엄격하게 통제될 수도 있지만, 그럼에도 불구하고 음식의 스타일·준비·성격에는 겉으로 보이는 것 이상의 문화적·상징적 차원들이 존재한다. 다른 음식들을 먹는 것은 우리가 새로운 심성과 새로운 문화적 사고 장치를 받아들이는 것이며, 우리는 그 결과 사회적 삶의 몇몇 기본 가정을 알 수 있게 되기도 한다. 우리가 지역 요리와 향토 음식을 통해 재창조된 옛 유럽의 요리를 맛볼 때, 일본 레스토랑에서 정교한 부채 모양의 냅킨을 풀 때, 그리고 내용물을 천천히 먹으면서 중국 도자기 그릇에서 재현되는 패턴을 관찰할 때, 우리는 다른 문화세계를 탐험하도록 초대받는다.

동시에 음식은 큰 사업이며 레스토랑 자체가 식품경제의 중요한 부분이라는 것을 간과해서도 안 된다. 20세기로의 전환기에 런던에서는 유명한 셰프들이 영광의 10년을 맞이하면서 레스토랑업이 호황을 누렸다. 국가경제에서 레스토랑업이 갖는 가치는 수십억 파운드로 추정되었다(*The Independent*, 1998. 9. 8). 맨해튼, 시드니, 맨체스터에서도 마찬가지였다. 새로운 레스토랑들이 계속해서 문을 열었다. 하지만 그로부터 10년 또는 20년 후에는 가장 유명하고 성공한 레스토랑조차 어려움을 겪기 시작했다. 멜버른에 있는 스테파니Stephanie's의 폐업은 놀라운 사건이었다. 이 오트 퀴진 레스토랑은 1981년 진지하고 너그러운 셰프인 스테파니 알렉산더Stephanie Alexander와 함께 우아한 역사적인 저택으로 옮겨갔다가 1997년에 문을 닫았고, 그 후 그녀는 글쓰기로 전향했다(Alexander 2002; 2012). 20년 동안 성공했던 사업을 실패라고 할 수는 없지만, 그 사건은 고급 식당이 하향세로 들어섰음을 의미했다. 또 다른 신호는 시드니의 고급 호텔 리츠 칼튼Ritz Carlton에 있던 고급 레스토랑이 사업을 시작하고 단 1년 만에 문을 닫은 것이었다(Ripe 1993: 132). 사람들이 식사에서의 격식성을 거부하게 된 것이 비싼 음식 값보다 더 큰 원인인 것처럼 보였다. 사람들은 비스트로 ― 100명 이상이 아닌 10여 명의 손님에게 식사를 제공하고, 그다지 화려하지 않으면서 정통 요리 또는 그렇게 보이는 요리를 제공하는 더 작고 더 분위기 있는 레스토랑 ― 에 더 열광했다.

이러한 추세는 레스토랑에 대한 글쓰기에서도 나타난다. 모든 대도시 일간지는 먹기, 음식 스타일, 레스토랑, 유명 셰프에 대한 논평에 얼마간의 공간을 할애한다. 이 논평이 레스토랑 사업을 얼마나 지원하는지는 논평자가 레스토랑에 미치는 영향과 마찬가지로 측정하기 어렵다. 일상생활에 대한 비판적 글쓰기는 훌륭한 역사를 가지고 있다(이를테면 새뮤얼 피프스와 새뮤얼 존슨의 일기). 하지만 엔터테인먼트 산업과 같은 특정 산업에 초점을 맞추면, 그러한 유형의 저널리즘이 여론에 영향을 미치고자 하는 것인가 하는 의문이 든다. 음식 평론가의 역할이 다른 사람들에게 무엇을 좋아하고 무엇을 좋아하지 말아야 하는지를 규정한다는 의미에서의 취향 제조자란 말인가?

이를테면 존 월시John Walsh가 ≪인디펜던트The Independent≫에 특정 레스토랑 메뉴가 수수하다거나 아니면 그 레스토랑은 믿을 수 없는 주장을 한다(이를테면 항상 세 번 조리되었다는 감자튀김과 푸딩 속에 들어 있는 소금에 절인 벌집은 외양은 달라도 지역 식품점에서 구입할 수 있는 포장되지 않은 초코바처럼 보인다)라고 쓸 때, 독자는 재미있어 할 수도 있고 그 특정 레스토랑이 그만한 비용을 치를 만한 가치가 없을 수도 있다는 점을 주지할 수도 있다(*The Independent*, 2012.10.6.). A. A. 길이 최근에 출간된 『미슐랭 가이드 2013Michelin Guide 2013』이 부풀려져 있고 납득하기 어렵다고 쓸 때(*Vanity Fair*, 2012.11), 그리고 ≪옵저버Observer≫와 ≪가디언Guardian≫의 필자 엘리자베스 데이Elizabeth Day와 매슈 포트Matthew Fort가 각기 허세 부리는 프랑스 이름을 가진 중견 영국 체인 레스토랑이 시장을 프랑스로 확대하는 데 성공한 것에 대해 논평할 때(그 레스토랑은 프랑스에서 값이 비싸지 않은 다양한 맛을 찾는 중하계급 손님을 공략하는 것을 목적으로 한다)(「우리가 프레Pret의 승승장구를 대해 걱정해야 하는가?」, 2012.4.8), 우리는 그들의 견해를 그대로 받아들여야 하는가? 아마도 그러한 논평의 요점은 민주주의사회의 가치 있는 특징인 공론장에서의 여론형성을 고무하는 것일 테지만, 그곳에서 온갖 견해가 제시되고 여론이 형성된다고 하더라도, 그 견해의 권위는 어디서 비롯되는가?

대중매체를 통해 제공되는 음식에 관한 담론은 레스토랑과 외식이 본질적으로 엔터테인먼트의 형태들이라는 대중적인 견해를 견지한다. 하지만 그 사업에는 보다 중대한 측면 — 즉, 농식품 기업의 영향 — 이 존재한다. 클랩(Clapp 2012), 네슬(Nestle 2002) 및 많은 사람은 글로벌 식품기업들이 식습관과 소비유형에 미치는 영향이 지역 신문이나 소셜 미디어 블로그 — 이곳에서는 만족한 손님과 불만족한 손님 모두가 자신들의 견해를 함께 나눈다 — 에서 볼 수 있는 어떤 재미있고 비판적인 또는 열정적인 논평보다 훨씬 더 크고 더 중요하다고 주장해 왔다. 먹을거리의 유전자 조작, 건강 문제, 무역 관행에 관한 공적 토론들은 농업 회사와 생명공학 회사의 이해관계에 의해 지배되어 왔으며, 그 결과 먹을거리의 질과 가치에 대한 우리의 일반적인 지식은 논의에서 더욱 사라져버렸고, 그리하여 우리는 식품 제조업체와 소매업체의 주장을 더욱 평가할 수 없게 되었다 (Clapp 2012: 121). 영국과 유럽에서 최근 발생한 말고기 스캔들 — 말고기를 이용하여 소고기 제품을 만든 사건 — 은 고도로 산업화된 식품 소매가 안고 있는 문제를 예증한다. 공급망이 너무 길 경우, 규제를 받지 않고 이질적인 물질들이 식품에 섞여 들어갈 수 있는 틈

이 생기게 된다.

 욕구 만들기 과정에 영향을 미치는 요소들은 무수하다. 수많은 요인이 우리가 슈퍼마켓에서 그리고 카페와 레스토랑에서 접하는 물질적 제품을 선택하는 데서뿐만 아니라 우리의 감각과 인식에도 직접적으로 영향을 미친다. 레스토랑은 하나의 무대이며, 한 노련한 레스토랑 경영자에 따르면, 일관되고 흥미롭지만 도전적이지 않은 음식, 편안한 가구, 부드러운 조명, 직원의 깨끗한 유니폼, 정중하고 겸손한 서비스가 성공을 보장한다(Ripe 1993: 131). 이러한 논평은 자신이 겪은 경험의 일부를 정확하게 기술한 것일 수 있지만, 그것은 손님들의 욕구가 레스토랑의 선택에 미치는 영향을 과소평가한다. 손님들은 외식을 하기로 결정할 때마다 의식적으로든 무의식적으로든 자신들의 이해관계를 공적 영역으로 이전시킨다.

 우리가 식견 있는 소비자라고 믿고 사회세계에서 행동할 때(이는 우리가 자율적이고 독자적이라는 것을 보여준다), 우리는 우리를 지배하는 지역 문화와 역사적 상황의 보다 추상적인 힘을 대체로 무시한다. 그 결과 우리가 느끼는 자율성은 우리가 우리 자신을 주변 환경에 적응하는 부유하는 정체성을 가진 존재로 보는 데서 비롯된다. 이렇듯 우리는 우리가 합의된 외부의 힘에 의해 틀 지어진다는 것을 알면서도, 우리가 자율적으로 행위한다고 확신한다. 우리는 즐거운 식사를 할 수 있을 뿐만 아니라, 식사를 한 다음에 우리가 이용하지 않았던 블로그에 글을 쓸 수도 있다. 우리는 우리 자신이 우리가 살고 있는 상황을 관리할 수 있는 적극적인 주체라고 생각한다. 외식이라는 진부한 관행과 같은 일상생활의 요소를 면밀히 살

퍼봄으로써, 우리는 이러한 주장에 반하는 구체적인 사례를 확인할 수 있다. 이를테면 공적 장소에서 낯선 사람들 앞에서 쾌락을 즐길 때, 우리는 우리를 보다 사교적이고 순응적이게 만드는 관습과 규범을 암암리에 준수한다. 만약 우리가 바닥에 음식을 던지거나, 다른 사람들의 접시에서 음식을 얼마간 가져오거나, 우리가 좋아하지 않는 음식을 뱉는다면, 우리는 (비록 실제 공중 보건의 법적 기준을 위반하는 것은 아니지만) 상황의 규칙을 위반하고 있다. 외식을 즐기기 위해서는 우리는 레스토랑이라는 심히 공학적으로 설계된 공간에 자신을 맞추어야만 한다. 후터스, 맥도날드, 시즐러 같은 수수한 분위기조차도 그 경험을 정의하는 포괄적인 레짐regime을 가지고 있다. 그러한 힘은 우리가 보다 주체적으로 행위한다고 상상할 수 있는, 보다 세련되고 값비싼 고급 레스토랑에서도 작동한다. 다양한 종류의 외식은 우리의 개인적인 주체적 행위능력의 차원들에 대해, 그리고 우리가 즐거운 것으로 생각하는 것과 우리의 정체성 의식에 중요한 것으로 생각하는 것에 대해 의문을 제기하게 한다. 외식과 같은 평범한 먹기 습관을 검토함으로써 우리는 우리의 개인적 가치를 형성하는 데서 외부 문화가 미치는 영향의 정도를 더 잘 알 수 있게 되고, 이는 다시 우리로 하여금 우리의 주체적 행위능력의 정도를 재고하게 한다.

∽ *4* ∽

미슐랭 별점과 서구의 비만

음식에 대한 관심이 폭발적으로 증가해 왔다. 텔레비전에서는 황금
시간대에 그레이엄 커Graham Kerr, 카일리 쾅Kylie Kwong, 나이젤라 로
슨Nigella Lawson, 미첼 루Michel Roux, 나이젤 슬레이터Nigel Slater, 제이미
올리버Jamie Oliver, 고든 램지Gordon Ramsay, 릭 스타인Rick Stein 등 유명
셰프들이 출연한다. 그들 모두는 실내와 실외의 다양한 주방에서 자
신의 레퍼토리 속에서 상상할 수 있는 모든 요리를 최고의 방법으로
준비하고 선보인다. 대도시 신문은 새로 문을 열거나 최근에 문을
닫은 레스토랑에 대한 보도에서부터 여론에 영향을 미치려는 미식
가 저널리스트의 과장된 비판과 열정에 이르기까지 미식가 식사 섹
션과 다양한 음색의 레스토랑 리뷰를 정기적으로 싣고 있다(≪가디
언≫, ≪더 에이지The Age≫, ≪시드니 모닝 헤럴드Sydney Morning Herald≫,
≪뉴욕 타임스New York Times≫를 보라). 또한 5성급 호텔의 바쁜 주방

의 내부 작업, 개인 소유의 프랑스 포도원에서 부티크 와인을 제조하는 유명 요리사, 산업 실험실에서 생명공학에 의해 만들어진 교배종 곡물을 테스트하는 글로벌 거대 식품기업, 그리고 산업화된 서구에서 건강 패닉을 일으키고 있는 당뇨병 및 비만 발생률의 지속적 증가 추세를 보여주는 다큐멘터리 영화들도 있다. 오락 영화도 음식을 소재로 삼아 이야기를 전개해 왔다. 〈바베트의 만찬Babette's Feast〉(1987), 〈초콜릿Chocolate〉(2000), 〈담뽀뽀Tampopo〉(1985), 〈요리사, 도둑, 그의 아내, 그리고 그녀의 정부The Cook, the Thief, his Wife & Her Lover〉(1989)가 그 예들이다. 이것들은 음식이 얼마나 사람들의 관심을 받고 있고 또 과장되어 표현되는지, 그리고 음식이 하나의 사회적 스펙터클로 얼마나 부각되어 왔는지를 보여준다.

이러한 상황하에서 미슐랭 별점 레스토랑과 뚱뚱한 몸 모두는 대중매체에 등장하는 친숙한 이미지로, 인간 소비에 대한 두 가지 근본적으로 다른 묘사를 대표한다. 먹기는 몸과 밀접하게 관련되어 있다. 먹기가 유명한 레스토랑에서 이루어지든 또는 가정의 사생활 속에서 이루어지든 간에, 음식은 매우 다른 다양한 가치체계를 구성하는 문화적 중요성을 가지고 있다. 상당한 명성을 지닌 레스토랑에서 장인 셰프가 준비한 훌륭한 음식을 먹는 것은 아마도 코즈모폴리턴한 세계에서 느끼는 위대한 감각적 즐거움 중 하나일 것이다. 그것은 세련된 취향이 지위 의식에 대한 열망을 표현하는 문화 내에서 높이 평가받는 경험이다. 동시에 수많은 보고서가 비만이 놀랄 만큼 높은 수준으로 증가하고 있음을 보여주고 있으며, 과도하게 탐닉한 몸(성인 10명 중 1명으로 추정된다)은 통제되지 않은 소비가 만연하고 있음을 의미한다고 지적한다(http://www.thelancet.com/journals/lancet/article/PIIS0140-6736(10)62037-5/abstract).

소비유형의 변화는 식품산업의 관행과 얼마간 관련되어 있을 수 있다. 이를테면 5년이라는 짧은 기간 동안에 상위 10개 식품 소매업체의 연간 글로벌 매출은 50% 증가한 반면, 같은 기간 동안에 상위 10개 식품 제조업체는 7%만 성장했다(Rabobank 2000). 이러한 보고서로부터 우리는 제품의 이용가능성보다는 소매업자와 광고주의 마케팅 기법이 우리의 구매 습관에 크게 영향을 미친다는 것을 알 수 있다. 이 보고서는 또한 소비습관을 틀 짓는 데서 광고 매체가 크게 활약하고 있음을 강조한다. 이러한 추세에 대응하여 영국의 환경·식품·농무부Department for Environment, Food and Rural Affairs(DEFRA)는 소매업자의 지배를 인정하는 새로운 식품전략의 필요성을 보고하고, 소비자가 더 많은 선택권을 갖도록 농민, 공급업자, 대형 소매업체 간의 권력관계를 재조정하여 소비자의 선택권을 더 많이 보장하고 정크푸드의 소비추세를 감소시키는 교정적 접근방식corrective approach을 취할 것을 권고했다(Lawrence, *Guardian*, 2010.1.5).

소비취향이 잘 발달된 사회에서 뚱뚱한 몸은 유혹에 저항하는 데 실패했다는 것을 뜻한다. 뚱뚱한 몸은 교묘한 광고의 맹습과 같은 외적 강제에 항복했다는 것을 의미한다. 따라서 뚱뚱한 몸은 매도의 대상이 된다. 이것은 음식 자체가 문화적·상업적 활동의 중요한 초점이 되고 끊임없이 지위와 성공의 상징으로 제시된다는 점에서 아이러니하다. 식품의 생산과 소비는 현대 소비문화를 추동하는 글로벌 경제에서 중심적 지위를 차지하고 있다. 또한 글로벌 경제는 광고와 자본 투자를 매개로 하여 대중매체를 통해 전달되는 형태의 대중오락에 영향을 미치며, 여가와 쾌락에 대한 개인의 선호에 직간접적으로 영향을 미친다. 이러한 상황에서 음식과 음식에 대한 시각적 및 과장된 표현들 — 사탕 스낵바부터 글로벌 방송 텔레비전의 요리 프로그램에 이르기까지에서 우리가 접하는 그러한 음식 이미지들은 다양한 음식에 명백한 특권을 부여한다 — 에 대한 우리의 부단한 관심은 미슐랭 별점 레스토랑에서의 고급 식사와 서구의 비만 수준 증가 간을 연계 지어 살펴보게 한다.

완벽한 식사

도쿄에 본사를 둔 레스토랑 스키야바시 지로Sukiyabashi Jiro가 미슐랭 별점 세 개를 부여받은 것은, 미슐랭 가이드가 신망을 획득한 이래로 프랑스 요리의 우수성에 익숙해져 있던 식도락가들에게 놀라운 일이었다. 스키야바시 지로는 페테 스페시알의 평판에서 새로운 지평을 열었다. 그 레스토랑은 규모가 작고 심미적 장식에는 거의 관심이 없다. 그곳은 장식이 없는 아주 간소한 공간으로, 최고의 장소가 아니라 도쿄의 번잡한 중심부에 있는 지하철역 근처 지하층에 위치해 있다. 이처럼 분명하게 수수한 시설에 세 개의 별점을 부여하기로 한 선택은 미슐랭 시스템의 역사뿐만 아니라 전통적 첨가물을 대량으로 사용하지 않는 양질의 식품에 대한 소비자들의 관심 증가와도 크게 관련되어 있을 수 있다. 도쿄에는 현재 미슐랭 3스타 레스토랑이 파리보다 더 많으며, 미슐랭 1스타 또는 2스타 레스토랑도 많이 있다. 소규모의 유럽 도시들에 비해 도쿄가 가진 막대한 인구는 음식 취향이 변화하는 손님들을 차지하기 위해 수많은 레스토랑이 경쟁한다는 것을 의미하며, 이는 경쟁의 기준을 끌어올린다.

스키야바시 지로에서 손님은 세심한 셰프가 거의 손으로 음식을 주다시피 하는 독특한 경험을 하는 것을 제외하고는 음식 이외에 다른 것을 거의 제공받지 않는다. 테이블에는 액세서리도, 맛에 가미할 고추냉이나 간장도, 도구도 없다. 음식은 전통적인 스타일로 제공되며, 손님은 손가락으로 먹는다. 처음에는 소량의 가자미나 넙치가, 그다음에는 오징어, 가다랑어 또는 겉만 살짝 구운 참치, 성게나 말똥 성게, 알 또는 계란이 나온다. 이 순서는 가장 세련되고 정교화된 맛에서부터 가장 기본적이고 자연적인 맛에 이르기까지 문명화의 논리를 따르는 것으로 보인다.

셰프 지로 오노는 손님들이 먹는 속도에 맞추어 음식을 내놓는다. 지로 오노와 그의 아들은 음식의 순수함과 세심한 음식 준비로 유명인의 지위를 획득했다. 지로 오노는 70년 넘게 초밥을 만들어 왔으며, 음식 표현과 맛을 완성하는 데 집중해 왔다. 이를 위해 그는 자신의 몸, 특히 손을 이 완벽함에 도달하기 위한 도구로 만들었다. 그는 지난 50년 동안 자신의 피부를 보호하기 위해 밖에 있을 때면 언제나 장갑을 끼었고 자신의 피부가 맛이나 향을 변화시키거나 음식을 오염시키지 않게 하고 손님이 요리를 즐기는 것을 방해하지 않게 하기 위해 양파나 마늘을 먹거나 담배를 피우거나 커피와 술을 마시는 것을 삼갔다고 한다. 그의 몸 자체는 요리를 위한 하나의 기구이다.

미슐랭 별점을 받기 위한 경쟁은 20세기 초 유럽의 신중간계급의 습관 변화와 밀접하게 관련되어 있었다. 이 이야기는 20세기 초에 관광여행에 대한 관심이 증가하고 자동차가 인기를 끌면서 시작된다. 프랑스 부르주아 분파들이 그 나라의 경제성장을 돕기 위한 노력의 일환으로 프랑스 전역으로의 관광을 장려하기 위해 사회적 네트워크들을 구축함에 따라 관광 역시 민족주의의 열정으로 채색된다. 1890년에 설립된 프랑스 관광여행 클럽Touring Club of France과 같은 협회가 더 나은 국제관광무역을 구축하기 위해 운영되었다(Young 2002). 그들의 활동 중 일부는 프랑스의 토산물, 즉 공화국 프랑스의 토종 농산물의 성장을 지원하는 것이었다.

고유한 것을 발견한다는 생각은 20세기 동안 관광이 전 세계적 규모로 성장한 것을 이해하는 데서 열쇠였으며, 사회적으로 활동적인 부유한 중간계급 성원들이 개인 정체성과 지위를 추구하는 데 도움을 주었다(MacCannell 1989). 미슐랭이라는 이름은 음식과 고급 레스토랑을 쉽게 떠오르게 하지만, 그것은 원래 타이어 제조업체 이름이었다(그리고 여전히 그러하다). 이 회사는 자동차 여행과 음식 관광을 연계시키는 것이 갖는 이득을 곧 알아챘다. 그 회사는 초창기부터 프랑스를 여행하면서 접한 음식의 질, 호텔의 시설, 농촌 경관을 추천하는 일을 했다(Harp 2002: 23~25).

그 회사의 성장은 또한 민족주의 및 1903년에 시작한 투르 드 프랑스 자전거 경주와 연관되어 있다. 그 회사는 1930년대경에는 관광과 프랑스 요리 모두를 홍보하는 일을 했다. 그 회사는 지금은 전

세계적으로 인정받는 아이콘 비벤덤Bibendum(미슐랭 맨) ― 현재도 여전히 인상적인, 선견지명 있는 마케팅 제스처를 취하고 있는 ― 을 개발했다. 비벤덤은 음식 이미지로는 이상하지만, 여전히 효력을 발휘하고 있는 것으로 입증되었다. 라틴어 nunc est bibendum(지금은 마실 때now is the time to drink)에서 유래된 뚱뚱한 비벤덤이라는 이름은 소비, 야외에서 마시기, 여행, 전진 ― 이것들 모두는 이동과 진보를 시사한다 ― 을 표상한다고 주장되기도 한다. 아주 초기에 비벤덤은 때로는 지팡이를 들고 코안경을 쓰고 장식이 박힌 반지를 낀 손가락으로 샴페인 잔을 잡고 있는 등 상층계급 이미지를 과시했다. 비벤덤의 모습은 여러 단계를 거치며 변화되었다. 한때는 과도한 소비의 쾌락을 (의도적이든 그렇지 않든 간에) 얼마간 즐기는 허리에 군살이 찐 아저씨 같은 인물이었다면, 최근에는 군살이 빠지고 어깨가 더 넓어지면서 운동선수 같은 모습으로 변했다. 비벤덤의 몸과 외형의 이러한 변화는 우리가 사회적 성공과 연관 짓는 신체적 외모의 변화를 반영한다.

미슐랭 별점 시스템은 20세기 말에 절정에 달했다가 적어도 유럽에서는 약간 시들해진 것으로 보인다. 그 회사의 내부 작동에 관한 많은 연구보고서가 발표되었으며, 미슐랭 심사관의 관행과 관련한 이전의 비밀이 그간 누설되었다. 평가과정의 신뢰성에 대한 의문도 제기되어 왔다. 이를테면 레스토랑의 기준에 대한 최신의 정확한 설명을 제공하기에는 너무 적은 심사관들이 너무 적게 방문한다는 것이었다. 더 중요한 것은 아마도 이전에는 비굴하게 미슐랭의 인정을 받고자 했던 최고 레스토랑들 사이에서 점점 더 불만이 커졌다는 점일 것이다. 별점 세 개를 받기 위해서는 오트 퀴진의 우수성을 유지하는 것 외에도 다이닝 룸을 고급 도자기와 식사도구, 우아한 크리스털 잔, 호화로운 린넨으로 꾸미고, 다량의 신선한 꽃으로 장식하고 심지어는 벽에 값비싼 예술작품을 전시하는 등의 특별한 기준을 충족시킬 것이 요구되었다. 미슐랭 별점을 받는 데 필요한 장식으로 레스토랑을 치장하는 비용과 그러한 인정이 가져다주는 보상 간에 균형이 맞지 않는 것처럼 보이기 시작했다. 몇몇 유명 셰프(니코 라데니스Nico Ladenis, 마르코 피에르 화이트Marco Pierre White, 알랭 상드랑Alain Senderens)가 인정을 받는 데 대한 부담을 느끼고 반짝거리는 다이닝 룸을 유지하는 것이 반드시 음식 맛을 더 좋게 만들지는 않는다고 판단하여 미슐랭 별점 세 개를 부여받기를 거부했을 때, 그 시스템의 매력은 결정적으로 약화되었다. 이러한 추세는 2003년 프랑스 부르고뉴 지역의 라 코트 도르La Côte d'Or의 셰프 베르나르 루아조Bernard Loiseau가 자살한 것이 널리 알려지고 나서 시작되었다. 이 사건은 미슐랭 3스타 레스토랑의 지위를 얻고 유지하는 데 따르는 심리적·재정적 스트레스와 (옳든 그르든 간에) 연계 지어졌다.

미슐랭 별점 시스템의 지배와 관련된 비밀과 스캔들 외에도 별점 시스템의 헤게모니가 갖는 흥미로운 측면은 그것이 반세기 이상 음식의 맛과 고급식당에 미친 영향이다. 미슐랭 시대는 20세기를 형성한 다양한 산업화 과정에 기초하여 음식이 하나의 상상의 경험으로 현대적으로 변형되었다는 것을 요약적으로 보여준다. 미슐랭 아이콘의 부조화 — 고무 타이어를 의인화한 수직 튜브와 요리 기술을 미화한 것 간의 연계관계 — 는 여전히 수수께끼이다. 훌륭한 식사의 추세도 프랑스 지방 곳곳을 돌며 맛볼 만한 가치가 있는 뛰어난 고전적인 오트 퀴진을 찾는 것에서 옛 세계 스타일의 격식·웅장함·가식 없이 지역적·민족적 풍미를 채택한 보다 혁신적인 새로운 시대의 요리를 찾는 것으로 바뀌었다.

음식 저술가 피셔, 줄리아 차일드Julia Child, 웨이벌리 루트는 프랑스 요리의 명성을 널리 알리기 위해 많은 노력을 기울였다. 하지만 음식을 인간의 세련화의 표시로 격상시키는 것은 어떤 단일한 요리 스타일이 할 수 있는 일이 아니다. 음식 조리는 너무나도 다양해서 이제 그것은 그것이 얼마나 기꺼이 실험에 헌신하는지에 의해 평가받는다. 이를테면 레스토랑이 전 세계적으로 인기를 끌던 시기의 초창기에는 브라질의 슈하스카리아churrascaria, 일본의 미소 라멘miso ramen, 한국의 감칠맛umami, 움브리아의 살루미salumi와 같은 요리 혁신은 프랑스 요리가 주목할 만한 헤게모니를 행사한 것과 달리 매력이 제한되어 있었고, 따라서 세계적인 맛이 될 수 없었다. 20세기 후반과 21세기로 들어설 때까지 새로운 맛과 표현 양식이 모색되었고, 요리를 새로운 형태의 예술로 다시 틀 지을 참신함의 표지를 찾는 일이 널리 유행했다. 그리하여 이를테면 누벨 퀴진이 생겨났다.

1970년대에 누벨 퀴진은 얇고 거의 투명한 고기 조각, 한 입 크기의 섬세하고 예쁜 음식과 대조되는 너무나도 큰 접시, 곧 자멸을 초래할 마구 올라가는 레스토랑 청구서로 음식에 대한 인식을 분열시켰다. 이 요리법의 유행이 샤덴프로이데schadenfreude[남의 불행을 고소해하는 마음 _ 옮긴이]를 낳았음에도 불구하고, 누벨 퀴진은 음식의 평가에서 오랫동안 지속된 변화를 예고하는 것이었다. 부르디외(Bourdieu 1984)는 그러한 변화를 사회이동의 효과로 인식했다. 사회적 지위가 높아지고 다양한 미적 가치와 문화적 자본을 획득함에 따라, 우리는 가볍고 영양이 풍부한 음식과 날씬하고 탄탄한 몸을 유지하는 식생활에 더 많은 관심을 가진다. 따라서 캐서롤casserole[기름진 찜 냄비 요리 _ 옮긴이]은 여러 가지 색깔의 니수아즈 샐러드salad nicoise[프랑스 니스 스타일의 샐러드 _ 옮긴이]와 섬세하게 준비된 초밥으로 대체되었다.

누벨 퀴진은 모험적인 손님들에 의해 너무나도 열광적으로 받아들여졌기 때문에, 그것이 접시 위의 너무 적은 음식에 비해 너무 비싸다는 현실이 서서히 풍자되고 그다음에는 조롱받고 마침내 상업적으로 유지될 수 없는 것으로 간주되기까지는 얼마간 시간이 걸렸다. 누벨 퀴진은 가치 이상의 이익을 예상한 기민한 레스토랑 경영자들에 의해 너무 급하게 개발되었다. 자신을 방어하기 위해 누벨 퀴진은 실험적이었고, 최고의 재료를 사용했다. 노동집약적이었기 때문에 더 비쌌지만, 그것은 또한 매우 심미적이고 단순하고(극단적으로 단순하지는 않았지만) 신선하고 위생적이었다(Wood 1995). 그것은 시각적으로 커다란 충격이었다. 접시는 하나의 팔레트였고, 요리는 하나의 조각품, 즉 예술작품이었다. 누벨 퀴진은 맛을 혼동하게 하는 많은 소스와 미식적 탐닉가들을 자극하는 과도하게 많은 양을 배격함으로써 전통적인 오트 퀴진의 과잉을 거부하는 것으로 여겨졌지만, 여전히 과잉의 한 형태였다. 셰프는 예술가가 되었고, 음식은 조각이 되었고, 요리는 마치 구원의 제스처인 것처럼 찬미

되었다. 셰프는 음식 이상의 것을 제공하고 있었다. 그것은 우리를 평범한 것이 뛰어난 것으로 바꾸는, 절묘하고 심미적인 것의 영역으로 초대했다. 이 적절하게 준비된 요리의 의식적 예술성, 정교함, 완전무결성은 그 자체로 과잉의 한 형태였다.

엔터테인먼트로서의 음식에 대한 관심은 특히 은행가, 사업가, 서비스 공급자라는 새로운 직업들이 소비경제를 주도하기 시작한 산업화된 사회들에서 1850년대에서 1870년대까지의 경제호황과 함께 진전되었다. 중간계급은 1830년에서 1880년 사이에 두 배 성장한 것으로 추산된다. 이를테면 영국에서는 중간계급이 전체 인구의 20%를 차지했다. 이 사회계급의 소비력에 대응하여 새로운 엔터테인먼트들이 발생했다. 그랜드 펌프 룸Grand Pump Room이 있는 배스Bath 시는 빠르게 증가하는 관광객에게 정식tables d'hote 스타일의 가벼운 식사를 제공했다. 그다음에 호화로운 호텔들이 잉글리시 리비에라English Riviera를 따라 들어섰다. 이를테면 1863년에 토키 호텔Torquay Hotel, 1864년에 임페리얼 호텔Imperial Hotel이 세워졌고, 런던시에는 1865년에 랭햄 호텔Langham Hotel과 베레 스트리트Vere Street에 브라운 호텔Brown's Hotel이 건립되었다(Burnett 2004: 67~75). 음식은 심미적이고 세련되고 이국적인 것으로 격상되고 있었다. 19세기 중반에 카페 로열Café Royal이 리젠트 스트리트Regent Street 극장 지구 근처에 문을 열었고, 백화점에서 가벼운 식사를 제공하기 시작했으며, 피카딜리 213번가에 있는 라이온스Lyons와 같은 화려한 티 숍이 엔터테인먼트의 중심지가 되었다. 버넷(Burnett 2004: 123~124)은 이들 시설의 호화로운 인테리어를 묘사했다. 그곳들의 음식은 주로 구운 제품이었고, 신생 에어레이티드 브레드 컴퍼니Aerated Bread Company(ABC)에서 공급받았다. 초기 티 숍들은 음식을 만드는 곳이 아니라 식료품을 제공하는 곳이었다. 그곳들은 세련된 스타일로 자신이 팔 물건들을 진열했다. 이를테면 라이온스의 외부에는 루이 16세 장식이 금색 간판 광고판을 꾸미고 있었고, 내부로 들어가면 붉은 실크 벽, 가스 불빛의 샹들리에, 플러시 천으로 만든 의자, 유니폼을 입은 웨이터가 있었다. 웅장한 대리석 계단과 화려하게 채색된 천장은 그곳의 또 다른 세련된 공간이었다. 장식이 음식물을 능가했지만, 음식의 단순함이나 품질과는 무관하게 음식의 존재가 이 새로운 공공장소의 존재이유였다.

레스토랑 경험은 현대 시각 문화를 강화했다. 레스토랑은 무수한 시각적 장치를 사용하여 자신의 지위를 향상시키는, 매우 공학적으로 설계된 장소이다. 글로벌 프랜차이즈 레스토랑은 하나의 브랜드로 기능하는 상징적인 외양을 개발한다. 골든 아치가 자주 인용되는 예이지만, 브라운 더비Brown Derby, 화이트 캐슬White Castle, KFC, 스타벅스 등 그러한 사례는 많다. 강렬한 시각성의 시대에 음식 표현은 하나의 중요한 차원이 되었다. 이러한 과시적 소비의 품목과 관행들이 점점 더 보란 듯이 전시되면서 인간의 몸과 레스토랑 간에 강한 연관관계가 형성된다. 본질적으로 먹기 방식은 정체성을 연기하는 것이고, 공개적으로 먹는 것은 사적 영역을 공적 영역으로 재설정하는 한편, 우리로 하여금 우리의 사회적 행동, 매너, 신체적 외모, 패션 감각에 더욱 주목하게 한다.

스펙터클로서의 몸

우리는 결함이 전혀 없게 만들어진 몸fashioned body을 인간 행복의 필수 요소로 여기는 지적 전통을 물려받았다(Thomas 2009: 228). 원래 고대의 인상학자들에 따르면, 모든 생명체를 구성하는 주요 요소 — 흙, 물, 공기, 불 — 의 조합으로 간주되는 가시적인 몸은 성격과 성향을 결정하는 속성들의 혼합물이었다. 신체의 동작방식, 걸음걸이, 키, 몸무게, 피부색, 두개골 모양은 구체적인 성격 특성을 말해 주는 특징들이었다. 변덕, 건강, 활력, 지능과 같은 덜 가시적인 측면도 신체 표지로부터 읽어낼 수 있었다. 이를테면 우울증은 굵고 투박한 팔다리 모양에서 포착할 수 있었고, 행복에 대한 성향은 넓은 이마와 치켜 올라간 눈썹을 보고 알 수 있었다. 우리가 여전히 신체적 외모를 자신을 드러내는 것으로 간주하지만, 신체 특징에 대한 이러한 독특한 해석은 지금은 기이한 것으로 생각된다. 비록 우리가 전근대적인 인상학자들의 엄격한 규칙을 더 이상 받아들이지 않지만, 우리는 개인의 자질을 추론하기 위해 신체의 일부 특징을 독해한다. 가는 머리카락, 대머리, 엉뚱한 곳에 난 너무 많은 털, 움푹 들어간 눈, 작은 눈, 둥근 얼굴, 짧은 손가락, 들쑥날쑥한 치아 등은 퇴행의 징후, 활기 부족, 잘못된 자기관리, 돌봄 부족 등으로 다양하게 해석된다. 이러한 몸의 핫 스팟은 양모제, 색깔 강장제, 피부 재생 크림, 다이어트와 체중 감량 제품, 미백치약, 만능해독약을 판매하는 대규모 광고 캠페인의 표적들이다.

많은 광고가 음식, 몸, 정체성의 이미지들을 혼합하여 성공적인 삶의 수사어구들을 만들어낸다. 그것들을 서로 연결 짓는 것의 바탕에는 인상학과 우생학의 신빙성 없는 이론들이 깔려 있다. 수세기 동안 서구 문화에서 통용되어 온 그 이론들은 개인의 독특한 자질이 눈, 코, 얼굴, 손, 귀, 턱선, 이마에 반영된다는 가정하에 몸을 성격의 표지로 간주한다. 아리스토텔레스는 전前심리학적 논의에서 외부의 신체적 특징과 숨어 있는 도덕적 특성 간에 흥미로운 관계들이 존재한다고 제시했다. 특히 어떤 사람이 새, 당나귀, 암소, 뱀 등과 신체적으로 아주 닮은 점이 있다면, 그러한 특징은 그 사람이 지닌 그와 유사한 특질을 말해 준다. 올빼미나 황소를 닮은 사람도 그것들의 성향을 공유하는 것으로 간주되었다. 사자와 닮은 사람은 강하지만 성격이 불같은 것으로 여겨졌는가 하면, 표범을 닮은 사람은 대담할 뿐만 아니라 잘난 체하고 기만적인 것으로 여겨졌다. 동물은 인간의 특질과 관련하여 묘사되었고, 그러한 특질들은 특정한 동물적 특징을 지닌 인간들에게서 다시 나타났다. "야생 멧돼지는 무분별한 분노로 가득 차 있고, 황소는 단순하고 성실하다. 말은 화려함을 좋아하고 명예를 갈망한다. 여우는 기만적이고 교활하다. 원숭이는 농담과 모방을 좋아한다. 양은 자기과신적이다. 염소는 호색적이고, 돼지는 더럽고 탐욕적이다." 어떤 사람이 특정 동물과 비슷해 보이는 특징을 지닌다면, 그 사람은 그 동물과 관련된 태도를 가지고 있는 것으로 가정되었다(Magli 1989: 101~103).

인상학적 추론의 오랜 역사 속에서 인간의 정체성 및 성격과 신체적 특징 간의 관계는 18세기에 요한 카스파어 라바테르의 연구를 통해 널리 알려졌다. 그는 사교의 지침으로서의 신체적 특성을 체계적으로 분석했다. 그는 지적 능력과 도덕적 성향 모두가 인체의 모든 부분에서 식별 가능하다고 주장했다. 라바테르는 우리 모두가 인상학의 교리를 교육받는 것이 중요하다고 주장했다. 왜냐하면 인상학이 특히 첫 만남에서 다른 사람에 대해 우리가 보다 정확하게 판단할 수 있게 해줄 것이기 때문이었다. 우리는 인상학의 체계적인 지시를 따름으로써 다른 사람의 기질과 도덕적 자질을 파악할 때 더 과학적이게 되고 더 신뢰받을 수 있었다. 라바테르의 방법으로는 교활한 사람이 다른 사람을 의도적으로 속이거나 오도하려는 시도를 탐지할 수 없다는 우려가 빈번히 제기되자, 그는 특정 신체 부위는 거짓말을 할 수 없다고 설명함으로써 응답했다. 즉, 두개골의 모양, 눈의 색깔, 입술의 두께는 고정되어 있기 때문에 진짜 성격을 보여주는 신뢰할 수 있는 표시라는 것이었다. 라바테르의 도식을 따르면, 믹 재거Mick Jagger와 앤젤리나 졸리Angelina Jolie는 둘 다 분명히 타락한 사람들일 것이다. 현재의 소비시대에 체구와 몸매는 건강과 아름다움에 대한 지배적인 이미지에 부합하게 몸을 재구성할 수 있는 제품을 판매하는 다양한 산업에 의해 면밀하게 관찰되고 있다. 그러한 기술적 수단으로는 얼굴을 고치는 성형수술, 근육 조직을 만드는 스테로이드, 보톡스 주사, 옆얼굴 윤곽을 교정하기 위한 보철물 삽입 등이 있고, 가까운 장래에는 복제된 예비 신체 부위가 포함될 수도 있을 것이다. 신체를 개조하고 자아 이미지를 재발명하는 이러한 기법들은 풍요로운 소비자라면 점점 더 손에 넣을 수 있게 되었지만, 그러한 욕구가 기술에 선행한다.

자아 만들기의 가치는 수세기 동안 다양한 변신 이야기를 통해 서구 문화에서 회자되었다. 19세기의 문학에서 몇 가지만 예로 들면, 『도리언 그레이의 초상The Picture of Dorian Gray』, 『지킬 박사와 하이드Dr Jekyll and Mr Hyde』, 『플라잉 더치맨The Flying Dutchman』 등이 그러하다. 재발명에 대한 열망은 또한 최근 몇십 년 동안 인기를 끌어온 리얼리티 TV 프로그램에서도 널리 유포되어 왔다. 그러한 오락물들은 지나치게 많은 것을 요구하는 과제라고 하더라도 변신 상賞을 받기 위해 그것을 기꺼이 수행하고자 하는 출연자들의 일반화된 의지를 이용한다. 그러한 요구들은 영웅이 극단적으로 용맹스러운 위업을 수행하여 황금상을 수상하는 『일리아드와 오디세이The Iliad and Odyssey』에서의 헤라클레스의 도전과 다르지 않다. 재건수술 형식의 자아 만들기와 신체 개조body modification를 통해 외모를 바꾸는 것은 극단적인 수준의 고통을 유발하는 극단적인 과정이다. 치아 교정, 안면 성형수술, 문신·흉터·주름 제거를 위한 삭피술, 지방 흡입술, 모발 이식, 유방 확대와 축소 수술이 점점 더 받아들여지고 있다. 그러한 극단적인 관행은 몸의 가변성을 부각시키는 수단으로, 외과 시술에 자신의 몸을 맡기는 오를랑Orlan과 스텔락Stelarc 같은 행위예술가들에 의해 극화되어 왔다.

의류와 라이프 스타일 활동에서 유행이 변화하고 있는 것이든, 아니면 변신 수술을 받는 것이든 간에, 여기서 일반적으로 받아들여지고 있는 에토스는 몸이 마음대로 만들어질 수 있는 하나의 상품이라는 것이다. 우리가 몸을 어떻게 다루는지, 즉 우리가 몸을 어떻게 유지하고 단장하는지가 거대한 상업적 이익을 뒷받침하며, 그 결과 몸은 많은 주목과 과장어구의 초점이 되었다. 이것들이 바로 레스토랑 사업의 성장과 현재의 신체적 외모에 관한 강조 간에 존재하는 아이러니한 관계를 설명해준다. 레스토랑과 외모 모두는 공적 장소에서 사생활을 드러내는 것의 일부이며, 또한 사회적 정체성의 제조와 관련된 다양한 파생상품을 지원하기 위해 산업화되고 설계되었다.

자아 만들기

라바테르의 주장이 나오고 250년이 지난 2009년 5월에 수전 보일Susan Boyle이라는 여성이 인기 있는 텔레비전 경연 프로그램 〈브리튼즈 갓 탤런트Britain's Got Talent〉 무대에 올랐을 때, 그녀는 이내 모두에게서 탈락 판정을 받을 것으로 점쳐졌다. 그녀는 중년이었고, 얼굴이 평평하고 사각형이었고, 머리카락은 헝클어져 있었고, 옷은 유행에 뒤떨어졌고, 몸은 뚱뚱했다. 그녀는 신체적으로 보기 흉했고 약간 꾀죄죄했다. 그녀가 공연을 준비하자 스튜디오 관객들은 술렁거리며 헛웃음을 지었다. 그들은 젊고 기발한 연예인을 보는 데 얼마간 이골이 났지만 여전히 그런 사람을 매력적인 모델로 인식하고 있었다. 하지만 수전이 노래를 부르기 시작한 지 몇 초 만에 분위기가 일변했다. 텔레비전 카메라가 청중 쪽으로 향하고 다소 놀란 표정을 짓는 수많은 얼굴을 잡았다. 그 오디션 프로그램의 심사위원들이 비춰졌고, 그들의 표정도 관객의 표정 그대로였다. 멸시하는 듯했던 첫 인상은 사과하는 듯한 자기 질책으로 대체되었다. 이 첫 텔레비전 출연 후 12개월 만에 수전 보일은 부자가 되고 유명해졌다. 그녀의 첫 텔레비전 출연 비디오는 유튜브에서 1억 번이 넘는 조회 수를 기록하여 역대 가장 인기 있는 비디오 중 하나가 되었다. 그녀의 이야기는 다양한 대중매체 보도를 통해 수정·재평가·재설정되었다. 이제 그녀가 텔레비전에 출연하는 모습을 보면(Piers Morgan, *This is Your Life*, 2010.12.31), 그녀는 더 잘 차려 입고 수치스러운 모습을 덜 드러낸다. 원래 그녀를 인습에 얽매이지 않는 것으로 판단하게 했던 숨길 수 없는 표시들이 이제는 다듬어졌다.

〈브리튼즈 갓 탤런트〉의 수전 보일 에피소드 직후, 명성 있는 ≪타임스 리터러리 서플리먼트Times Literary Supplement(TLS)≫는 옥스퍼드대학교 출판부가 출간한 학술서적 『전기 쓰기Writing Lives』에 대한 서평을 크게 다루었다(*TLS*, 2009.7.17). 「그대로이다Be What You Seem」라는 제목의 서평이 TV 오디션 쇼에 처음 출연하여 노래를 부르는 수전 보일의 컬러 사진과 함께 한 페이지 전체에 실렸다. 그 기사는 수전 보일에 대해 전혀 언급하지 않았다. 그럼에도 불구하고 그 이미지는 적절했다.

서평 대상인 그 책에는 영국의 근대 초기 시대의 정체성과 전기 문학에 대한 논평들이 실려 있었다. 그 책의 필자들은 전기 저술과 자아표현을 조직화하는 모티프를 다루면서, 르네상스에서 근대 초기 시대까지의 그러한 저술 스타일이 탈중심화되고 파편화되고 구성된 인간 성격에 초점을 맞추는 현대의 포스트모던 담론과 다르지 않은 방식으로 어떻게 자아 만들기의 중요성을 강조했는지를 다양하게 개관했다. 르네상스 문학에서의 글쓰기 스타일은 우리가 오늘날 시내 중심가 서점의 자기계발서 섹션에서 발견하는 설교적 유형의 매뉴얼들과 긴밀하게 관련되어 있었다. 그러한 매뉴얼들은 사회적으로 성공하는 방법을 가르친다. 그 매뉴얼들은 심층에 자리하고 있는 코어 정체성의 본질을 들추어내는 인상학적 폭로보다는 하나의 녹슨 구성물 – 푸코식의 렌즈를 통해 쓰인 현대 담론에서 오늘날 발견할 수 있는 잠정적 외양들의 아상블라주 – 로서의 정체성에 더 많은 관심을 기울인다.

르네상스와 계몽주의 글쓰기에서 다룬 서로 다른 정체성 개념은 이제 현대의 독자에게는 대체로 익숙한, 자아에 대한 양극화된 입장을 보여준다. 정체성은 한편에서는 가공spin을 통해 만들어진 하나의 사회적 도구로 받아들여지는 반면, 다른 한편에서는 행위와 신체적 외모의 스타일을 통해 가시화되는 하나의 본질이다. 이 두 입장은 문제의 ≪타임스 리터러리 서플리먼트≫ 서평의 병치된 문구, 다시 말해 그 서평의 헤드라인인 "그대로이다"와, 만들어진 이미지에 반대하는 사람들이 제시하는 대안적인 입장, 즉 "겉모습보다는 내면이다be rather than seem"에서 압축적으로 표현된다.

수전 보일의 경우는 이 대립되는 관점의 화해할 수 없는 요소들을 보여준다. 즉, 그녀는 있는 그대로의 모습으로 승인받고 인정받기 위해 투쟁했지만, 그녀는 겉으로 드러나 보이는 대로가 전혀 아니었다. 그리고 그다음에는 새로운 헤어스타일과 일단의 옷으로 새롭게 꾸며진 페르소나를 통해 그녀는 다른 사람이 되었다. 그녀는 지금은 대중적인 명성을 지녔을 뿐만 아니라 상당한 액수의 돈을 벌 수 있는 능력을 지닌 유명인이다. 처음에는 그녀의 외모가 그녀의 성격을 잘못 전해서 그 자신이 될 수 없었지만, 적절한 가공을 통해 그녀는 지금은 겉모습 ─ 꾸며지고 통제된 전문 상품 ─ 그대로가 되었다.

"우리는 보이는 그대로이다"라는 관념은 주기적으로 도전을 받지만, 그럼에도 불구하고 일상적인 사회생활의 많은 것을 조직하는 널리 신봉되는 믿음으로 지속되고 있다. 우리가 부르주아적 주체를 일관되고 확고한 퍼스낼리티를 가지고 있는 것으로 바라보는 견해를 물려받았을지도 모르지만, 자아 만들기의 소비시대에 우리는 또한 우리가 겉으로 드러내 보이고자 하는 대로 우리 자신을 표현할 수 있는 숙련된 배우이기도 하다. 이 문제의 요지는 오스카 와일드(Oscar Wilde, 1966: 32)의 『도리언 그레이의 초상』에 등장하는 인물 헨리 워튼Henry Wotton에 의해 명확하게 진술된다. "겉모습으로 판단하지 않는 건 생각이 얕은 사람들뿐이다. 세상의 진정한 신비는 보이지 않는 것이 아니라 눈에 보이는 것이다." 우리는 사회적으로 신뢰할 수 있는 적절한 이미지를 만들기 위해 지속적으로 연기하고 정체성을 만든다. 따라서 겉으로 드러나 보이는 우리가 바로 그 순간의 우리이다. 우리는 "보이는 그대로이다"라는 말을 흔히 듣는다. 그와 동시에 우리는 우리가 연기하고 있다는 것을 안다. 그리고 다른 모든 사람들도 그러할 수 있다. 따라서 표면 연기를 하나의 연기가 아닌 것으로 받아들이는 것은 사물의 기호 자체를 받아들이는 실수를 하는 것이다. 미셸 푸코(Michel Foucault, 1983: 22)의 말대로, "기호는 자신이 말하는 바로 그것을 불러낸다". 이러한 생각들은 오늘날 사적인 열정을 표현할 수 있는 적절한 장소로서의 공적 영역에 우리가 심취해 있는 것과도 관련이 있다.

이미지가 실재라는 견해가 소비시대를 지배하고 있다. 성격은 외모에 내재되어 있다는 견해는 아리스토텔레스에서 초현실주의자, 20세기 홍보담당자 등에 이르기까지 대단히 오랫동안 지속되어 온 관점이다. 인간의 몸은 다른 상품과 마찬가지로 외양을 통해 이해할 수 있게 만들어진다. 우리가 어떻게 보이는지가 바로 우리가 사회적으로 수용 가능한 것이 되는 하나의 패스포트이다. 많은 산업이 의류와 식품에서부터 의약품과 성형수술에 이르기까지의 제품을 상품화하기 위해 이러한 견해를 널리 퍼뜨린다. 따라서 몸을 완성하는 것은 사회적 기회를 만들고 정체성을 표현하는 수단이다(하지만 이러한 연관 짓기의 기본 논리는 많은 논쟁의 여지가 있는 인상학적 유산에 의지하고 있다).

이미지와 아이콘

음식, 몸, 정체성, 자아표현, 그리고 건강함과 활력의 이미지는 아주 긴밀하게 함께 작동하며 다양한 소비활동을 촉진한다. 음식과 몸의 시각적 이미지들은 풍부하며, 서양 미술에서는 이를 이용하여 매우 가치 있는 문화적 유산을 생산해 왔다. 주세페 아르침볼도(Giuseppe Arcimboldo, 1527~1593)의 작품들 — 멀리서 보면 사실주의적이면서도 전통적인 것처럼 보이는 초상화들 — 은 인간의 모습과 음식을 조합하고 있지만, 더 가까이서 살펴보면 과학적으로 틀림없는 식물, 동물, 물고기, 물체들로 구성되어 있다. 아르침볼도는 친숙한 것을 환상적인 것으로 전환시켰다. 그는 과일을 여름의 초상으로 변형시켰고, 물고기를 물의 표상으로, 그리고 새를 하늘의 이미지로 변형시켰다. 그의 그림은 전통적인 것처럼 보이지만, 자세히 보면 부분들은 분리할 수 있으며 전체로 합쳐져 있지 않다. 이 초상화들은 기술적 수법에서는 재치 있고, 그 구성에서는 유머러스하다. 그 초상화들은 인간과 비인간, 즉 동물, 물고기, 새, 식물을 찰스 다윈Charles Darwin 이전의 세계의 방식으로 연속적으로 연결시킨다.

아르침볼도는 당대에도 인기가 있었고, 자연과 사회적 형태들에 대한 그의 재미있는 표현들은 그 이미지가 갖는 무한한 힘과 그 관점이 갖는 새로운 의미 창출 능력으로 인해 수세기 동안 계속해서 회자되고 있다. 그의 예술로 인해 우리는 20세기 초현실주의자들과 다다이스트들의 후기 작품을 한층 더 이해할 수 있게 되었다. 그는 실재에 대한 정의들을 결함 있는 것으로 만들어 그 정의들을 지각의 대상 ─ 보는 사람의 눈 속에 있는 것 ─ 이 되게 했다. 이 조화되지 않는 것들을 병치한 것은 수백 년 후에 메레트 오펜하임(Meret Oppenheim, 1913~1985)으로 하여금 모피로 덮인 찻잔을 만들 수 있게 했다. 이 특별한 모피 찻잔 이미지가 힘을 갖는 것은 그 이미지가 본능적인 혐오감과 평범한 것을 연결 짓는 시대정신 속에서 유포되고 있던 대중적인 견해를 포착해 냈기 때문이었다. 1936년에 모피 찻잔이 전시되었을 때, 유럽 세계는 인종개량 청소가 있기 직전이었다. 보통 사람들이 이윽고 해충으로 재창조되어 비인간이 되었다. 그들이 미래의 유토피아 국가를 오염시키기 전에 그들은 근절되어야 했다. 혐오가 그 시대를 특징짓는 감상이 되었고, 이는 오펜하임의 예술을 환호로 맞이하여 즉각 성공을 거두게 하는 데 한 몫했을 것이다(http://www.surrealists.co.uk/oppenheim.php를 보라).

보통 크기의 컵, 받침 접시, 스푼이 중국 가젤이라는 동물의 털로 덮여 있었다. 모피가 컵의 얇은 가장자리를 둘러싸고 있었다. 이 얇은 가장자리 모양은 고급 본차이나 찻잔에서 훌륭한 미적 취향을 나타내는 것으로 널리 받아들여졌다. 가장자리가 얇은 컵은 마시는 사람이 입을 살짝만 열면 된다는 것을 의미했다. 입을 크게 벌리는 것은 꿀꺽꿀꺽 마시고 탐욕스럽다는 것을 시사하며, 따라서 무례하다는 것을 암시한다. 하지만 모피 찻잔, 심지어 가장자리가 우아하고 얇은 모피 찻잔으로 마시는 것은 매력적이지 않을뿐더러 혐오스럽기까지 했다. 하나의 대상으로서의 모피 찻잔은 유머를 불러일으키지만, 두 번, 세 번 생각해 보면 그것은 점점 더 혐오스럽고 위협적이다. 그것은 마시기 같은 일상적인 활동에 대해 높은 수준의 불안을 불러일으키는 이미지이다. 그것은 우리에게 섭취하라고(받아서 들이키라고) 제공되는 것이 글자 그대로나 비유적으로나 우리의 건강에 좋지 않거나 우리에게 유익하지 않을 수도 있음을 시사한다. 마찬가지로 르네 마그리트René Magritte의 〈가면 쓴 사과Masked Apples〉 같은 초현실주의자들의 다른 작품들도 일상적 개념과 관련한 마찬가지로 모호한 많은 관념을 전달한다. 마치 인간의 얼굴인 것처럼 가면을 쓰고 있는 사과의 이상한 이미지는 외모의 문제에 관심을 가지게 했다. 이 사과들은 동일한가? 한 쌍인가 아니면 쌍둥이인가? 가면이 그 사과들의 정체성을 숨기는가 아니면 제공하는가? 요점은 이미지는 제한이 없다는 것이다. 즉, 이미지들은 다른 이미지들을 생산하고, 그렇게 함으로써 더 많은 관점을 생산한다.

예술과 표상은 이미지와 사실이 반드시 상응하지 않으면서도 사회세계의 속성을 보여줄 수 있는 능력을 가지고 있다. 이미지의 편재성은 환상과 현실을 결합시켜 우리가 알고 있는 세계를 전적으로 상상 속에 존재하게 할 수도 있다(Gombrich 1960). 우리는 매일 우리가 원하는 세상을 갖기 위해 평범한 것을 신화적인 것으로 전환시킨다. 이를테면 자동차를 운전하는 것이 자유의 행위가 되고, 위스키를 마시는 것이 남성성의 표시가 되고, 외식이 사회적 성공의 행위가 된다. 이미지가 너무나도 사실적이고 설득력 있기 때문에, 이미지가 지배적이 되고 상징적이 되고 유일한 것이 되어 대안적 형태들을 대체한다(Kemp 2012). 이것이 바로 움베르토 에코가 묘사한 하이퍼리얼리티의 차원이다. 가짜가 너무 매력적이어서 진짜보다 더 낫다.

음식이 이 스펙터클의 수준으로 격상될 때, 그것은 또한 하나의 하이퍼리얼리티, 즉 매일 발견되는 신화적 세계의 일부가 된다. 발명된 은유적 이미지가 일상생활의 일부가 될 때, 즉 은유가 실재로 글자 그대로 해석될 때, 당대의 무언의 이데올로기는 포착하기 더 어려워진다. 이미지가 실재를 지배하는 것은 선전과 이데올로기적 조작이라는 잘 조율된 전략의 결과가 아니라, 오히려 이미지의 과잉 때문이다. 다시 말해 일상생활이 이미지로 넘쳐나기 때문이다. 그 이미지들은 우리에게 끊임없이 질문을 던지고, 상품, 도덕적 입장, 사회적 관계를 표현하는 무언의 언어들이 계속해서 불협화음을 내게 한다. 따라서 우리는 어떤 대상이나 사회적 관행을 덮고 있는 여러 층위의 상징적 의미들을 벗겨내고 그 대상이나 관행의 본질적인 기능으로까지 내려가서 그것들을 포착하기 어려운 상황에 도달한다. 이것은 대상과 관행이 문화 외부에 위치 지어져야 한다고 주장하는 것이 아니라(마치 그것이 가능하기나 한 것처럼), 오히려 일부 대상들에 누적되는 이미지와 표상의 밀도에 주의를 기울일 필요가 있다는 것, 특히 음식이 다양한 정명의 담지자로 성공적으로 전화되는 과정에 관심을 기울일 필요가 있다는 것이다.

음식을 둘러싼 유머 – 초기 할리우드 영화에서 아무 말도 하지 않는 배우의 얼굴에 던져진 크림 파이에서부터 〈해리가 샐리를 만났을 때When Harry Met Sally〉(1989)에서 나오는, 너무나 많이 인용되어 지금은 상징적이 된 식당 장면에 이르기까지 – 는 음식을 문화적으로 표현하는 수단의 일부이다. 음식은 기본적인 사회적 가치를 전달하는 데(이를테면 이항적 젠더 차이를 재주입하는 데) 별다른 이의 없이 이용되어 온 언어이다. 액스Axe라는 남성 방취제를 선전하는 최근 광고를 예로 살펴보자. 광고는 욕실 거울 앞에 서 있는 젊은 남성이 자신의 겨드랑이와 가슴에 액스라는 방취제를 뿌리는 것으로 시작된다. 그는 갑자기 미국 초기 광고에 사용된 흑인 인형의 어릿광대 이미지를 연상시키는, 이를 다 드러내고 웃는 실물 크기의 초콜릿 맨이 된다. 이제 초콜릿 사람의 모습으로 변한 우리의 액스 맨은 바쁜 도시의 거리를 걷고 있으며, 즉시 그를 게걸스럽게 먹고 싶어 하는 매력적인 젊은 여성들의 관심을 끈다. 초콜릿은 어쨌거나 여성들이 갈구하는 거부할 수 없는 물질이다. 그는 거리에서 아이스크림콘을 먹고 있는 두 명의 여성 곁을 지나갈 때 자신의 코를 부러뜨려서 아이스크림콘에 뿌린다. 그다음에 그는 어두운 영화관에 앉아 있고, 그의 양쪽에 있는 젊은 여성이 귀와 뺨을 갉아 먹고 있다. 그 광고는 병원에 있는 한 젊은 여성의 침대 옆에 초콜릿 맨이 있는 것으로 이어진다. 그는 그녀에게 초콜릿 상자를 주는데, 그 상자에는 공단 안감에 기대어서 손가락을 움직이고 있는 거대한 손이 들어 있다. 몇 가지 로맨틱 코미디 시나리오들이 더 묘사되는데, 그 속에서 초콜릿 맨은 다양하게 사랑받고 갈망받고 소비된다. 몸과 음식, 초콜릿과 욕망, 그리고 먹기와 섹스의 연관성이 이 광고 및 다른 많은 광고의 테마이다 (http://www.dailymotion.com/video/x6u7ue_new-axe-dark-temptation -commercial_fun, 2011년 1월 1일 검색).

아노츠Arnotts사가 만든 달콤한 비스킷 팀탐Tim Tam은 음식과 젠더를 중첩시키고 남성과 여성의 가치관 차이를 이용하여 두 개의 광고를 만들었다. 다음은 그 텍스트의 일부이다. "팀탐은 남자보다 낫다. 왜냐하면 겉은 딱딱하지만 속은 부드럽기 때문이다. …… 당신이 하나와 관계를 끝낼 때, 그것은 세상에 널려 있다. …… 그것은 항상 당신을 만족시킬 것이다. 더 이상 뭘 원할 수 있겠는가?" 그다음 버전은 이렇다. "팀탐은 여자보다 낫다. 왜냐하면 …… 당신이 한 번에 하나 이상의 것을 가지더라도 불평하지 않기 때문이다. …… 그것은 당신에게 즐거움을 가져다주기 위해서만 존재하고 아무것도 기대하지 않는다. …… 당신이 원할 때 당신은 항상 하나를 찾을 수 있다. 더 이상 뭘 원할 수 있겠는가?"

과일, 생선, 동물, 꽃으로 재미있는 인간 얼굴 초상화를 창조한 16세기 아르침볼도의 그림에서부터 다양한 소비재에 대한 광고에 이르기까지 음식은 다양한 예술형식에 자신을 빌려주어 왔다. 인기 있는 여성 잡지에 주기적으로 등장하는 닭고기, 해산물, 체리, 트라이플trifle[스펀지케이크나 쿠키에 술을 적시고 그 사이사이에 과일과 크림 등으로 쌓아 만든 영국 디저트 _ 옮긴이]을 찍은 우아한 사진부터 음식 포르노gastro-porn 영화에 이르기까지에서 음식은 자신의 변형 능력을 보여준다. 음식은 더 이상 영양물이 아니라 장식품이다. 음식은 '멋짐이라는 꿈'과 같은 환상 및 숨어 있는 가치를 표현한다(Barthes 1972: 80).

음식이 야심 있는 중간계급에게 전하는 메시지는 음식은 예술 형식이며 예술은 문화이고 문화는 지위이며 지위는 개인적 행복의 열쇠라는 것이다. 문화적 가치를 창출하는 음식의 이 같은 힘은 프랑스 오트 퀴진이 거의 1세기 동안 후기 근대 세계에서 중간계급 문화를 어떻게 지배하게 되었는지, 그리고 더 나아가 특정 음식 스타일 ─ 그것이 오트 퀴진이든, 정교하게 포장된 초콜릿 스낵바이든, 또는 미국의 햄버거와 프랑스 감자튀김이든 간에 ─ 이 어떻게 정치적 이데올로기에서부터 개인적 취향과 습관의 계발에까지 이르는 전 스펙트럼을 가로질러 복잡한 사회적 메시지를 전달하는 지배적인 글로벌 아이콘이 될 수 있었는지를 설명해 준다.

음식 마케팅

음식과 사회계급의 관계는 오랜 역사를 가지고 있으며, 이는 현대

사회에서도 여전히 분명하게 드러난다. 17세기에 복스홀Vauxhall과 라넬라Ranelagh에 있던 차밭은 열을 지어 있는 유행에 민감한 계급과 샘물 마시기 및 간단한 음식물 섭취를 연결 짓게 했다. 런던, 파리, 뉴욕의 번잡한 커피하우스에서는 음식을 교제나 사교와 결합시키는 것이 유행했다. 런던에서는 1660년대부터 커피하우스가 번성했다. 파리에서는 그다음 세기에 커피하우스가 크게 늘어났다. 1789년에 파리에는 약 100개의 레스토랑이 있었는데, 1804년에는 약 500개로 늘었고, 1835년경에는 1000개가 넘었다(Burnett 2004: 2). 레스토랑의 엄청난 인기는 연회와 음식과 술의 소비, 그리고 그러한 사회적 습관의 탐닉에 대해 비판적으로 논급하게 했다. 버넷은 19세기에 풍자적이고 유머러스한 방식으로 음식에 대한 글을 쓰는 것이 유행했다고 지적한다. 타비타 티클투스Tabitha Tickletooth는 대중지에 음식 문제에 관해 글을 쓸 때 찰스 셀비Charles Selby가 이용한 필명이었다. 1853년에 출간되어 널리 읽힌 또 다른 인기 있는 텍스트는 내무장관이 편집한 『위의 회고록: 위가 쓴, 먹는 사람이면 누구나 읽을 수 있는 책Memoirs of a Stomach, Written by Himself, That all who eat may read』이었다.

음식은 사회적 생존에 필수불가결한 것으로 간주되기 때문에 음식의 역사는 문화생산에서 중심적 위치를 차지한다. 음식과 관련한 우리의 관행들은 우리의 사회적 지위, 문화자본, 이데올로기적 견해를 보여준다. 우리가 어디서, 누구와, 언제, 어떤 스타일로 먹는지는 현대 식품 제조 및 유통의 문제와 관련되어 있을 뿐만 아니라 글로벌 식품산업을 지원하는 기득권 세력들과도 관련되어 있다. 소비관행과 몸이, 그리고 이 경우에는 미슐랭 별점 레스토랑과 비대한 몸에 대한 묘사들이 쉽게 결부지어지는 것도 바로 이러한 맥락에서이다. 비만 관련 협회들은 음식 준비를 엔터테인먼트의 한 형태로 상세하게 설명하는 것에 대해 지나칠 정도로 관심을 보이는 것(40년 전 〈빨리 움직이는 미식가The Galloping Gourmet〉에서 시작하여 현대의 〈마스터 셰프: 나의 주방 규칙Master Chef; My Kitchen Rules〉과 〈나랑 식사하자Come Dine With Me〉에 이르는 인기 프로그램들에서 입증되었듯이)과, 다이어트와 건강요법에 대해 그와 동일한 정도로 광범위하게 관심을 가지는 것에 대해 보고한다. 이 두 가지 묘사 모두의 소비자인 우리는 다양한 소비습관을 통해 개인적 행복과 성취를 추구하는 자유롭고 자율적인 존재로 제시된다.

다이어트 산업의 출현과 함께 과체중인 몸은 자주 심리적 질병을 암시하곤 하는 도덕적 오명을 유발하는 장소로 규정되었다. 선진 산업경제들은 이제 광범한 비만을 하나의 전염병이자 경제구조에 심각한 위협이 되는 것으로 간주한다. 비만의 만연과 관련된 통계치들은 과식이 영양부족보다 더 일반적임을 보여주기 위해 인용된다. 1960년대에 설립되어 지난 50년 동안 자료를 축적해 온 국제비만연구협회The International Association for the Study of Obesity(IASO)에 따르면, 전 세계적으로 4억 7500만 명의 성인이 비만이며, 9억 명 이상이 과체중이고, 과체중으로 인해 건강상 위험을 가진 성인이 15억 명에 이른다. 그 추세를 살펴보면, 성인의 경우 1990년대에 비만 남성의 수가 1980년 인구의 6%에서 1998년 인구의 17%로 거의 세 배로 증가했고, 여성의 경우 1980년에 8%에서 1998년에는 21%로 똑같이 크게 증가한 것으로 나타난다(Burnett 2004: 326). 이러한 증거는 과체중인 2억 명의 학령기 아동이 이전 세대보다 수명이 짧을 것이라고 예측하는 데 이용된다(www.iaso.org). 에릭 슐로서(Eric Schlosser 2002: 242)에 따르면, 어린아이들은 연간 17.6킬로그램의 초콜릿, 6.4킬로그램의 짭짤한 간식, 6.3킬로그램의 아이스크림과 냉동 요구르트와 같은 차가운 디저트, 그리고 4.5킬로그램의 달콤한 비스킷을 먹는다. 아동 비만의 확산은 대체로 아메리카 대륙과 서유럽에 국한되어 있고, 아프리카와 아시아 지역에서는 무시해도 좋을 정도로 훨씬 낮다. 하지만 아시아의 서구화되고 있는 도시들에서는 지방과 설탕 함량이 높은 패스트푸드(햄버거, 감자튀김, 초콜릿)가 더 유행하고 젊은이들에게서 인기를 끌면서 아동 비만 추세가 분명해지고 있다. 추정치에 따르면, 그곳 아동 다섯 명 중 한 명이 과도한 체중으로 인해 악영향을 받고 있으며, 이 비율은 그리스, 미국, 이탈리아보다도 더 높다(http://dx.doi.org/10.1787/health_glance-2011-19-en).

뚱뚱한 몸은 고대와 근대 초기 세계에서도 관찰되었으며(빌렌도르프Willendorf의 비너스, 초서Chaucer의 탁발수사 허바드Hubbard, 성 토마스 아퀴나스St Thomas Aquinas, 셰익스피어Shakespeare의 팔스타프Falstaff), 몸의 신체적 건강은 일반적으로 인정된 교육의 대상이었다. 이를테면 로마의 목욕탕에는 "깨끗하고 건강한 신체에 건전한 정신이 깃든다Mens sana in corpore sano", "무엇이든 지나치지 않게 하라Meden agan"라고 쓰여 있었다. 고대의 이러한 지시가 뜻하는 바는 분명했다. 즉, 그것은 건강은 균형 잡힌 적절한 식생활과 활기 있는 생활방식에서 파생된다는 것이었다. 몸매는 정신에 필수적이었다. 건강한 식이요법이 도덕적인 삶을 만들어낸다고 가정되었다. 인간의 성취에 대한 이 특별한 견해는 현대 서구에서 풍요의 확산과 함께 서서히 부식되었다.

과학화, 상업자본주의, 산업화, 자유민주주의를 통해 세계를 다시 만드는 과정은 또한 인간의 몸도 다시 만들어왔다. 근대적 개인은 물질주의적 사회에서 발견되는 소비쾌락을 통해 자신을 실현할 것을 권고받는다. 그러한 자기실현은 다시 (자아표현의 숭배와 관련된) 자율성과 진정성 의식으로 개인에게 보상한다. 밀J. S. Mill은 개인주의는 인류에게 좋은 것이고, 성격의 다양성, 삶의 실험, 그리고 자유로운 능력 개발은 성취한 존재를 특징짓는 요소들이라는 유명한 말을 했다. 이러한 감상은 마르크스, 키에르케고르Kierkegaard, 니체Nietzsche, 헤겔Hegel, 사르트르Sartre, 프로이트Freud 등 서구 문화의 지적 거인들 대부분에 의해 되풀이되어 왔다(Thomas 2009: 11~12). 하지만 이상적인 삶의 방식을 옹호하는 지적 전통들은 몸에 대한 세속적인 견해와 종교적 견해로 나누어져 있으며, 각각은 존경받는 삶을 사는 대안적인 방법들을 선언한다. 종교적 견해가 몸을 참된 죽음 이후에 완벽한 상태로 회복될 불완전한 그릇이라고 제시하는 반면, 세속적 견해는 몸을 정신의 계발을 통해 인간으로 하여금 지상에서 자기를 실현할 수 있게 하는 그릇으로 묘사한다(Thomas 2009: 228).

두 가지 관점 모두에서 볼 때, 몸은 관심의 중심이며, 따라서 몸의 신체적·정신적·도덕적 건강성을 계속해서 탐구하는 전문가들의 정밀조사의 대상이 되었다. 몸은 일반적으로 인정받는 자아의 표시이자 성격의 확장물이 되었다. 현대 소비사회에서 이것은 비관례적인 몸, 특히 뚱뚱한 몸을 비난과 조롱의 대상으로 만들었다 (그 몸의 낙인쩍힌 부분이 마치 심리적 균형과 자기규율의 부족을 나타내기나 하듯이).

이러한 묘사에서는 글로벌 경제에서 식품의 개발, 생산, 유통을 지배하는 광대한 상업적 이해관계의 근간을 이루는, 몸에 대한 양가적인 관점들을 찾아볼 수 없다. 일부에서는 미국의 패스트푸드 산업이 매년 1200억 달러 이상의 매출을 올리는 것으로 추정한다 (Foer 2009). 이것만으로도 식품은 큰 사업을 창출하지만, 식품은 또한 팽창하고 있는 농업관련 기업의 수익성 극대화 기법에서뿐만 아니라 새로운 식품 물질을 조작하는 데 초점을 맞추고 있는 생명공학 산업에서도 혁신의 원천이다. 인간의 몸을 유지하는 일은 많은 사업에 개발의 추동력을 제공한다(그 사업이 굶주린 몸에 조작된 작물을 먹이는 것이든, 아니면 뇌의 화학적 성분을 조작하여 굶주림의 신호를 포만의 신호로 바꾸는 약물제품을 통해 뚱뚱한 몸을 굶게 하려고 시도하는 것이든 간에).

1990년대 동안에 유전자 조작 식품이 시장에 대거 진입했다. 그것들 중 일부는 식품 라벨에 그 내용이 표시되어 있었고, 다른 일부는 그렇지 않았다. 소비자의 그런 식품 섭취는 대체로 소비자가 정부 규제기관에 대해 신뢰하는 정도와 과학 자체의 이점을 받아들이는 정도에 따라 국가마다 달랐다. 미국에서는 가정 소비자가 가공식품과 포장식품에 익숙했으며, 규제기관인 식품의약국Food and Drug

Administration(FDA)의 중요성을 인정했다. 이와 대조적으로 영국과 유럽에서는 최근에 발생한 사건들로 인해 정부기관에 대한 소비자 신뢰가 약화되었다. 체르노빌 사고 이후, 그리고 다양한 형태의 식품 오염 및 변질과 관련된 식품안전 공포 이후 정부기관이 품질관리를 할 능력이 없거나 적극적으로 하지 않는다는 인식이 널리 퍼졌다. 이것은 다시 유전공학과 같은 새로운 기술을 통해 생산된 식품에 대한 의구심을 더욱 부추겼다. 1990년대 말경에는 생물공학 식품이 갖는 이점에 대한 견해가 크게 갈렸다. 생물공학 식품의 긍정적인 결과로 생산이 개선되고 비용이 절감되고 특정 국가에서 심각한 기아 발생률이 감소될 수 있었지만, 부정적인 측면에서는 식품생산에서의 그러한 변화가 필연적으로 인간을 실험대상으로 취급하고 또한 대기업과 거대산업의 부와 영향력을 필연적으로 증가시킬 것이라는 의심이 좀처럼 사라지지 않았다(Baghurst 2007). 초식 동물인 소에게 고기에 기초한 제품을 먹이는 것과 같은 새로운 농업기술에 대한 공중의 반응은 대중매체로 하여금 일부 식품의 기이하고 놀라운 원천들에 대해 보도하지 않을 수 없게 했다. '육식 소cannibal cows'와 '프랭켄푸드Frankenfoods'에 관한 매체의 헤드라인들이 도처의 레스토랑 리뷰와 건강과 식생활에 대해 조언하는 신문칼럼들과 나란히 배치된다.

식욕 조절과 체중 감소를 돕는 거대 약물시장이 존재하는 한, 제약회사는 신체 이미지와 식품사업에 깊숙이 관여한다. 이를테면 체중조절용 신약은 미국에서 FDA의 승인을 받아 자주 시장에 진입한다. 그 약들은 대부분 성공을 거두고, 제약회사에 상당한 이익을 가

저다준다. 그와 동시에 그러한 약물 중 많은 것이 또한 위험한 부작용을 일으키고 집단소송의 원인이 된다(Nestle 2002). 스낵 식품과 같은 새로운 식품은 또한 대규모 사회문제를 일으키는 예기치 않은 결과를 초래할 수도 있다. 스낵 식품은 혼자 먹기를 증가시키고 음식을 축으로 하는 사교를 감소시켰다. 스낵 식품은 또한 증가하는 공중보건 문제의 하나인 아동 비만의 만연을 설명해 준다. 이러한 상황에서 마케팅 캠페인은 자주 특정 식품이 지닌 건강상의 이점을 강조하고, 이제 온갖 종류의 상품이 건강과 활력을 향상시킨다고 주장한다. 우유와 과일주스에 첨가제를 넣는 것은 흔한 일이다. 정규 식사가 그러한 필요한 성분을 공급하지 않는다는 가정하에 어린이를 위한 비타민 보충제가 도입되었다. 가정의 애완동물을 위한 비타민 첨가식품마저 존재한다. 마케팅 캠페인은 건강에 대한 수사어구를 이용하여 그러한 이익을 제공한다고 약속하는 제품을 판매한다.

광고의 기능은 소비관행에 영향을 미치는 것이다. 특히 식품광고는 식품산업의 지출에서 큰 부분을 차지한다. 네슬(Nestle 2002: 22)은 식품 마케터들이 시장에는 광고가 너무 많아 소비자가 단일한 광고나 표현에 영향을 받지 않는다고 주장함으로써 광고의 중요성을 경시한다고 지적했다. 하지만 네슬은 또한 식품 판매가 광고 메시지의 강도, 반복, 가시성과 함께 증가한다는 것을 관찰해 왔다. 상당수의 식품 광고가 식품의 영양적 가치를 비판적으로 평가할 수 있는 능력을 그리 가지지 못한 어린아이를 대상으로 한다. 아이들은 아마도 제품의 표현으로부터, 그리고 그 제품이 갖는 건강 가치

보다는 그 제품을 둘러싼 사회적 내러티브로부터 더 많은 영향을 받을 것이다. 청량음료, 아이스크림, 개별 포장 비스킷, 스낵은 젊은 소비자에 맞추어 설계되어 판매되어 왔으며, 그 결과 그들은 식품관련 건강 장애에 더욱 취약해졌다.

음식, 예술, 몸

모든 기호와 상징은 충만하면서도 비어 있어, 우리 — 즉, 관찰자 — 로 하여금 의미를 찾기 위해 분투하게 한다. 롤랑 바르트는 인기 있는 여성잡지에 정기적으로 등장하는 장식용 요리의 이미지에 대한 자신의 논평으로 이를 예증한다(Barthes 1972: 78~80). 그는 부르주아 주부에게 가정적임의 이점을 선전하기 위해 광고된 음식의 그럴듯한 이미지를 예로 들었다. 조리법과 함께 광택지를 사용한 사진에서 반짝이게 윤을 낸 닭고기는 음식을 고도로 미학적인 대상으로 만든다. 바르트는 이러한 스타일의 광고에 주목함으로써 그러한 이미지가 정치적·경제적 이익에 기초한 계급체계를 조장하고 있다고 지적했다. 이 경우에 음식은 가정 요리가 가정의 조화를 보여주는 표지라는 메시지를 유포하는 효과적인 수단이었다. 교외에 사는 결혼한 부부의 행복은 잘 준비된 닭 요리에서 발견된다는 것이다. 시몬 샤머(Simon Schama 2004: 10)는 모든 예술 형식은 실재를 대체하지, 실재를 재현하는 것은 아니라고 진술했다. 예술은 세상을 읽기 위한 표현수단이다. 예술은 우리가 아는 모든 것을 문화적으로 요약한 것이다. 그 결과 우리가 다른 예술 형식보다 특정 예술 형식에 특권을 부여할 때, 우리는 또한 서로 다른 지식체계의 위계적 순위도 설정한다.

그림 이론가 미첼W. J. T. Mitchell은 『테러 복제하기Cloning Terror』(2004)에서 일부 이미지가 그것들의 프레임에서 튀어나와 실재를 대체한다고 제시한다. 그는 이미지가 더 많은 이미지와 은유를 만들어내고 다시 이미지와 은유가 원래의 역할만큼 중요해진 사례로 아부 그라이브Abu Ghraib 교도소의 〈상자 위에 서 있는 남자〉, 거대한 불교 우상의 파괴, 로어 맨해튼 세계무역센터 쌍둥이 타워의 이미지들을 인용했다(Costello and Willsdon 2008: 6). 이미지의 지배는 일부 예술가들로 하여금 시각적 표현이 실제 대상과 동일하지 않다고 경고하게 했다. 앤디 워홀Andy Warhol의 캠벨 수프 캔 그림과 르네 마그리트의 파이프 그림은 우리에게 이미지가 실재가 아님을 상기시킨다. "이것은 파이프가 아니다Ceci n'est pas une pipe"라는 암시가 없다면, 이미지는 실재와 구별하기 어려울 수도 있다. 하지만 음식이 세계적으로 인정하는 이미지로 전화되어 온 방식을 지적함으로써, 우리는 하이퍼리얼한 것이 미치는 영향과 우리가 유행하는 대상을 통해 전달되는 시각적 제안을 수용하는 방식에 대해 생각해 볼 수 있게 된다.

예술은 세계를 지배하는 해석들이 어떻게 구성되는지를 보여줄 수 있는 능력을 가지고 있다. 예술은 대상을 하나의 주제로 만들고, 우리로 하여금 캔버스나 조각을 다시 바라보게 하고 그것들이 전달하는 메시지를 숙고하게 한다. 다음으로 예술은 그 메시지들을 어울리지 않게 만들고, 작품의 대상을 주제 — 즉, 다른 의미들이 출현하여 고찰될 수 있는 장소 — 로 만든다. 모든 예술 대상, 즉 모든 이미지즘적 묘사는 명백한 것을 의심하기 시작하는 해석에서 출발하며, 그렇게 함으로써 의미가 검토되고 재검토되어 재정돈되는 나선형적 과정을 시작한다. 따라서 음식이 음식 자체의 유행하는 이미지, 즉 하이퍼리얼리티가 되면, 음식의 이미지는 그 자신의 외양을 파괴하고, 그렇게 함으로써 외관 뒤에 존재하는 또 다른 의미를 드러낼 수 있다. 모든 예술 형태와 마찬가지로 음식의 이미지 또한 여론을 형성하고, 그 이미지가 아르침볼도의 초상화, 마그리트의 사과, 오펜하임의 찻잔, 워홀의 수프 캔, 에드워드 버라의 스낵바와 마찬가지로 매우 실제적인 것이 되고, 그다음에 음식 자체가 이미지와 분리되어 자유롭게 떠다니며 숭고한 것과 혐오스러운 것 모두와 똑같이 결합할 수 있게 된다.

이미지의 이러한 효과가 미슐랭 별점 레스토랑과 오늘날의 뚱뚱한 몸이라는 두 극단을 연결짓는다. 왜냐하면 이 둘은 문화체계의 과장된 표현들을 끌어 모아 음식을 (반드시 먹을 것이 아닌) 하나의 엔터테인먼트로 판매하기 위해 음식을 널리 인정받는 대중적 아이콘으로 변형시키기 때문이다. 결국 자연적인 몸 — 먹고 자고 걷고 말하는 다양한 활동을 하는 — 은 항상 하나의 문화적 산물이며, 따라서 우리가 살고 있는 사회적 맥락의 많은 것을 표현한다. 소비지향적인 서구에서는 음식과 몸에 대한 생각이 음식과 몸 모두를 에워싸는 과장된 표현들을 만들어낸다. 몸과 음식 간에는 선택적 친화성이 있으며, 그 결과 그 둘은 매우 가시적인 스펙터클들이 된다. 그리고 그러한 스펙터클들 속에서 완벽한 식사와 완벽한 몸에 대한 우리의 욕구가 융합되어 왔다. 비만의 사례가 수세기 동안 기록되어 왔지만, 그것이 하나의 사회적 위협으로 인식된 것은 최근에 들어서이다. 비만은 오늘날 풍요, 과잉생산, 과식, 그리고 규율의 과잉이나 부족의 증거로 비난받고 있다. 이 지점에서 음식, 음식의 이미지, 소비자, 건강, 마케팅에 대한 관심이 하나로 수렴된다. 현대 문화에서는 시각성의 지배와 (음식을 신체적 쾌락과 일관되게 연결하는) 편재하는 광고 이미지가 몸을 자기발명과 도덕적 평가의 장소로 만들고 있다. 미슐랭 별점 레스토랑에서 음식을 소비하는 것이나 텔레비전 앞에서 그렇게나 많은 스낵을 먹는 것은 자아 이미지나 자아표현과 뗄 수 없게 결합되어 있는 현대 사회를 보여주는 하나의 수사이다.

$\backsim 5 \backsim$

아노미적 소비자

> 근대적 삶의 모든 조건 — 근대적 삶의 물질적 풍부함과 엄청난 혼
> 잡함 — 이 결합하여 우리의 감각 능력을 무디게 한다.
>
> — 수전 손택

패트릭 콜필드Patrick Caulfield의 그림 〈점심을 먹고 나서After Lunch〉
(1975)는 휴식을 취하면서 텅 빈 다이닝 룸을 내다보는 한 인물을 묘
사한다. 그는 피곤해 보이고, 음식물을 내놓는 창구 위로 몸을 내밀
고 생각에 잠겨 고개를 숙이고 있다. 그는 레스토랑의 창틀을 액자
로 삼고 있는, 산, 호수, 그리고 동화 속의 성채를 그린 우편엽서 같
은 풍경 그림의 반대쪽을 바라보고 있다. 오히려 그는 레스토랑의
내부 정경, 즉 텅 빈 룸을 응시한다. 점심시간이 끝난 다음이다. 그
레스토랑은 다음 서비스를 위해 다시 문을 열 때까지 문을 닫는다.
콜필드의 그림에서 외부 세계의 자연 풍경[그 그림에서 레스토랑에 걸
려 있는 풍경 그림 _ 옮긴이]은 채색이 되어 있는데, 밝은 햇살에 물이

반짝이고, 공기는 멀리 있는 산을 볼 수 있을 만큼 깨끗하다. 이와 대조적으로 레스토랑의 실내 다이닝 룸은 부드러운 블루 색조로 덮여 있다. 의자, 테이블, 조명기구, 벽, 바닥, 천장은 세부 장식 없이 평평한 2차원적 외관을 하고 있다. 콜필드는 자연 풍경에는 질감과 생생함을 부여하고 사회적 풍경에는 그렇게 하지 않음으로써 둘 간의 차이를 부각시킨다. 그 그림은 사실은 점심식사 후, 즉 이벤트 후, 다시 말해 엔터테인먼트의 의례 후에 무엇이 뒤따르는지를 묻기 위해 우리를 무대 뒤로 이끈다. 그 그림은 묻는다. 무엇이 남아 있는가? 이 경우에 남은 것은 피곤한 노동자, 그리고 생기 없는 무감정한 공간이다. 그 그림은 생생하게 색칠된 그림 창을 통해 포착되는 외부 자연 세계의 찬란함과 레스토랑의 단조롭고 우울한 내부를 병치시킨다. 이를 통해 우리는 세계의 다채로운 활력이 레스토랑 외부에 있음을 암시받는다.

콜필드의 그림은 식사의 결과를 강조하여 식사의 즐거움을 보고했던 장 앙텔름 브리야-사바랭의 19세기 미식 격언에 도전한다. 브리야-사바랭이 레스토랑이 다양한 유희와 탐닉을 제공한다고 가정한 반면, 콜필드의 견해는 무대 뒤의 모습을 보여줌으로써 삶의 진정한 활기는 레스토랑 내부를 묘사하는 생명 없는 스케치 속이 아니라 외부의 활기찬 현실 세계에 있음을 시사하는 관점을 제시한다.

자아도취

소비문화는 쾌락 추구를 장려한다. 지그문트 바우만Zygmunt Bauman
은 인간사회의 원동력은 꿈을 이루는 것이 아니라 계속해서 꿈을
꾸는 것, 즉 더 많은 즐거움을 얻을 수 있는 미래를 영원히 생각하
고 희망하는 것이라고 주장했다. 우리가 가치 있는 것으로 여기는
것은 소유가 아니라 소유하려는 욕망이다. 욕망의 상태에서 사는
것은 우리로 하여금 무언가를 하고 있다고 느끼게 한다. 그것은 무
변화를 거부한다. 소비사회의 출현은 기분전환이 갖는 가치와 우리
가 항상 갈망의 상태에 있다는 것이 갖는 가치를 끊임없이 주장함
으로써 이러한 감정을 증폭시켜 왔다. 과시적 소비는 우리의 만족
할 수 없음, 그리고 완결과 포만에 도달하는 것의 바람직하지 않음
을 입증한다. 소비주의는 새로운 욕망의 지속적인 발명과, 진부한
활동으로부터 해방되었다고 느끼고자 하는 갱신된 원망願望에 의해
추동된다. 따라서 매일의 삶이란 완결 의식을 거부하고 그 대신 앞
으로 끝없이 흥분할 수 있게 해줄 활동을 하는 것이다. 소비윤리는
새로움과 목적을 상실함이 없이 그러한 스릴을 제공할 것을 약속한
다. 소비윤리는 항상 더 많은 스릴이 존재할 것이라고 단언한다.
"사람들이 행복이라고 부르는 것은 토끼가 아니라 사냥"이기 때문
에(Bauman 2001: 24), 토끼 수색은 계속될 것이다.
　　이 만족할 수 없음의 윤리에 뿌리를 내리고 있는 것이 바로 모든
종류의 경험을 상품 — 구매할 수 있고 또 우리의 사회적 레퍼토리의 일
부로 만들 수 있는 — 으로 변형시키는 것이다. 심지어 정치적으로 올

바른 입장들 - 이를테면 환경에 대한 더 많은 관심 - 조차도 자기고양self-enhancement의 기회가 될 수 있다. 바우만은 중간계급이 환경오염을 줄이기 위해 자동차를 운전하지 않는 것을 그 사례로 들고 있다. 그것은 또한 "돌체 앤 가바나 가죽 재킷, 발목까지 올라오는 아디다스의 빨간색 운동화, 구찌 실버 헬멧, 또는 끝부분이 휘어진 질 샌더 선글라스"를 소유한 자전거 라이더 또는 스쿠터 라이더로서의 정체성을 만들 수 있는 기회를 제공한다(Bauman 2004: 84). 이러한 묘사는 딕 헵디지Dick Hebdige가 떠도는 주체unanchored subject를 신랄하게 특성화한 것과 크게 다르지 않다. 하지만 그것이 끝은 아니다. 바우만은 또한 감정자본주의와 도구합리성에 대한 비판적 반대의 한 원천으로서의 자기인식적 개인self-aware individual이 갖는 가치를 인정한다. 그러한 개인은 자율적 주체를 가정하는 인본주의 이상을 깊숙이 내장한 개인들을 해체함으로써 발전한다. 바우만이 시사하는 바에 따르면, 자기인식적 시민이 생겨날 수 있는 것은 그러한 상태로 가는 길이 유동적 근대세계의 늪 - 다시 말해 덧없는 약속, 스피드 데이트, 계산된 관계들이 우리의 사회관계를 지배하는 숨 막힐 듯한 주변 환경 - 을 통과한다는 것을 이해할 때이다.

푸코도 이전에 서구의 감금적·규율적인 사회-정치체제가 만들어낸 정체성에 관한 신화에서 벗어날 필요가 있음을 강조하면서 이와 동일한 주장을 한 바 있다. 푸코에 따르면, 문화적 관습과 유행하는 관행들은 자신들이 발휘하는 효과를 숨긴다. 즉, 관습과 관행들은 자신들이 관여하는 바로 그 현상을 은폐한다. 이를테면 정체성은 우리가 자기준거self-reference 양식의 하나로 우리 자신에게 적용하는 개념이지만, 그 준거과정이 반드시 정체성을 정의하거나 정체성의 내용을 채워주지는 않는다. 따라서 자아는 하나의 인식 대상이 된다. 즉, 자아는 지속적으로 준거되지만 정의와 안정성 모두를 결여하고 있는 하나의 역할 또는 일단의 가정 같은 것이다. 따라서 어떤 의미에서 자아는 허구의 것이다. 만약 우리가 정체성과 관련한 가정들을 떨쳐버리고 정체성이 인간 본성에 근거하지도 그리고 구체적이고 역사적인 사회적 관행의 체제를 조건으로 하지도 않는다고 주장할 수 있다면, 정체성이라는 관념 자체는 오직 행동 양식, 감정 유형, 열망, 감각, 즐거움 등 ─ 이것들은 하나의 허구적 통일체 속에서 자아라고 알려진 하나의 인과적 원리로 하나로 묶인다 ─ 을 묘사하는 것을 통해서만 다시 가시화될 수 있을 것이다. 요컨대 정체성 개념 뒤에는 지식이 없다. 만약 우리가 이 입장을 받아들인다면, 정체성과 자아라는 문제 있는 개념들이 사라질 것이지만, 동시에 퍼스낼리티를 광고하는 제품을 구매하게 하는 소비 정명 또한 사라질 것이다.

자아 발명하기

소설은 '발견할 수 있는 자아discoverable self'라는 관념을 발명한 것으로, 즉 의식의 역학, 그리고 외부의 혼란한 세계가 제시한 수수께끼를 곰곰이 숙고하고 해결하는 방식을 조명한 것으로 인정받고 있다. 생각이란 결국 질서를 부여하기 위해 획득된 기법이다. 초기 소설에서부터 현대 리얼리티 TV 프로그램에 이르기까지 인기 있는 오락물은 질서를 수립하는 기술의 입문서 기능을 한다. 고전 세계에서 소설은 줄거리 중심의 서사였던 것으로 보인다. 2세기에 아풀레이우스Apuleius가 라틴어로 쓴 『변신Metamorphoses』(또는 『황금 당나귀The Golden Ass』)이라는 최초의 소설에서는 영웅이 수많은 모험과 도전을 마주한다. 그중에서도 특히 주인공이 당나귀로 변하여 동물의 입장에서 삶의 도전들을 다룬다. 고대 세계에서는 자아 관념과 정체성의 의미가 외부의 도전에 대처하기 위한 전략으로 인식되고 토론되었다. 이 개념의 본질과 내용에 대한 지속된 논쟁이 보다 광범한 식자 사회에서 널리 퍼진 것은 데카르트Descartes의 "나는 생각한다, 고로 존재한다Cogito ergo sum" 이후였다(Martin and Barresi 2006). 고대 세계와 르네상스 세계 간의 지적 거리를 무시하는 사람들은 16세기 후반의 세계 — 기독교가 약화되고 그리하여 자의식을 향한 내적 여정에 대한 기독교의 금지가 약화되면서 인간 본성에 대한 글쓰기와 사고에 대한 관심이 다시 일기 시작한 — 에 소설 형식을 다시 도입하고, 소설의 대중적 기원을 그곳에서 찾는다(Greenblatt 1980).

17세기 후반과 18세기 초부터 북서유럽에서 도시들은 그 규모가 커지면서 인구가 50만 명을 넘어섰다. 그러한 사람들의 모임은 다양한 즐거움을 추구할 수 있는 기회를 제공했고, 다양한 형태 — 가벼운 형태부터 감각적인 형태에 이르기까지 — 의 성매매를 하는 독특한 하위문화의 형성을 부추겼다. 18세기의 부유한 런던 상류사회의 분파들은 일련의 도덕적 혼돈에 빠져 있는 것으로 묘사되어 왔다. 왜냐하면 내적 욕망과 욕정을 추구하고 다른 사람들의 약점을 이용

했기 때문이다. 18세기 중엽은 글자 그대로 신분을 위장하고 공개
적으로 떠돌아다니며 익명으로 은밀한 성적 모험을 즐기도록 부추
기는, 끊임없는 가면무도회와 축연들로 악명이 높았다. 이러한 공
개적인 연회의 표면상의 목적은 성적 세계를 전도하여 사람들로 하
여금 어떤 진단 꼬리표를 부여받지 않은 채 다양한 도락을 즐길 수
있게 하는 것이었다. 그리하여 남성과 여성, 주인과 하인, 동성애자
와 복장도착자의 에로틱한 결합이 이루어졌고, 이는 연극적 정체성
에 대한 관심을 폭발시켰다. 왜냐하면 연극적 정체성은 그러한 탐
닉을 성적 성향이나 도덕적 성격의 병리상태로 낙인찍히지 않게 해
주기 때문이었다. 고삐 풀린 에로티시즘의 표출은 다양한 사교서클
에서 토론의 대상이 되었고, 인간 본성과 도덕적 질서에 관한 질문
들이 인기 있는 담론의 일부가 되었다. 범주화의 문제, 즉 성적 욕
망이 어떻게 꼬리표와 담론에 의해 억제될 수 있는지에 대한 문제
는 일단 고삐 풀린 인간 욕망의 능력에 대한 야한 상상력을 자극하
여, 자웅동체증, 색정증, 지속발기증과 같은 기괴한 성적 일탈에 빠
지게 했다. 외설 서적들이 널리 출간되었고, 그러한 책들 역시 근대
초기 시대의 심성mentalité에 대한 견해, 즉 개인 정체성이 에로틱한
경험에 기초한다는 견해에 기여해 왔다(Castle 1986; Hunt 1993).

『파니 힐Fanny Hill』(1748)로 더 잘 알려진 존 클레랜드John Cleland의
소설 『어느 환락녀의 전기Memoirs of a Woman of Pleasure』는 처음에는 콜
Cole 부인의 유명한 매음굴에서 상대적으로 은밀하게 행해졌다가 나
중에는 번화한 런던의 거리와 선술집과 커피하우스에서 공개적으
로 행해진 조직화된 매춘에 대해 묘사한다(Trumbach 1987: 76). 이러

한 문학적 묘사는 화가 윌리엄 호가스William Hogarth(1697~1764)가 사실주의적으로 묘사한 런던 거리 생활의 모습 ─ 이를테면 〈매춘부의 편력The Harlot's Progress〉 ─ 과 크게 다르지 않다. 소매치기, 매춘부, 주정뱅이들이 거리를 차지하고 있었고, 별다른 공식적인 제재 없이 다양한 기호와 욕구가 추구될 수 있었다. 다른 사람들의 성실성을 평가하고 다른 사람의 진짜 성격을 알고자 하는 일반적인 관심이 사회적 경쟁에 대한 이러한 이야기의 배후에 자리하고 있었다. 사회계급들이 서로 뒤섞이면서 사교의 본질을 이해하고 또한 표정과 외모로부터 어떻게 개인의 성격을 추출해낼 수 있는지를 이해할 필요가 있게 되었다. 새뮤얼 리처드슨Samuel Richardson(1689~1761)의 실험적인 서간체 소설『파멜라 또는 보상받은 덕행Pamela or Virtue Rewarded』은 1740년에 출간되자마자 즉시 베스트셀러가 되었다. 그 책은 아버지와 딸이 주고받은 편지를 통해 사회의 사다리를 오르는 하인 소녀의 삶에 대해 자세히 이야기한다. 그 소녀는 그 과정에서 자신의 덕행에 대한 많은 도전에 저항하고 그 도전들을 극복하는 법을 배운다. 그 소설은 더 나은 사회적 지위를 열망하는, 그리고 파멜라의 모험을 사실에 기초한 것으로 기꺼이 받아들인 젊은 여성들에게 기본 지침서가 되었다. 그 소설에 뒤이어 곧바로 1741년에『샤멜라 앤드류스 부인의 삶에 대한 변명An Apology for the Life of Mrs Shamela Andrews』이라는 제목의 풍자소설 ─ 그 책의 대중적인 제목인『샤멜라』로도 알려진 ─ 이 익명으로 출간되었다. 헨리 필딩Henry Fielding(1707~1754)이 익명으로 출간한 그 책은 리처드슨이 묘사한 정숙하고 친절한 하녀가 아니라 오히려 의도적으로 자신의 부유한 주인을 함정에 빠뜨려

결혼하려고 한 교활한 행위자인 여주인공의 실제 사건들에 대해 자세하게 이야기한다.

있는 그대로의 존재 — 겉모습이 어떠한가보다는 (제4장에서 논의한 수전 보일의 사례를 보라) — 에 대한 이러한 관심은 오랫동안 지속된다. 다음 세기에 제인 오스틴Jane Austen은 『맨스필드 파크Mansfield Park』 (1814)에서 이를 언급한다. 그 책에서 토머스 버트럼 경Sir Thomas Bertram이 일시적으로 집을 떠나 있는 동안 그의 집의 젊은이들은 연극 놀이시설을 만들었다. 집에 돌아온 그는 즉각 격노했다. 왜냐하면 그에게는 연극 공연을 한다는 것은 젊은이들이 실험이라는 위험한 것에 대한 관심과 위장하는 습관을 가지기 시작한다는 것을 알리는 것이기 때문이었다. 그처럼 기꺼이 연극을 한다는 것은 젊은이들로 하여금 사적 쾌락의 탐닉이라는 표출된 목적을 위해 필연적으로 평판이 좋지 않은 위장과 자아 만들기를 할 수밖에 없도록 만들 것이라고 추론되었다. 이러한 문학적 사례들은 시대의 온도를 측정하는 데 중요하다. 왜냐하면 그러한 소설의 인기는 독자층의 다양한 분파를 가로지르는 관심과 감성을 반향하기 때문이다. 이러한 생각은 오늘날의 리얼리티 TV 프로그램의 인기를 오늘날의 지배적인 문화적 가치를 보여주는 지표로 삼는 것에 신빙성을 더해준다.

테리 캐슬과 미셸 푸코 모두는 각기 18세기를 정체성의 표현이 인간 본성에 관한 특정한 가정에 의해 제한된 시대가 아니라 반대로 실험 가능성에 의해 고삐 풀린 시대로 보았다. 특권 있는 계급들은 자신이 아닌 다른 존재로 연기할 수 있었다. 당시는 성性의 위장이 유행하던 시대였다. 18세기에는 수많은 사회적 실험의 기회로부터 생겨난 급진화된 감성들이 존재했다. 이를테면 당시에는 복장도착적 기행에 대한 이야기들이 널리 퍼져 있었는데, 유명한 사람들이 성적·사회적·정치적 모험을 하기 위해 실제로 변장을 했다(Castle 1987: 157). 남자, 여자, 스파이, 외교관, 군인으로 다양하게 살았던 슈발리에 데뭉Chevalier d'Eon(1728~1810)의 다채롭고 수수께끼 같은 삶은 그 자체로 그 시대의 대담함을 보여주는 생생한 사례이다. 이 매력적이고 세련된 인물은 한 자유분방한 사교집단에서 유명했고, 런던과 파리의 상류사회에서 상당한 기간 동안 거주했다. 런던과 파리에서 그/그녀는 애매하고 때로는 모순적인 정체성 의식을 보여주었다. 슈발리에는 때로는 결투를 벌이며 전쟁에 나간 남자였고, 다른 때에는 실제로 30년 이상 동안 수많은 가십과 악명을 불러일으킨 여자였다. 그러한 특별한 사람들 — 뉴욕 주지사이자 영국 앤 여왕Queen Anne의 대리자인 콘버리 경Lord Cornbury의 이상한 사례를 포함하여 그러한 사람들은 많다(Garber 1992: 53) — 의 이야기 외에도, 두드러진 특징은 18세기의 사회적·문화적 긴장은 사회가 하나의 관습이라는 생각, 즉 사회가 자연과는 다른 하나의 제조물이고 중요하게는 유행의 산물, 즉 마음대로 모양과 스타일을 만들수 있는 영역이라는 중요한 생각을 예증했다는 것이다.

우리가 당연한 것으로 간주하는 관습이 인위적이고 상상적인 것이라는 관념, 즉 어떤 의미에서는 우리가 무한한 가능성의 역사 속에서 그간 출현해 온 임의적인 형태의 세계에 살고 있다는 관념을 받아들일 경우, 우리는 일상적 습관으로부터 일정한 정도의 거리를 두고 그 습관을 객관적으로 탐구할 수 있게 된다. 세계가 하나의 문화적 틀이라는 원리를 받아들일 때, 우리는 세계의 제조방식을 바라볼 수 있는 준비를 더 잘 갖추게 된다. 이런 점에서 서구 문화의 유산은 우리의 발견 가능한 본성을 찾아 나선 혹독한 도전으로 묘사될 수 있다. 즉, 서구 문화는 인간 본성, 생명활동, 심리상태, 사교성에 대한 탐구의 역사이다.

젠더 연구는 자연적인 몸을 정의하는 데 개입되는 문화적 가치를 측정하는 데 특히 주목해 왔다. 적절한 형태의 남성성과 여성성에 대한 설명은 아주 다양하며, 18세기에 유포된 대중문학들 속에는 오늘날의 견해와는 반대되고 심지어는 현재의 태도에 이의를 제기하는 상세한 묘사들도 들어 있다. 이를테면 1771년에 출판된 소설 『감정적인 남자The Man of Feeling』는 이상적이고 참된 남성 성격을 묘사했다. 이 책은 공중에 의해 일종의 감상적인 블록버스터로 받아들여져서 출판 직후에 매진되었다(Todd 1986: 110). 그 소설은 남자 주인공을 상거래나 돈을 버는 데 관심이 없고 눈물을 잘 흘리고 사람들을 상냥하게 대하는 등 감정을 쉽게 표현하는 것으로 묘사했다. 온순함과 감성을 드러내는 것은 여성적임의 표시가 아니라 그 반대였다. 이 견해는 오늘날 새로운 시대의 이미지, 즉 20세기 후반의 여성 패션 및 라이프 스타일 잡지를 통해 만들어진 메트로섹슈얼한 남성의 이미지를 상기시킨다.

우리는 18세기의 대중 소설과 오락물들에서 발견되는 문화적 표현을 통해 그 시대의 전반적인 분위기를 느낄 수 있다. 당시의 긴박한 상황이 관대함과 당혹스러움이라는 두 극단을 특징지었다. 특권 있는 상층 사회계급 성원과 하층의 훌륭한 성원이 어울리는 것이 더 많이 용인됨에 따라, 사회적 지위에는 어떤 논리도 없다는 것이 더욱 분명해졌다. 대신 임의적인 상황이 일정한 역할을 한다는 인식이 증가했다. 제인 오스틴의 『오만과 편견Pride and Prejudice』(1813)의 서사는 사회의 부분들 간의 분할이 항상 바람직하지는 않으며 그러한 장벽을 깨는 것이 진정한 개인적 행복을 낳을 수도 있다는, 당시 출현하고 있던 견해 — 아마 미셸 푸코도 강력하게 똑같이 지지했을 입장 — 를 예증한다. 통상적인 사회질서의 전치는 우리가 "원래 사악하고 양성兩性적이며, (우리의) 욕망의 범위가 잠재적으로 무한하다"는 믿음을 강화시켰다(Castle 1987: 158). 우리의 감정, 욕구, 감성, 욕망은 자의적으로 획득되고, 따라서 우리는 그것들의 변이와 한계를 자유롭게 탐색할 수 있다. 이 같은 인식과 함께 그것들에는 아무런 제약도 존재하지 않을 수 있게 되고, 그것은 다시 우리에게 "새로운 관능적 무질서의 영역"으로 도피할 수 있는 기회를 제공한다(Castle 1987: 161).

현대사회의 진화에 내포된 이러한 외설적 배경은 우리로 하여금 21세기 대도시가 어떻게 상대적으로 진중하고 질서정연한 상태로 진화해 왔는가라는 의문을 제기하게 한다. 15세기부터 유포되기 시작하여 다양한 대중매체를 통해 계속해서 전달된 매너에 관한 규범적 문헌들은 다른 사람들을 불쾌하게 할 가능성을 줄이기 위해 자신의 몸동작을 통제하고 다른 사람의 행동 스타일을 주시할 필요가 있음을 가르쳐 왔다. 공원과 레스토랑 같은 새로운 사회적 장소들의 출현과 함께 18세기에 공적 영역은 자신을 과시하고 다른 사람들과 만나는 공간 — 도둑과 소매치기로 가득 찬 번잡한 대도시 거리에서는 항상 그러하지는 않지만 카페, 레스토랑, 야외 아케이드와 같은 안전한 환경에서는 그러한 — 으로 바뀌었다. 이처럼 개인적인 자질과 감성을 추단하기 위해 서로를 자세히 살피는 것에 대한 관심이 부활하면서 개인의 성격이 사회적·문화적 현상이라는 견해가 강화되었다. 자연의 명령을 극복하고 대체하기 위해 교활한 방식으로 작동하는 유행으로부터 개인의 성격이 계발되고 스타일이 만들어지는 것이 가능해졌다.

대중들이 라바테르의 인상학과 같은 관찰체계를 이용한 것은 변장과 위장의 유행에 의해 생성된 불안에 대응하기 위한 노력이었다. 라바테르의 성격 분석 체계는 특정한 고질적인 성격은 숨길 수 없다는 것을 보여주었다. 이를테면 범죄자는 우아한 복장 뒤에 숨어 있을 수 없으며, 훌륭하고 정직한 지방 사람은 유행에 뒤졌다고 해서 부당하게 취급받지 않는다.

라바테르는 또한 인상학적 추론 자체가 하나의 자연적 속성으로 받아들여져야 한다고 촉구했는데, 그것은 다시 모든 개인은 신체 특징이 개인적 특성과 어떻게 선천적으로 연결되어 있는지를 이해할 수 있다는 것을 의미했다. 자아 만들기 및 성격의 생산이 인간이 지닌 창의력의 특징이라는 것을 받아들일 경우, 중요한 것은 그러한 표지를 적절히 읽어내는 법을 배우는 것뿐이었다. 그리고 일단 우리가 그러한 발전된 기술을 소유하면, 모든 외양은 허위적인 위장이라는 믿음에 의해 야기된 불안감이 얼마간 진정될 수 있었다 (Wahrman 2004: 294~306).

쿨함의 시작

인간 본성이 인상학 속에서 밝혀졌다는 한편의 믿음과 사회와 문화가 자연의 명령을 극복할 수 있고 자유로운 개인이 자신의 자아를 만들 수 있다는 다른 한편의 믿음 간의 모순된 긴장은 일반화된 긴급한 상황, 즉 낯선 사람의 성격을 한눈에 더 예리하게 그리고 더 잘 이해해야 할 필요성에서 기인하는 것이었다. 그것은 초기 근대시대의 분출적이고 실험적인 사회형태들을 냉각시키고 후기 근대시대의 공학적으로 설계된 차가운 환경으로 나아가는 긴 진화를 준비하는 과정을 시작하는 것이었다. 유럽에서 일어난, 뜨거운 문화에서 차가운 문화로의 분명한 변화가 계몽주의와 함께 시작된 것이 아니었음은 분명하다. 왜냐하면 계몽주의 시대에도 초기에 만연하던 낯뜨거운 시골풍의 무례함을 보여주는 표현들이 여전히 존재했기 때문이다. 피테르 브뤼헐Pieter Brueghel의 스타일을 모방한 두 판화 ─ 〈학교의 당나귀Ass In The School〉(1556)(http://www.1st-art-gallery.com/Pieter-The-Elder-Bruegel/The-Ass-In-The-School-1556.html)와 〈원숭이들에 의해 약탈당한 행상인The Pedlar Pillaged by the Apes〉(1562)(http://rubens.anu.edu.au/htdocs/bytype/prints/brueghel/0001/198.JPG) ─ 에는 보는 사람들을 즐겁게 하고 교화할 의도에서 묘사된 것으로 보이는, 규율되지 않은 처신과 외설적인 행동을 하는 장면들이 있다. 두 작품 모두 자연과 문화 간의 대립을 묘사한다. 후자의 판화는 짓궂은 원숭이 무리가 행상인으로부터 도시 진보의 상징들 ─ 주사위, 동전, 열쇠, 악기, 안경, 은그릇, 장갑, 거울, 양말 ─ 을 약탈하는 모습을 보여준다. 원숭이는 인간과 유사하다. 거기서 장난감 목마를 타고 있는 두 마리의 원숭이(판화의 왼쪽 중앙)는 마치 놀이하고 있는 인간 아이들처럼 행동한다. 그것이 전하는 메시지는 문화와 자연, 즉 인간과 비인간 간의 크지 않은 차이에 관한 것임이 분명하다.

미겔 데 세르반테스Miguel de Cervantes의 악한 소설 『돈키호테Don Quixote』는 정체성 표현에서 변화가 일어난 시점을 특징짓는다. 1605년에서 1615년 사이에 쓰인 『돈키호테』는 스페인 시골을 여행하는 심란한 한 귀족과 보통사람인 그의 동료들의 이야기이다. 동시에 예측할 수 없는 세계와 맞서는 상상력과 유머 감각이 풍부한 모험가의 내면, 즉 정신세계로의 여행에 관한 이야기이다. 기독교 교리가 성쇠를 거듭하면서, 그러한 탐험은 윌리엄 콩그리브William Congreve의 『인코그니타Incognita』(1692), 다니엘 디포Daniel Defoe의 『로빈슨 크루소Robinson Crusoe』(1719)와 『몰 플랜더스Moll Flanders』(1722), 새뮤얼 리처드슨의 『파멜라』(1740), 『파멜라』의 패러디물 『샤멜라Shamela』(1741), 로런스 스턴Laurence Sterne의 『트리스트럼 섄디Tristram Shandy』(1766), 괴테Goethe의 『젊은 베르테르의 슬픔The Sorrows of Young Werther』(1774), 패니 버니Fanny Burney의 『에블리나Evelina』(1778), 그리고 20세기에 들어서는 프란츠 카프카Franz Kafka의 『변신The Metamorphosis』(1915) 등에 이르기까지 서구의 작품들에서 계속해서 반복된다. 의미와 질서의 탐색은 서로 다른 양식의 심적 조직화를 낳았고, 19세기부터 개인적 의미 찾기를 상업화하는 일단의 중산계급 전문가들을 만들어내기 시작했다. 『자조론Self Help』, 『성격론Character』, 『검약론Thrift』을 비롯한 수많은 베스트셀러의 저자인 새뮤얼 스마일스

(Samuel Smiles, 1812~1904)는 서구 중간계급에게 전문적인 인생 코치로 알려졌던 초기 인물 가운데 한 사람이다.

현대 소비사회는 자아의 계발, 실현, 표현에 전념하는 수많은 산업을 가지고 있다. 그리고 자아는 다시 정체성을 하나의 자산으로 변형시켜 온 오랜 역사와 연계되어 있으며, 그 후 그러한 자산은 성공적인 사회생활을 위한 우리의 몸치장하기에 필수적인 부분으로 재정식화되어 우리에게 다시 제시된다(Greenblatt 1980; Thomas 2009). 이 '치장된 자아groomed self'가 지금은 우리에게 매우 친숙하지만, 서구 문헌들은 치장된 자아의 본질에 대해 그리 합의를 보지 못했다. 그 결과 우리의 문학작품들은 우리가 어떻게 처신해야 하는지를 설명하는 다양한 이야기로 가득하다. 이를테면 니콜로 마키아벨리Niccolo Machiavelli(1469~1527)는 모든 인간 활동은 위장을 포함하며 우리가 페르소나를 더 잘 창조할수록 우리는 다른 사람들에게 더 많은 영향력을 행사할 것이라고 주장했다. 발데사르 카스틸리오네Baldessare Castiglione(1478~1529)는 신중하고 전략적인 것이 우리의 주요 관심사여야 하지만 동시에 그러한 속성은 숨겨져야만 한다고 주장했다. 우리가 예상치 못한 것을 쉽게 관리할 수 있는 능력은 우리의 교양 수준을 보여주는 것이다. 그러한 능력은 일반적으로 높은 수준의 자의식에서 발생한다. 우리는 사회적으로 능숙하게 얼버무릴 수 있어야 하지만, 우리의 행동을 설계하거나 계획하고 있는 것처럼 보여서는 안 된다. 우리는 항상 자발적이고 단순하고 성실한 것처럼 보여야만 한다. 이것이 '자아발명의 기술art of self-invention'이다. 카스틸리오네는 이러한 재능을 스프레차투라sprezzatura[어려운 일을 쉽게 하는 것처럼 보이게 하는 능력으로, 얼마간 태연한 척하는 것을 말한다 _ 옮긴이]라고 불렀다. 이 재능은 우리가 오늘날 '쿨하다cool'라고 언급하는 것의 초기 형태이다. 진실해 보이기 위해서는 우리는 협조적이고 이해심 있고 무리가 없는 것처럼 보여야 하며, 이 수준의 평정심은 우리에게 다른 사람들을 움직일 수 있는 확실한 힘을 부여할 것이다. 이것이 바로 많은 칭찬을 받는 '기교 없는 기교art of being artless'이다. 미셸 드 몽테뉴Michel de Montaigne(1533~1592)는 인간의 의식을 "가게 뒤에 있는 방" — 공공의 견해에서 벗어나서 무대 뒤에서 공적 삶에 필요한 자아를 만들어내는 곳 — 으로 묘사했다. 보다 현대적인 자아 만들기와 자아 표현의 사례들은 제임스 조이스James Joyce와 버지니아 울프Virginia Woolf의 '의식의 흐름stream of consciousness' 소설들에서 발견된다. 그러한 사례들은 또한 진정한 개인은 자기 자신이 선택한 행위에 의해 창조되는 장-폴 사르트르Jean-Paul Sartre의 실존주의 철학에서도, "너 자신이 되라"라는 프리드리히 니체Friedrich Nietzsche의 가르침에서도, 오스카 와일드Oscar Wilde가 자아실현을 인생의 주요 목적으로 묘사하는 데서도, 니콜슨 베이커(Nicholson Baker 1988)가 쇼핑몰에서 에스컬레이터를 타고 하는 묵상에서도, 그리고 기 드보르(Guy Debord 1977: 4~18)가 개인들을 '스펙터클 사회'에서의 연극 소품으로 묘사하는 데서도 발견된다. 정체성은 자기도취의 문화적 형태 가운데 하나이다. 즉, 정체성은 사회적으로 명백한 것과 연기된 것 뒤에 자리하고 있는 묵상·기만·인상관리의 세계의 일부이며, 서구의 권위 있는 작가와 예술가들은 정체성을 그러한 모습으로 반복적으로 다루어 왔다(Thomas 2009).

우리의 문화유산은 외양이 차지해 온 중요성 ― 특히 자아 만들기의 습관이 더 널리 채택된 시기에 ― 을 예증한다. 외양의 가변성은 수제 드레스가 의도되었든 그렇지 않든 간에 하나의 변장도구이며 적절한 행동과 관련한 관습이 반드시 개인에 대한 신뢰할 수 있는 독해를 보장하지는 않는다는 심란한 메시지를 전달한다. 마그리트는 다음과 같은 질문을 하게 만드는 〈가면 쓴 사과〉라는 초현실주의적 그림으로 이 문제를 제기했다. 그것들의 외양이 드러낸 것은 무엇이고 감춘 것은 무엇인가? 스티븐 그린블랫(Stephen Greenblatt 2004: 76)은 엘리자베스 시대의 사회를 자아 만들기에 관한 관념이 보다 널리 유포된 결과 사회적 지위를 증명하는 것에 대한 불안에 사로잡혔던 것으로 묘사했다.

> 엘리자베스 시대의 사회는 전반적으로 분명히 몹시 위계적이었다. 여성보다 남성, 어린아이보다 어른, 젊은이보다 노인, 가난한 사람보다 부유한 사람, 비천한 사람보다 가문이 좋은 사람이 위에 있었다. ……
> 사회 엘리트는 신중하게 조율된 존경의 몸짓들이 행해지는 세계에서 살았다. 그들은 아랫사람들에게 항상 복종의 표시 ― 인사하기, 무릎 꿇기, 모자 벗기, 굽실거리기 ― 를 끊임없이 반복해서 요구했다. ……

그린블랫은 이러한 제약이 가해지는 상황에서도 윌리엄 셰익스피어의 아버지 같은 사람들이 어떻게 자신을 재발명함으로써, 즉 문장원College of Heralds을 통해 과거를 사서 한가한 신사계급의 성원 행세를 함으로써 사회적 지위를 변화시키고자 할 수 있었는지를 지적했다(Greenblatt 2004: 77). 외양의 가변성은 현재로 이어져 왔다. 전투병의 위장복을 입고 시내 중심가에 있는 사람은 아마도 군인이 아닐 것이다. 주디스 버틀러(Judith Butler 1990)가 이성 옷 입기와 여장의 즐거움에 대해 언급한 이후, 우리는 여성복을 입고 있는 사람을 여성으로 추정하는 것을 아마도 덜 믿을 것이다. 목 부분이 깊이 파인 파란색 벨벳 드레스를 입고 옅은 색깔의 장갑을 낀 초상화를 통해 불멸하게 된 에드워드 하이드Edward Hyde의 경우를 다시 고찰해 보자. 그는 턱수염이 많고 턱 아래로 살이 축 처져 있으며, 이러한 얼굴 모습은 그를 분명 남성으로 보게 한다. 그 초상화의 진위에 대한 일부 논쟁이 있음에도 불구하고, 그 사람은 콘버리 경이자 18세기 초에 미국에서 뉴욕과 뉴저지의 주지사였던 에드워드 하이드로 추정되었다. 영국 여왕 앤의 사촌이자 그녀의 식민지 대리자인 그는 앤의 이미지가 연상되는 옷을 입고 있는 것으로 묘사된다. 그 초상화가 복장도착을 암시할 수도 있지만, 그는 자신의 외관에 대해 그것이 여왕에 대한 충성을 나타낸다고 변호했다. "내 외관의 적절함을 알지 못하니 당신은 매우 어리석도다. 이곳에서, 그리고 특히 이 경우에 나는 한 여성[앤 여왕]을 대신하며, 모든 면에서 내가 할 수 있는 한 그녀를 충실하게 대신해야만 한다"(Garber 1992: 53). (또한 http://www.historic-uk.com/CultureUK/edward-hyde-governor-NY.jpg도 보라.)

우리는 많은 경우에 전통에 속박된 상황에서 우리가 선택하지 않은 의무에 의거하여 삶을 살아가며, 그러한 삶은 습관과 관례에 의해 지배되고, 그리하여 고된 일과 곤경에 처한다. 이를테면 영국에서 산업혁명을 진전시키는 데 필요한 값싸고 풍부한 노동력을 제공했던 19세기 어린아이들의 삶이 그러했다. 그들에게는 자율적 정체성이 존재하는지, 그리고 그것이 중요한지에 대한 의문을 제기할 수 있는 기회가 제한되어 있었다. 이와 대조적으로 현대 서구에 사는 우리 대부분은 우리가 누구인지를 탐구하고 우리 자신을 우리가 원하는 대로 만들어가는 사치를 즐기는 것으로 보인다. 많은 서구 문화가 우리 자신이 누구인지를 알고 우리를 다시 만들기 위한 이러한 탐구를 고무하고 있다. 하지만 그러한 종류의 자기시험과 자아발견이 소비 정명과 같은 특정한 사회-경제적 체제를 유지하는 데 필요한 기술인가, 아니면 그것이 모든 인류의 자연적 속성인가라는 질문이 제기된다.

인간 의식 내부로의 여행은 무역의 확산, 세속주의의 부상, 상업 도시의 성장과 함께 결정적인 전환을 맞이했다. 도시의 개인은 세르반테스의 돈과 판초 산체스Pancho Sanchez의 전통을 따르지만, 끝없이 일련의 인물이나 모험과 마주치는 시골을 여행하는 대신, 물리적으로 우리를 압도하는 대도시와 씨름한다. 왜냐하면 대도시는 우리 내부의 주관적 영역 내에서 내적으로 반향을 일으키는 지속적인 소음과 끊임없는 변화를 일으키기 때문이다. 게오르그 짐멜은 역사적·경제적 과정에 대한 추상적인 메타서사가 아닌, 개인이 사회세계의 중심에 서 있는 보다 가시적이고 더욱 흥미로운 근대적 경험에 대한 분석을 통해 이러한 긴장을 포착한다(Simmel 1905). 짐멜이 볼 때, 도시에서의 삶은 인간의 새로운 존재방식을 특징짓는다. 우리는 도시에서 낯선 외적 현실과 부딪치고, 그것이 우리로 하여금 다르게 바라보고 관찰하고 생각하게 한다. 가장 중요한 것은, 그러한 과정을 통해 우리가 이전에 자연적 욕망과 충동으로 생각했을 수도 있는 것들을 우리의 모든 사회적 거래에서 우리에게 이익을 가져다주겠다고 약속하는 관례와 규약들로 재정의하기 시작한다는 것이다.

사회는 식별 가능한 원형들을 생산할 수 있는 것으로 묘사된다. 탈근대의 열정적인 소비사회에서 우리는 '진정한 자아'가 상실되고 그것이 계산된 책략의 레퍼토리들로 대체되는 것을 한탄하고 있는 것으로 묘사된다. 우리는 점점 더 아상블라주로서의 자아 서사에 익숙해지고 있으며, 우리가 밤에는 세련된 디자이너의 옷을 입고 외식을 하고 그다음 날에 일어나서는 평범한 슈퍼마켓에서 가정용 식료품을 판매하는 고된 일을 하러 가는 쿨한 하이브리드 연기자가 될 수 있다는 논리를 받아들인다. 우리는 그러한 대도시 각본metro script을 이해하는 언어와 개념 장치들을 정식화해 왔다. 끊임없이 낯선 사람들을 만나는 21세기 도시의 혼잡한 거리에서 우리는 순간의 삶을 강조하는 조작적 사고와 행동의 방식을 발전시켜 왔다. 배후의 소음 속에서 우리는 우리가 소비시대에 끝없이 제공되는 매물들로부터 우리 자신을 도출할 수 있는 능력을 지닌 일관된 존재라는 인식을 이끌어내어 왔다(Rorty 1989). 그리하여 만들어진 몸은 인간 행복을 구성하는 요소 가운데 하나가 되었다(Thomas 2009: 228). 이 완벽한 상태로 나아가기 위해 고군분투하면서, 우리는 대중문화를 통해 제공되는 대본대로 사회적 공연을 하는 것이 갖는 가치를 배운다. 그러한 잘 알려진 사회적 대본을 솜씨 있게 연기하는 것은 우리에게 매 상황에서 최고의 효과를 거두도록 처신할 필요가 있다는 점을 인식시켜 준다.

카스틸리오네가 500년 전에 경고했듯이, 우리는 가장하고 연기하는 능력이 우리에게 필요하다는 사실을 인식하고 있지만, 우리는 또한 행동하는 방법을 숙고하는 것은 너무나도 계산적이고 어쩌면 기만적인 것처럼 보일 수 있다는 것도 알고 있다. 우리는 우리가 자발적이고 진실한 것처럼 보이지 않으면 자칫 정반대인 것처럼, 즉 의심스러운 존재인 것처럼 보일 수 있다는 것을 알고 있다. 우리가 사회적으로 연기하는 방법에 대해 두 번, 세 번, 그리고 그 이상 생각할 때, 우리는 롤랑 바르트가 '자연적 지식natural knowledge'이라고 불렀던 것에 직관적으로 의지한다. 이 지식체계가 바로 우리가 당연한 것으로 간주하는 암묵적 인식들이며, 우리는 그것들을 사회적 참여의 구체적인 규칙으로 받아들여 왔다. 우리가 이러한 관습을 효과적으로 수행할 때, 우리는 다른 사람들에게 인정받을 만한 인물, 심지어는 스테레오타입으로 보인다. 따라서 우리는 그들의 기대를 충족시키고, 또한 "사교적이 되는 것은 자연적이 되는 기술 ─ 즉, '기교 없는 기교' ─ 이다"라는 카스틸리오네의 암묵적인 훈령을 따른다.

우리가 자아 만들기를 둘러싼 매너의 역사, 그리고 뜨거운 환경과 차가운 환경에서 행동하는 법을 학습하는 방식을 고찰하다 보면 레스토랑이 적절한 사회적 참여의 규칙을 계발하기 위한 훈련장이었으며 지금도 여전히 그러하다는 것이 명백해진다.

도시와 근대 정체성

도시에서 우리는 낯선 사람을 만나며, 따라서 예기치 못한 상황에 대비해야만 한다. 다른 사람들과의 근접성은 경계심을 요구하고, 우리는 기꺼이 적응적이 되거나 심리적으로 경계적이 될 필요가 있다. 이러한 관점은 상대적으로 최근의 것으로, 소비사회와 함께 출현해 왔다. 소비사회에서는 리얼한 것과 하이퍼리얼한 것, 실재하는 것과 상상된 것, 영원한 것과 순간적인 것 간의 경계가 안정화되기가 훨씬 더 어려워졌다. 낯선 사람들의 무리 속에 사는 경험은 우리에게 스스로를 심문하도록 훈련시킨다. 이 같은 상황에서 도시 관념과 정체성 관념은 서로 중첩되고, 각각의 감정적 자아는 공개 텍스트 ─ 관찰되는, 즉 비평되는 연기 ─ 가 된다. 그리고 우리는 때로는, 특히 우리의 감정적 자아가 현 상태의 인식 가능한 관습을 따를 경우 익명의 다른 사람들로부터 박수받기를 원한다.

도시는 이전에 개인을 자립적인 공동체로 묶어주던 사회적 유대가 느슨해지는 장이자, 예기치 못한 것을 관리하기 위한 새로운 기법들을 습득할 것이 요구되는 장이다. 대중문화에 대한 신랄한 비평가 테오도르 아도르노(Theodor Adorno 1981: 262)가 말했듯이, 도시는 "인간과 사물의 세계 간의 경계가 흐려지는 곳"이다. 도시는 새로운 구성물은 아니지만, 이제는 건물과 그 건물들 사이의 좁은 길이라는 거대한 조각들의 설치물 훨씬 이상의 것이다. 도시는 우리가 끊임없이 전시되는, 그 결과 우리가 항상 경계하는 장으로 경험된다. 기원전 5세기에 존재했던 유명한 그리스의 폴리스는 짐멜이 바라본 근대 대도시와는 분명하게 달랐다. 폴리스는 페리클레스Pericles의 유명한 추도사에서 개인의 희생을 정당화하는 장소로 찬양되었다. 즉, 도시는 인간 노력의 정점이었고, 인간이 자신의 관대함, 포용성, 수용성이라는 자신의 보다 나은 자질을 입증하는 장소였다. 고대 아테네의 폴리스에서 낯선 사람은 환영받았고, 그곳의 장관을 즐기고 교역과 공적 토론 같은 코즈모폴리턴적 관행에 참여할 수 있는 자유를 제공받았다.

서구에서 18세기경에 도시는 사회적 집을 찾는 개인에게 하나의 다른 환경을 제공했다. 그 당시에 봉건적이고 농촌적이던 전통적 삶의 방식이 급속하게 변화했다. 당시 유럽의 중요한 사회철학자들 거의 모두가 그러한 대규모의 사회적 격변이 가져올 심성의 변화에 관심을 가지고 있었다. 그들 모두는 자본주의의 성장, 산업화, 도시화가 사회적 관계를 크게 변화시킬 것이라고 인식했다. 페르디난트 퇴니스Ferdinand Toennies는 1887년에 『공동사회와 이익사회Gemeinschaft und Gesellschaft』에서 지방과 도시 간의 대립되는 문화에 관해 기술했다. 공동사회Gemeinschaft라는 용어는 상호부조와 신뢰의 결사체에 기초한 일종의 공동체를 가리켰다. 이익사회Gesellschaft는 개인의 이기심에 기초한 도구적 교환에 의해 특징지어지는 도시사회를 지칭했다. 도시에서는 도시 대중의 회합과 함께 익명의 군중에 대한 새로운 공포가 생겨났다. 개인은 더 이상 긴밀한 공동체의 성원이 아니었다. 오히려 그들은 폭도가 되어 기존 질서를 위협할 수 있었다. 마을, 가족, 교회, 길드 간의 유대의 파열은 산업혁명의 '어두운 면'으로, 불안정성의 가능성을 항존하게 했다.

이러한 문화적 변화와 맞물려 실제의 물리적 세계는 관념뿐만 아니라 사람들로 더욱 붐비게 되었다. 1860년에서 1910년 사이에 짐멜이 살던 베를린은 50만 명이 안 되던 인구가 200만 명 이상으로 증가했다. 파리는 거의 300만 명으로, 런던은 300만 명 이하에서 400만 명 이상으로, 비엔나는 1869년 100만 명이 채 안 되었다가 1910년에 거의 200만 명으로 증가했다(Le Rider 1993). 하나의 물리적 형식으로서의 도시의 갑작스러운 성장은 도시를 인간 경험의 변화를 틀 짓는 도가니로 만들었고, 그것은 자주 개인들을 "거친 경쟁 속으로" 몰아넣었다(Simmel 1900). 매일의 만남은 불가피하게 다른 사람들 ― 서로 달라 보이고 문화, 종교, 가치, 열망이 전혀 다른 ― 로부터의 도전으로 가득했다. 이런 상황에서 사회는 '거대한 산수 문제' 같아졌고, 그 속에서 개인은 점점 더 계산적이 될 필요가 있었다(Simmel 1900). 대중교통 시간표나 공장과 상점의 규칙적인 노동시간 같은 도시의 규율과 규칙들은 안정감을 만들어냈다. 하지만 그러한 질서는 교통사고, 기계 고장, 예상치 못한 사회적 만남과 같은 우연한 사건들로 인해 쉽게 깨질 수 있었다. 이러한 결과는 사회질서 자체가 취약하다는 불안의식을 더욱 부추겼다.

도시는 모험과 우발적 사건들이 일어나는 장소였다. 도시는 또한 로맨스와 유혹의 장소이기도 했다. 개인들은 도시에서는 기회가 항상 주어지지만 관례가 쉽게 깨질 수 있다는 것을 점점 더 알게 되었다. 현대 자본주의의 시인으로 자주 일컬어지는 샤를 보들레르Charles Baudelaire는 도시를 산책자 ― 근대성을 보여주는 전형적인 인물 ― 가 마음대로 방랑하다가 도시가 품고 있는 스펙터클한 사건들과 우연히 마주칠 수 있는 하나의 파노라마로 묘사했다.

도시는 거의 항상 변화의 와중에 있으며 기회와 악행들로 들끓고 있다. 그곳은 "소매치기, 포주, 남창, 매춘부의 소굴로, 어떤 신사가 자신의 정욕을 만족시킬 가능성만큼이나 소매치기를 당할 가능성도 큰 곳"으로 묘사되었다(Peakman 2004: 2~3). 윌리엄 호가스는 런던 사람들의 보다 방탕하고 음란한 기괴한 짓들에 관한 그림을 많이 그렸다. 그 도시에서 성적 서비스로 생계를 꾸려가는 매춘부와 포주의 수가 도시 인구의 2%에 달하는 것으로 추정되었다. 모든 선술집에는 성매매를 위한 밀실이 있었고, 매음굴, 몰리하우스molly-house[동성애자와 복장도착자들이 만나던 술집이나 사실私室 _ 옮긴이], 전문적인 창루娼樓의 수가 수백 개에 달했다(http://www.arthistoryspot.com/wp-content/uploads/2010/01/william_hogarth.jpg를 보라).

도시에서의 삶은 일반적으로 위험과 연관되어 있었다. 짐멜은 도시의 물리적 규모가 그곳의 과도한 여흥, 타락, 지위 유용과 함께 시끄러운 불협화음을 만들어내고 그것이 개인들로 하여금 글자 그대로 도덕적·심미적 현기증에 빠지게 한다고 지적함으로써, 초기 산업자본주의가 유발한 혼란상태를 부각시켰다. 그러한 상황에서 개인은 항상 고조된 분위기에 압도당할 위험에 처해 있었다. 개인들은 자신을 고정시키기 위해 물질적 소유물과 같은 가시적 표지를 움켜잡았고 그 표지를 개인적 지위와 성격을 표현하는 데 이용할 수 있었다. 하지만 그러한 습관 역시 신뢰할 수 없는 것으로 판명되었다.

급속한 재화 생산은 그 재화의 가치를 떨어뜨렸다. 소유물을 이용하여 지위와 취향을 드러내는 것이 항상 설득력이 있는 것은 아니었다. 도시 거주자들은 자신들의 주변 환경을 독해하고 유행하는 드레스, 인상, 연설 스타일 — 그것들이 마치 그들이 마주치는 모든 사람의 정체성에 대한 신뢰할 수 있는 단서이기라도 하듯이 — 을 해석하기 위한 언어와 방법을 배우는 것이 필요했다. 낯선 사람의 성격과 의도를 겉으로 드러난 그들의 외양으로부터 해독할 수 있는 능력이 하나의 필수적인 사회적 기술로 판매되었다. 골상학과 수상술에 대한 대중의 열광은 그것들을 가치 있는 상품으로 만들었다(Sennett 1976). "낯선 사람을 읽는 법"에 대한 지침서와 입문서가 베스트셀러가 되었다. 필적학에 관한 값싼 팸플릿과 몸의 형태와 도덕적 성격 간의 관계에 대한 유사 과학적 연구물들을 손쉽게 얻을 수 있게 되었으며, 도시에서의 사교의 복잡성을 극복하기 위한 최고의 방법으로 사람 분별하기person-spotting를 다룬 기이한 지침서 시장이 크게 성장했다.

하지만 도시 거주자의 성격을 분석하고 평가하는 것에 대한 이러한 고조된 관심은 마치 개인의 존재의 중심이 비어 있는 듯한 심란한 내적 공허감을 불러일으키는 아이러니한 결과를 초래했다. 무관심해질 것을 요구하는 일상의 교제 습관은 또한 개인에게 쿨함과 유보의 형태로 나타나는 방어 메커니즘들의 레퍼토리를 만들어냈다. 성공한 도시 거주자는 "의식의 경계 [바로] 아래에" 있는 '내밀한 불안감'과 무력감 사이에서 항상 갈팡질팡하고 있었다(Simmel 1900: 484). 이 대립하는 타성들이 새로운 사교 양식에 의해 창출되어 서로 뒤얽혀 있는 공통의 요구들을 통해 개인과 도시사회를 하나로 묶고 있었다. 그것들은 발터 벤야민Walter Benjamin이 죽은 데이터dead data라고 부르곤 했던 것 - 즉, 떼를 지어 이동하는 군중의 소리, 말다툼, 방종한 몸짓(Benjamin 1982: 525) - 의 덧없는 계시에 의해 유지되는 내적 공허감을 강화했다.

우리가 확고한 코어를 가지고 있다는 관념이 널리 유포되고 있지만, 우리가 자아를 발명할 수 있다는 생각도 마찬가지로 널리 퍼져 있다. 도시생활이 생산하는 불일치와 끝없는 치환이 내적 일관성이라는 오랜 이상과 나란히 존재한다. 이 양가성이 근대세계의 중요한 특징의 하나 - 즉, 심리학(특히 사적인 경험을 효과적인 사회적 역할로 전환시키는 능력)에 부여된 가치 - 를 특징짓는다. 소비윤리는 우리가 특정 페르소나를 선택할 수 있는 일련의 정체성을 생산한다. 그리고 인기 있는 오락물들은 다시 그 정체성들을 보강하여 매력적인 모델들로 만든다. 그리하여 우리는 우리 자신을 정교한 서사 속의 등장인물로 생각하는 데 익숙해진다. 이 일종의 진화하는 자서전 속에서 우리 자신의 새로운 면이 계속해서 형태와 모습을 갖추어나간다. 우리는 때때로 상황과 불화관계에 있음을 발견한다. 이를테면 우리는 장면을 잘못 해석하기도 하며, 그 결과 우리는 일종의 심리적인 헛총질psychological misfiring처럼 보이는 균열된 의식을 경험한다. 우리는 이러한 사회적 붕괴를 규칙과 목표가 제대로 작동하지 않는 탈구된 문화나 아노미적 문화의 한 특징으로 설명하기보다는 개인적인 질병으로 설명한다. 의구심과 불편함의 경험은 우리로 하여금 우리의 능력과 결함에 대해 다시 생각하게 한다. 그리고 우리는 우리가 어떤 필요한 속성을 결여하고 있다고 여긴다.

'끊임없이 구성되고 있다'는 이러한 인식은 정체성을 최고의 상품으로 판매하는 소비문화와 잘 맞아떨어진다. 안정적이고 일관된 자아정체성은 계속되는 재발명과 변화하는 상황에 적응하는 과정에서 구성되는 것처럼 경험된다. 따라서 자아는 무한한 일련의 재화와 서비스를 판매하기 위한 표적이 된다. 상품은 자아발견의 어휘를 통해 광고되고, 우리는 감정자본주의에 내재된 약속에 익숙해져 왔다(Illouz 2007: 108). 고삐 풀린 에로틱한 상상력의 충동들은 쉽게 이용할 수 있는 엔터테인먼트들 속에서 광고되는 공학적으로 설계된 취향과 가치들에 의해 대체되어 왔다.

정체성 찾기

포스트모던한 담론들에 따르면, 물질주의적인 서구에서는 그간 타고난 주체가 유동적이고 적응적인 정체성을 찾는 존재로 대체되어 왔다. 현재 유포되고 있는 정체성에 대한 관념들을 이용하여 우리가 우리 자신을 해체하여 재구성할 때, 우리는 인기 있는 텍스트 속에서 자주 발견되는 유행하는 유형의 캐릭터를 따라 우리 자신을 스타일링할 수 있다. 유명 음악가, 운동선수, 영화배우, 셰프 등의 역할은 자기동일시self-identification를 위한 본보기를 제공한다. 우리는 온갖 상황 — 기업 엘리트 문화와 시민단체의 막후 권력에서부터 용기 있는 거리의 삶에 이르기까지 — 에서 내부 비밀, 스캔들, 결점을 폭로하겠다고 나서는, 사람들의 마음을 완전히 빼앗는 엔터테인먼트 미디어로부터 현실 감각 및 현실주의 감각을 얻는다. 특정한 장르의 오락물들, 그중에서도 황금시간대 네트워크 텔레비전의 절반 이상을 장악한 이른바 리얼리티 프로그램이 특히 인기가 있다. 그러한 프로그램들은 가족생활, 중간계급의 구애관행, 기업가정신을 포함하여 매우 다양한 상황을 묘사한다(〈실바니아 워터스Sylvania Waters〉, 1992년 호주; 〈1900년의 집The 1900 House〉, 1999년 영국; 〈농부가 아내를 원해요Farmer wants a Wife〉, 2001년 영국; 〈레스토랑The Restaurant〉, 2003년 미국). 또한 그러한 프로그램들은 우리를 병원 응급실, 국경 세관 사무실, 익스트림 스포츠의 훈련과정과 같은 특정 일터의 무대 뒷면과 세계 최장신, 최중량, 최장수, 최단신인 사람과 같은 특이한 몸을 가진 사람들의 라이프 스타일로 안내한다. 가장 인기 있는 리얼리티 TV 프로그램 중 일부는 외모를 바꾸는 신체 개조 및 외과 수술을 보여주거나(〈스완The Swan〉, 2004년 미국), 아니면 낯선 사람들과 함께 사는 것과 같은 환경에 빠져 정상적인 삶을 포기하게 되는 모습을 보여준다(〈캐스트어웨이Castaway〉, 2000년 영국; 〈빅 브라더Big Brother〉, 2000년 영국; 〈라뎃 투 레이디Ladette to Lady〉, 2005년 영국; 〈견습생The Apprentice〉, 2005년 영국). 이들 프로그램의 엄청난 인기는 개인적 변신에, 즉 존경받는 사회적 대본의 사례를 따름으로써 정체성을 변경하고 개선할 수 있다는 생각을 받아들이는 것에 광범위한 문화적 가치가 부여되고 있음을 보여준다.

또한 이러한 문화적 현상에는 다른 사람들의 불행을 관찰하는 데서 즐거움을 얻고 자신을 동일한 굴욕적인 경험 외부 또는 밖에 있는 것으로 바라보는 샤덴프로이데의 요소도 존재한다(〈몰래 카메라

Candid Camera〉, 1948년 미국). 수전 보일의 에피소드는 작은 차이가 눈에 띄는 실패와 사회적 성공을 구분한다는 것을 예증하는 것이었다. 그녀는 보다 존경할 만한 페르소나로 다시 만들어졌고, 그것은 그녀로 하여금 첫 텔레비전 출연에서 겪은 당혹감에서 벗어나게 해주었다. 그녀의 외모의 가변성은 우리에게 우리 자신을 다시 만들수 있다는 것을 떠올리게 한다. 유튜브의 성공은 우리가 원할 때마다 자신을 개조할 수 있는 기술을 공급함으로써 이러한 관점을 확장한다. 우리가 다양한 모습으로 자신을 표현할 수 있다는 것은 이제 쉽게 이해될 수 있으며, 실제로 자아발명의 자체 홍보는 이제 전세계 관객을 대상으로 하는 오락물의 일상적 원천 가운데 하나가되었다(http://www.youtube.com/watch?v=dRUS5VfkJls&feature=player_embedded를 보라).

자아발명의 기법들이 점점 더 공유되고 쉽게 접근할 수 있는 것처럼 보임에 따라, 정체성 관념 자체가 그 관념이 갖는 지적 권력을 얼마간 상실하고 있는 것처럼 보인다. 정체성 관념은 이전에는 급속한 경제적 변화, 이주, 하강이동, 해직과 같은 심각한 사회적 탈구로 고통받는 개인의 삶에 주석을 다는 데 유용했다. 깨지고 상처받고 무너진 자아는 우리가 인지할 수 있는 결과이다. 우리는 그간 다큐멘터리 영화, 리얼리티 텔레비전, 탐사 저널리즘을 통해 박봉의 상점 점원, 간호사, 의사, 셰프, 경찰관, 매춘부, 이주자 등의 내부로 진입해 왔다. 손상된 개인과 예외적인 개인에 대한 이러한 연구들이 얼마간은 우리로 하여금 정체성의 가변성에 훨씬 더 친숙해지게 해왔으며, 우리는 오늘날의 사회적 삶이 실용적인 해결책과 변화하는 상황에 대한 지속적인 적응을 요구한다는 것을 점점 더 인식하고 있다.

움직이는 현재, 즉 유동적 현대는 지속되는 안정적 자아라는 관념을 시대착오적인 것처럼 보이게 만들었다(Bauman 2004: 27). 그러나 이러한 인식에도 불구하고 자아 개념은 계속해서 실재하는 것으로 다루어지고 있다. 찰스 호턴 쿨리Charles Horton Cooley가 미국의 사회학적 작업의 초기 단계에서 묘사했듯이, 개인적인 것을 구성하는 요소들은 공적인 것의 구조에 빚지고 있다. 따라서 "개별 개인은 경험으로는 알 수 없는 하나의 추상물이고, 사회가 개인과 분리된 어떤 것으로 간주될 경우 사회 역시 마찬가지로 하나의 추상물이다"(Cooley 1902: 36). 우리는 자신을 사회적 존재로, 즉 사회적 세계를 만드는 행위 주체로 생각하는 데 익숙하다. 반대로 사적으로 그리고 감정적으로 가치 있는 것 또한 규범적인 사회적 틀의 일부이다. 하지만 사회적인 것과 사적인 것을 너무 긴밀하게 연결하는 것은 그것들을 끊임없이 돌고 도는 뫼비우스의 띠Mobius strip의 한쪽 면으로 만든다. 즉, 내부와 외부 간에 존재할 수 있는 거리가 사라진 것처럼 보인다. 따라서 쾌락을 사적으로 경험하는 것과 능력 ─ 소비하고 전유하고 다른 사람들에게 과시할 수 있는 능력을 포함하여 ─ 을 공적으로 표현하는 것을 분리하기가 훨씬 더 어려워진다.

사적인 것과 공적인 것 간의 이러한 연속적이고 뒤얽힌 관계의 성격은 우리의 사생활의 얼마나 많은 것이 만들어지고 내사되는지, 얼마나 많은 것이 개인의 저항과 자기탐구를 통해 형성되는지, 우리의 자율성 의식과 사회적 동조 압력 간의 상호작용이 어떻게 균형을 이루는지에 대해 의문을 가지게 한다. 외식과 같은 일상생활의 진부해 보이는 많은 이벤트들은 역사적·경제적 구조가 어떻게 인간의 상상력 속으로 끼어드는지를 예증한다. 이러한 일상적인 이벤트들은 사적인 것과 개인적인 것을 만들어내는 데서 일정한 역할을 하며, 공적 성격의 얼마나 많은 것이 사적 성격의 확대 버전인지에 대해, 그리고 그 반대의 경우에 대해 질문을 던지게 한다.

언뜻 보기에 이러한 입장은 단순한 행위에 너무 많은 상징적 중요성을 부여하는 것처럼 보일 수도 있다. 하지만 사적 영역과 공적 영역이 얼마나 밀접하게 뒤얽혀 있는지를 깨닫기 위해서는 우리는 사적 영역이 공적 영역으로 어떻게 미끄러져 들어가는지를 고찰하기만 하면 된다. 이제 사람들 앞에서 핸드폰으로 통화하는 것, 레스토랑에서 외식하는 것, 버스에서 자는 것, 일부러 험로를 걷는 것이 허용된다. 단순한 제스처가 사회에 대해 많은 것을 보여줄 수 있다는 이러한 주장이 지나친 것처럼 보일 수도 있지만, 상황은 인간의 의식 속으로 깊이 침투한다. 몸짓과 행동 습관은 문화적 부호와 감성의 지표일 수 있다. 신중한 몸짓은 무언가를 표현하는 것처럼 보인다. 즉, 미소, 악수, 윙크 모두는 특정한 맥락에서는 그것들이 무엇을 의미하는지가 항상 명확하지는 않지만, 의미를 전달한다. 고프먼(Goffman 1969)은 무심코 드러내어 그 개인을 불신하게 하고 성격에 대한 의구심을 불러일으키는 인상들에 대해 묘사한다. 몸은 항상 무언가를 표현한다. 의도했든 그렇지 않든 간에 몸은 항상 정보를 전달하며, 일부 몸짓과 동작은 오래 지속되는 인상을 실어 나른다. 베르나르도 베르톨루치Bernardo Bertolucci의 〈파리에서의 마지막 탱고Last Tango in Paris〉(1972)에 나오는 유명한 섹스 장면은 20세기에 성혁명이 폭발적으로 발화한 순간으로 소급해서 규명되고 있다. 하지만 포르노그래피의 역사를 통해 유포된 그러한 종류의 행위는 언제나 계속되어 왔다(Hunt 1993). 베르톨루치가 한 순간을 담아냈다. 다른 티핑 포인트tipping point[처음에는 미미하게 진행되다가 어느 순간 갑자기 모든 것이 급격하게 변하기 시작하는 극적인 순간 _ 옮긴이]들도 있다. 언제부터 여성과 남성이 정중한 인사의 한 형태로 악수를 하는 것이 허용되었는가? 언제부터 다른 사람들 앞에서 키스하는 것이 평범한 일이 되었는가? 언제부터 더 가벼운 옷과 육체의 노출이 매력적인 것이 되었는가? 그리고 영화에서의 섹스와 폭력에 대한 묘사는?

몸과 몸동작의 역사는 사회적 매너의 기록이기도 하다. 몸을 독해하는 방법에 대해서는 잘 알려진 설명들이 있다. 이를테면 요한 카스파어 라바테르와 찰스 다윈 모두는 적대감, 우월감, 행복 등과 같은 보편적 표현을 분류하기 위해 노력했다. 영화와 텔레비전 같은 인기 있는 오락물들은 또한 수용 가능하고 가치 있는 것으로 간주되는 관행들을 정의한다. 가치와 사회적 각본을 전파하는 대중문화의 능력은 대중문화를 일상생활의 중심에 위치시키고, 우리는 대중문화의 영향력을 정당한 것으로 받아들인다. 그러한 권위 때문에 대중문화는 일상적인 관행을 규정할 수 있다. 이것이 바로 마이클 잭슨Michael Jackson의 댄스 스타일이 어떻게 전 세계 청소년 문화에 주입되었는지, 밥 딜런Bob Dylan이 어떻게 선지자가 되었는지, 그리고 앨프리드 히치콕Alfred Hitchcock이 어떻게 중앙아메리카에서 성 대결을 강화했는지를 설명한다. "진실은 [안이 아니라] 저기 밖에 있다"는 것을 받아들이지 않고는, 우리는 21세기에 공개적으로 행해지는 남자와 여자 간의 악수나 키스가 다른 시기와 장소에서는 어째서 인정받을 수 없는 몸짓이었는지를 이해할 수 없다. 이러한 변화는 새로운 삶의 습관을 담고 있다(Bremmer and Roodenburg 1991). 온갖 사회적 행위를 통해 우리는 '꾸며낸made-up' 것으로 이해된 세계를 그것이 '현실이 된made-real' 세계, 즉 우리에게 합리적인 것처럼 보이는 세계로 변형시킨다. 모든 몸짓은 가시적인 외부 아래에 존재하는 세계를 반영한다. 모든 행위는 유형의 것과 상상된 것 간에 관계를 설정하는 하나의 기호이다.

차가운 현재

재화의 지위에서 일어나는 변화하는 유행은 의미의 주기적·항상적 순환의 일부로 즉각 이해할 수 있으며, 이는 우리가 세상을 바라보는 방식에, 거의 잠재의식 수준에서이기는 하지만, 계속해서 동요를 불러일으킨다. 우리의 취향이 바뀌어 다양한 스타일의 새 옷을 구입할 때, 우리의 음악 취향이 바뀌고 우리가 여러 요리를 연달아 맛볼 때, 그리고 우리가 우리의 소셜 네트워크를 확장하고 친구와 파트너를 대체하여 새로운 교제를 해나갈 때, 우리는 유동하는 배경의 변화에 맞추어 우리의 연기를 계속해서 재정의한다. 몸짓과 행동은 다의적이고, 그것의 의미는 맥락에 따라 취해진다. 우리가 사적·공적으로 어떻게 행동하고 처신할지를 결정하는 것은 우리로 하여금 우리가 끊임없이 변화하고 있다고 느끼게 한다. 왜냐하면 우리는 그러한 결정을 통해 외부 환경 ─ 다양한 선택이 가능한 ─ 에 우리 자신을 위치시키기 때문이다. 그리고 우리의 욕구와 욕망을 충족시키는 데 이용되는 그러한 다양한 선택지는 우리의 상상력을 확장시킨다. 우리가 우리의 소유물이 우리를 정의한다는 관념 ─ 즉, 우리의 만들어진 욕구가 적어도 잠시나마 우리를 자신과 다른 사람들에게 즉각 인정받게 해주는 명망 있는 하나 또는 두 개의 신부족neo-tribe에 속하게 해준다는 관념 ─ 을 마음에 들어 할 수도 있지만, 우리가 이용할 수 있는 엄청나게 다양한 기회는 모든 선택이 얼마간의 불안을 담고 있다는 것을 뜻하는 것도 역시 사실이다. 구별을 짓고자 하는 욕망은 또한 풍요를 축으로 하여 끊임없이 소용돌이치는 사회적 환경 속에서 끊임없이 안정성을 추구하는 것이기도 하다. 매일 마주하는 풍요와 선택의 필요성은 소속감의 위기를 낳는다. 즉, 풍요는 우리를 표류하게, 즉 탈영토화하여 소속 없는 사람으로 만든다. 왜냐하면 거기에는 우리에게 공동체 의식을 부여하겠다고 약속하는 사회적 돌쩌귀가 없기 때문이다. 대신 그곳에는 리얼리티 텔레비전, 페이스북을 통한 소셜 네트워킹, 유명 상표 제품들의 부족적 제휴와 같은 가상 커뮤니티들이 자리한다.

우리가 자기성찰적이고 개인적이 되는 새로운 방법을 학습하게 되면서 자기인식과 정체성이 추구되기 시작했다. 현대적 삶은 우리에게 우리의 욕구와 감정을 보다 매너 있는 행동 양식 속으로 침잠시킬 것을 요구한다. 세계 속에서 삶을 살아가는 이러한 양식들은 심층적으로 부호화된 의미체계 — 잘 알려진 공적 관습에 해당하는 —
의 일부가 된다. 롤랑 바르트는 『신화Mythologies』(1972)에서 이것을
'자연적 지식' — 실제로는 하나의 제조물, 즉 신화인 — 의 한 형태로 묘
사했다. 그는 관념들이 자명한 진리처럼 보이는 방식을 묘사했다.
그러한 관념들이 특정한 사회-정치적 체제의 찬가로 더 잘 이해될
경우, 그것들은 마치 영원한 진리처럼 보인다. 우리는 우리가 살아
야 하는 방식과 우리가 믿어야 하는 관념들을 제시하는 현대의 가
치들 — 이를테면 자유는 가능하다, 돈은 권력이다, 탐욕은 선하다, 사랑
은 모든 것을 정복한다, 감정은 신뢰되어야 한다, 외모는 중요하다, 모든
사람은 거짓말을 한다 등등 — 에 익숙하다. 그러한 관념들은 일반에
통용되며 일상문화의 어휘를 형성한다. 그러한 관념들에 대한 우리
의 친숙함이 그 관념들에게 권위를 부여한다. 하지만 바르트는 이
지점에서 우리가 자율적이고 자아 만들기를 하는, 그리고 책임 있
는 사회성원이 되고자 한다면 우리는 당연한 것으로 간주되는 그러
한 진부한 문구들을 탈자연화하고 그것들이 취하고 있는 사회적·
정치적 틀을 폭로해야 한다고 훈계한다. 바르트는 우리가 자연적
지식이 어떻게 생겨나고 그것이 우리의 문화 속으로 얼마나 깊이
들어와 있는지를 이해하지 못한다면 우리는 우리 자신을 하나의 도
덕체계나 독자적인 관점을 가질 만큼 충분히 자율적인 존재로 간주
할 수 없다고 주장했다.

모든 사회적 행위는 그 상황을 지배하는 규범에 의해 틀 지어진
다. 사회적 삶의 본질과 우리의 삶의 방식에 대해 설명하고자 하는
노력은 의미가 어떻게 만들어져 왔고 그것이 어떻게 자연스러워 보

이는지에 관한 오랜 사색의 역사에 의존한다. 개인주의 자체에 대한 관념은 반복적으로 그 관념에 의미를 부여하는 수많은 일상적 관습에 의해 재가裁可된다. 광고는 우리에게 이렇게 이야기한다. "그냥 해Just Do It", "침착하게 계속해Keep Calm and Carry On", "엉클 샘이 널 필요로 해Uncle Sam Needs You", "다 널 위해서야We do it all for you". 그러한 관념들이 작동하는 방식과 그러한 관념들의 사회적 확산과 수용을 지원하는 메커니즘을 포착하기 위해서는 일상적인 형태에 대한 면밀한 연구가 필요하다.

그런 연유에서 우리가 관심을 좁혀 차가운 레스토랑에서의 외식의 인기에만 초점을 맞출 경우, 우리는 레스토랑을 정체성에 관한 친숙한 관념을 전달하는 사회적 운반자로 규명할 수 있다. 외식이 편리한 도구로, 즉 친구와 가족 간에 즐거움을 공유하는 것으로 인식될 경우, 외식은 전적으로 긍정적인 것으로 보일 것이다. 하지만 레스토랑의 역사는 레스토랑이 이론의 여지가 많은 공간이었으며 여전히 그러하다는 것을 보여준다. 현대의 식품 산업화와 엔터테인먼트 및 레저 산업의 확대에서 레스토랑이 수행하는 역할은 레스토랑에 사회적·경제적·정치적 중요성을 더욱 부여한다. 레스토랑은 더 광범한 상징경제에 관념과 관행을 제공한다. 레스토랑은 사회이동과 지위의 표시들이 표출되는, 즉 서로 다른 사회적 힘들이 교환되는, 다시 말해 개인들이 자신을 홍보하고 기만하는 전시 공간이다. 따라서 레스토랑은 전체 사회의 마이크로 스펙터클이다.

레스토랑은 행동양식에 많은 주의를 기울이는 공간이다. 레스토랑은 경계심의 수준이 높은 환경이다. 레스토랑에서는 이처럼 자신의 행동에 주의를 집중해야 하는 탓에 레스토랑은 공학적으로 설계된 차가운 환경이 된다. 이와 대조적으로 개인이 익명적이고 그리하여 열정을 거침없이 폭발시키고 충동적인 감정을 표출하는 스포츠 군중은 뜨거운 환경으로 묘사될 수 있다. 그러한 상황은 더 예측 불가능하고 더 폭발적이다. 영화와 스포츠 분야 모두에서는, 구스타브 르봉(Gustave Le Bon 1896)이 한 세기도 더 전에 『군중The Crowd』에 대한 연구에서 제안했던 것처럼, 그러한 군중이 예정된 대로 폭도가 되는 것으로 설정하고 있지만, 군중 자체는 하나의 단일한 안정된 범주가 아니다. 폭도, 군중, 관객, 팀은 행복할 때나 승리할 때조차도 모두 똑같지 않다. 모든 사회적 상황에서는 물리적 환경과 개인의 행동 사이에서 지속적 교환이 이루어지고, 개인의 행동은 그 상황의 온도의 높낮이와 상황 자체의 기호학적 세부사항을 반영한다. 일단 우리가 특정 행사를 위해 우리가 원하는 유형의 레스토랑을 선택하면, 우리는 그 레스토랑이 제공하는 경험에서 편안함을 느낄 것으로 기대한다. 축구 군중과 달리 분주한 레스토랑은 당시 널리 유행하는 가치와 라이프 스타일을 성공적으로 표현하도록 설계된다. 레스토랑에서의 즐거움은 우리의 기대를 일관되게 충족시키는 데 있으며, 그것이 차가운 레스토랑을 인기 있는 명소로 만든다.

　사회적 공간은 항상 결과를 예측하고 통제할 수는 없을지라도 특정한 행동을 유도한다. 어떤 상황이 뜨겁고 예측할 수 없는 것으로 묘사된다면, 다른 상황은 차갑고 통제되는 것으로 묘사된다. 레스토랑은 후자이다. 그 레스토랑이 격식이 있든 그렇지 않든 간에, 값이 비싸든 싸든 간에, 유명하든 평범하든 간에, 그곳이 경험을 틀 짓는다. 레스토랑에서의 경험은 제공되는 서비스, 음식의 가격, 식사의 속도, 사회적 공간의 디자인, 장식의 질을 통해 관리된다. 패스트푸드점의 평균 식사시간은 비스트로 몽딘보다 훨씬 짧다. 패스트푸드점의 셀프서비스 스타일은 웨이터가 제공하는 서비스보다 더욱 구조화되고 예측 가능한 방식으로 경험을 틀 짓는다. 그럼에도 불구하고 모든 레스토랑을 하나로 묶어주는 공통점은 그곳들의 공학적 설계와 봉쇄 수준이다. 뜨거운 상황과 차가운 상황 간의 온도 차이는 참가자들의 강렬함과 개인적 참여 의식에 달려 있다. 차가운 환경은 뜨거운 환경이 가지지 않는 유산을 가지고 있다. 즉, 차가운 환경은 보다 안정적이며, 뜨거운 환경에는 없는 제도적 기억을 가지고 있다. 뜨거운 환경, 즉 대규모 스포츠 모임(축구, 크리켓, 경마)에서 상황의 템포는 운동선수(인간 또는 동물)의 경기 수행에 의해 결정된다. 이와 대조적으로, 특정 레스토랑은 특정한 평판을 가진다. 레스토랑은 일관성 있게 음식을 제공하도록 훈련된 인력을 보유하고 있다. 그곳은 특정 결과를 낳도록 의도적으로 조율된다. 즉, 특정한 유형의 즐거운 경험이 오랫동안 동일하게 유지되게 한다.

우리가 다른 사람들 앞에서 행동하는 방식, 그리고 무엇이 중요한지를 아는 방식은 특정한 삶의 방식에 권위를 부여하는 사회제도 − 이를테면 레스토랑 − 에 참여하는 것에서 비롯된다. 특히 소비문화는 음식을 사교 및 감정적 만족과 결합시키며, 그 결과 레스토랑의 상업적 성공은 사적 감정의 표현을 공적 자본의 활동에 맞추도록 압박해 왔다. 이것이 레스토랑을 근대 정체성 형성에서 영향력 있는 요소로 만든다. 우리가 찾는 레스토랑의 종류와 무관하게 그곳의 환경은 항상 공학적으로 설계된다. 레스토랑의 역사는 음란한 커피하우스로부터 사적 즐거움이 공적 공간의 의례 내에서 규정되고 억제되는 규율 있는 장소로 진화하는 궤적을 보이고 있다.

~ *6* ~

음식의 진부성

취향이 인간의 모든 자유로운 — 기계적 반복과 반대되는 것으로서
의 — 반응을 지배한다. 이보다 더 결정적인 것은 없다. 취향에는 사
람에 대한 취향, 시각적 취향, 감정적 취향이 있다. 그리고 행위 취
향, 도덕 취향도 있다. 지능도 일종의 취향, 즉 관념 취향이다.

— 수전 손택

지난 50년 동안 레스토랑, 카페 및 상업적 음식점의 종류가 극적으
로 증가해 왔다. 거의 모든 사람이 이러저러한 때에 외식을 해왔다.
영국의 추세는 모든 식사의 약 3분의 1이 집 밖에서, 즉 카페, 술집,
레스토랑에서 공개적으로 이루어진다는 것을 보여준다(Burnett
2004: 291). 미국에서는 모든 식품 달러의 약 50%가 가정 밖에서 소
비되는 구매에 쓰인다(Trubek 2007: 35; 2003 National Restaurant
Association에서 인용). 오늘날의 공적 삶을 틀 짓는 데서 레스토랑
자체가 차지하는 중심적 위치는 여전히 중요하다. 모든 다양한 레

스토랑은 그곳을 찾는 고객의 특성을 반영한다. 레스토랑들은 쾌락 및 그 쾌락의 추구가 수반하는 구체적인 감정적 만족을 제공하는 일을 한다. 최신 유행의 식당이든 아니면 지역 패스트푸드점이든 간에, 레스토랑은 매우 공학적으로 설계된 환경이며, 우리는 그것의 암묵적 규칙을 따르기로 동의해 왔다.

레스토랑의 조상으로 추정되는 커피하우스는 1560년에도 콘스탄티노플에 존재했으며 17세기 중반부터 유럽 대부분의 도시들에서 급격히 증가했다고 한다. 런던에서 커피하우스는 '잡담 대학 tattling universities'으로 알려져 있었는데, 그러한 묘사는 거기에서 사회 계급들이 혼란스럽게 뒤섞이는 상황뿐만 아니라 커피라는 새로운 감각의 음료를 앞에 놓고 일어나는 분주하게 교환되는 생각들도 넌지시 보여주는 것이었다. 이 사회적 공간에서는 상인, 상층 토지계급, 귀족, 기인, 신흥 도시 전문가들이 그곳이 아니라면 그들을 제약했을 계급과 지위의 장벽을 가로지르며 서로 자유롭게 이야기할 수 있었다. 그러한 시설들은 또한 매춘부, 잡범, 도둑과 같은 거리에서 거래하는 사람들에게 피난처를 제공하기도 했다(Trumbach 1987: 80).

초기 레스토랑은 사람들의 관찰과 분석 능력을 실험하는 것이 하나의 중요한 사회적 기술이 되는 사회적 공간을 제공했다. 18세기 상류사회의 도시문화는 속임수를 조장했다. 왜냐하면 변장한 개인들이 익명의 거리를 이용하여 다양한 새로운 감각을 획득했기 때문이다. 테리 캐슬(Terry Castle 1987: 157)이 인용한 보즈웰의 일기에는 보즈웰이 가끔 군인이나 하층 불량배 복장을 하고 은밀한 성적 모험을 하곤 했다고 적혀 있다. 외양이 오해를 불러일으킬 수도 있다는 것은 널리 알려져 있었고, 따라서 변장이 인기가 있었다. 이를테면 낯선 사람을 오해할 수도 있었고, 특정한 신체 징후의 의미를 제대로 이해하지 못할 수도 있었다. 낯선 사람은 항상 위협이 되었다. 하지만 우리가 몸짓과 신체 징후를 더 잘 독해할 수 있다면, 즉 만약 인상학적 추론이 약속하는 것과 같은, 몸짓과 신체 징후를 해석하는 어떤 관례적인 공식이 있다면, 사회적 만남은 더 예측 가능하고 덜 위험해질 것이다. 새로 문을 연 공적 공간의 하나로서의 레스토랑은 상호 간의 철저한 탐구를 장려하는, 그리고 개인이 다른 사람들을 관찰하고 능숙하게 그들의 마음을 읽어내는 능력을 계발할 수 있는 장소가 되었다. 레스토랑은 잠깐 동안이나마 취향이 노출되고 탐닉되는, 그리고 새로운 사회적 경험들이 만들어지는 실험실이었다(Gronow 1997). 레스토랑에서 개인은 더 가시적이게 되었다.

초기 상인들은 손님들이 커피하우스가 제공하는 오락거리와 기분전환, 특히 위법적인 즐거움과 은밀한 밀회를 추구할 기회에 매료되었다는 것을 알게 되었다. 그 같은 특징은 레스토랑을 쾌락의 돔, 즉 평범한 일상적인 관심사로부터의 탈출구로 만들었다. 가정 밖의 사적 공간은 처음에는 별도의 테이블(여행자 여인숙의 긴 공동 테이블과는 대비되는)로, 그리고 그다음에는 소수의 사람들만을 수용하는 사실私室 또는 회의실로 제공되었다. 군중 속에서의 프라이버시와 익명성에 대한 이러한 욕망은 레스토랑의 건축에 영향을 미쳤고, 그리하여 레스토랑은 손님들에게 별도의 공간을 제공할 수 있게 되었다. 그리하여 레스토랑은 공적 영역에서 제약 없이 친밀감을 추구할 수 있는 하나의 유행하는 장소가 되었고, 개인들로 하여금 새로운 관능적이고 윤리적인 지하세계로 탈출할 수 있게 해주었다.

런던의 헤이마켓 극장Haymarket Theatre에서 열린 것들과 같은 다양한 카니발, 축제, 추문을 담은 가장무도회는 담화, 대화, 한담, 그리고 뉴스와 의견을 확산시키는 장소를 제공했다. 그러한 사회적 만남의 장소는 유행과 오락물에 관한 정보를 전달하는 주요 수단이었다. 토머스(Thomas 2009: 223)는 다음과 같이 보고한다. "한담은 하찮은 문제가 아니었다. 그것은 이야기의 세부내용과 인간의 특이성을 포착해 내는 사람들에게 즐거움을 주었다. …… (그것은) 인간을 규정하는 특성 중 하나였다. …… 대화는 그 자체로 하나의 목적이었다." 레스토랑 역사가인 레베카 스팽(Rebecca Spang 2000: 3~5)은 레스토랑을 18세기에는 건강 및 활력과 관련한 감성에 초점을 맞추었다가 19세기에 들어와서는 좋은 취향의 계발을 강조하는 쪽으로 서서히 진화한 장소로 묘사했다. 이러한 상류사회의 관행들 속에서 미식 즐기기와 같은 다른 오락거리와 나란히 새로운 사회적 형식과 주체성이 형성되고 있었다. 레스토랑은 사람들에게 음식과 오락을 제공했을 뿐만 아니라 자유로운 사교활동과 끝없는 대화를 위한 환경도 제공했다. 이를 배경으로 하여 개인주의와 그와 관련된 감성들이 강조되었다. "레스토랑 서비스는 개인을 위해 준비되었고, 개인에 의해 정의되었고, 그리고 아마도 개인을 창조하는 데서 중요한 역할을 수행했을 것이다"(Spang 2000: 75).

근대 레스토랑이 진화해 온 수백 년의 기간은 오늘날 강조되고 있는 심리학적 추론과 자아표현이 상호 연관된 광범한 사회적 과정의 망을 통해 발전해 온 것으로 여겨지는 문화사의 시기와 상응한다. 레스토랑은 그것이 셀프서비스 패스트푸드점이든 아니면 페테 스페시알의 실버 서비스이든 간에 공학적으로 설계된 공간이며, 따라서 순응주의를 조장한다. 초기 중상주의의 오랜 역사 및 도시 자체의 성장과 함께 우리는 그러한 상황에서 행위하는 데 필요한 속성들을 획득해 왔다. 이 새로운 공개된 공론장의 등장과 사교의 성격 변화는, 사회적 장벽을 가로질러 대화하는 실험이 일어난 커피하우스에서 잘 예증된다. 커피하우스에서 개인들은 자신과 타인에 대해 바라보고 생각하는 새로운 방법을 배웠다. 그곳은 주체성의 학교였다.

초기 레스토랑은 또한 스펙터클을 위한 극장, 즉 예기치 않은 것이 환영받는 장소였다. 그곳은 음란하고 선정적이고 관습에 반하고 거친 것에 대해 관용적이었고, 이는 개인들이 점점 더 다른 사람들에게 관대해지는 법을 배웠고, 또한 자신들의 특이한 기질을 즐길 준비가 되어 있었다는 것을 의미했다. 이 사회적 장소는 개인을 전시한다. 즉, 사람들은 그 자신이 즐거움의 한 원천이 됨으로써뿐만 아니라 다른 사람들을 관찰함으로써도 즐거움을 맛볼 수 있었다. 공적 영역은 실험의 무대가 되었다. 의복과 품행의 세세한 것들이 지위와 개인적 성향을 해독할 수 있는 기호였다. 양식화된 외모는 위장의 풍습을 보다 분명하게 보여주었다. 따라서 사회세계는 모든 인간관계가 계속해서 연출되고 공학적으로 설계되는 하나의 극장으로 인식되었고, 여기서 오늘날 우리에게 친숙한 양식과 관습이 시작되었다.

　이러한 선구자들로부터 우리는 다른 사람들이 우리를 바라보는 방식이 갖는 중요성을 배웠다. 우리가 즐기고 자발적으로 소비와 오락을 탐닉하는 방식이 우리의 취향과 욕구에 가시적인 형태를 부여한다. 이는 모든 몸짓과 행위가 세계에 대한 우리의 심미적·윤리적 견해를 보여준다는 것을 의미하며, 쿨리, 엘리아스, 부르디외, 바르트 등에 따르면, 그러할 수밖에 없다. 이것이 바로 문명화 과정의 기제이다. 낯선 사람들과 교류하고, 그들과 같은 사회적 공간에 있고, 교역과 대화를 통해 더 복잡한 만남 속에서 그들과 상호작용하게 됨에 따라, 우리는 그들이 우리를 바라보는 방식을 받아들여야만 하고, 더 나아가 그것이 우리 자신의 방법과 일치하지 않을 경우 그들의 관점을 이해해야 한다. 모든 교류에는 오해의 여지가 있다. 이러한 잠재적 차이를 메우기 위해 우리는 특정 활동에 공동의 언어와 일단의 가치를 부여한다. 그리하여 대상은 문화적 가치들로 물들고, 패션이 규정적 속성들 ― 이를테면 나이, 계급, 젠더 ― 을 전달하는 데 이용된다. 그 결과 인기 있는 대상과 관행을 축으로 하여 공통으로 이해되는 기초적 관례체계가 출현한다.

　이것은 공학적으로 설계된 레스토랑의 분위기에 의해 잘 예증된다. 즉, 레스토랑에서의 외식이라는 격식 있는 이벤트는 우리의 행복 및 성취감의 추구와 겹쳐지고, 레스토랑의 장식과 인공물들은 감정적인 반응을 일으키도록 디자인되어 왔으며, 그곳의 관행은 우리를 미리 제시된 만족의 틀 속에 위치시킨다. 우리는 레스토랑에서 편안함과 온화함 같은 특정한 기분을 느낄 것으로 기대한다. 우리는 자신감을 가지고 행동하고 사회적으로 용인 받고 있다는 느낌 — 우리가 소속되어 있고 유행을 따르고 있다는 느낌 — 을 받기 위해 외식하는 법을 배워왔다. 이것이 바로 감정자본주의가 작동하는 방식이다. 일상의 모든 익숙한 습관은 의미를 부여받아 왔다. 그리고 모든 대상, 이벤트, 만남은 감정적 이익 배당의 측면에서 측정될 수 있다. 추측컨대 우리는 페라리 자동차를 소유하거나, 나이트클럽에 가거나, 브룩스 브라더스 옷을 입거나, 바이로이트 페스티벌에 참가하거나, 월슬리Wolseley와 마이클 미나Michael Mina에서 식사를 한다는 것이 무엇을 의미하는지를 알고 있다. 그러한 대상과 활동에 감정적 투자를 한 결과, 특정한 즐거움의 거래가 사회를 지배한다. 일상은 특정한 이벤트와 관행에 달려 있다고 가정되는 욕망과 환상으로 가득 차 있다. 우리는 쇼핑몰, 야외 록 콘서트, 고급 조제식품 시장과 미슐랭 별점 레스토랑에서 우리가 무엇을 느끼고 보고 기대하는지를 알고 있다. 감정 레퍼토리는 우리가 외식과 같은 인기 있는 엔터테인먼트에서 발견하는 즐거움을 비롯한 우리의 소비관행을 통해 정기적으로 재생된다.

차가운 레스토랑

18세기에 난폭한 자유주의가 낳았던 거리에서의 삶에서부터 21세기에 우리가 공학적으로 설계된 욕망을 추구하는 데까지 이르는 과정에서 우리의 상호작용 양식은 유보와 억제의 추세를 점점 더 가시화해 왔다. 우리는 소비욕구를 탐닉하기 위해 신체적 충동을 억제하는 법을 배워왔다. 우리가 다른 사람들이 우리를 더 면밀하게 관찰하고 있다고 생각함에 따라, 우리는 우리의 버릇을 더욱 의식하고 통제하게 되었다. 아이러니하게도 이 같은 강화된 면밀한 자기반성이 우리의 욕망을 표현하는 가장 좋은 수단이 된다. 노르베르트 엘리아스(Elias 1978), 미셸 푸코(Foucault 1978), 클리포드 기어츠(Clifford Geertz 1983), 어빙 고프먼(Goffman 1961)과 같은 인간 몸짓 연구자들은 개인의 몸의 버릇과 보다 광범위한 집단 감성 간의 연계성을 설득력 있게 입증해 왔다. 우리가 살펴보았듯이, 먹는 방법을 둘러싼 행동 규범들은 문화적 지식을 전달하고, 외식 인기의 증가는 개인의 취향과 사회적 습관의 특수성을 욕구와 열정이 계급, 젠더, 교육에 의해 규정되어 온 역사와 결부시켜 바라보게 한다. 의사소통하는 법, 즉 생각과 느낌을 표현하고 전달하는 법을 배우는 일은 우리가 코즈모폴리턴적이 되는 데 필수적이다. 게오르그 짐멜과 노르베르트 엘리아스는 각기 사회적으로 성공하기 위해 사회적 행위자들이 계발해야 하는 독특한 태도를 묘사했다. 짐멜이 묘사한 둔감함이라는 태도는 혼잡하고 시끄러운 도시에 사는 데 필수적이었고, 엘리아스가 묘사한 관용의 높아진 경계는 우리로 하여금 낯선 사람들의 다름과 도발 앞에서도 품위 있는 예의를 지킬 수 있게 해왔다. 이러한 문화적 관행이 뿌리를 내릴 수 있게 한 것이 바로 우리가 우리 자신의 이익을 추구하기 위해서는 서로에 대해 더 잘 알아야 한다는 인식이다.

가이드북과 교육 매뉴얼의 보급을 통해 서서히 이루어진 사회적 교환의 조직화 과정은 냉각과정cooling process — 즉, 레스토랑과 같은 근대제도에서 오늘날 발견되는 질서정연하고 의례화된 매너를 만들어온 과정 — 의 또 다른 한 단계를 특징짓는다. 세계에 대한 공식 가이드북은 이 과정을 크게 도왔고, 19세기 중반 이후 중간계급에게 위안이 되는 소유물이 되어왔다. 가이드북은 그들의 독자가 누구인가에 따라 다양한 조언을 제공한다. 이를테면 어떤 가이드북은 여행 경로를 제안하고 호텔과 레스토랑의 가격 정보를 제공하고, 심지어는 지나가는 길의 비경에 대한 소견을 제시하기도 한다. 베데커Baedeker사의 유럽여행 안내서가 널리 이용되었는데, 그 안내서는 여행사인 토머스 쿡Thomas Cook이 홍보했고, 포스터E. M. Forster의 『전망 좋은 방 A Room with a View』에서도 언급되었다. 비크램 세스(Vikram Seth 1987)의 『천국의 호수에서From Heaven Lake』, 피터 메일(Peter Mayle 1991)의 『프로방스에서의 1년A Year in Provence』, 또는 로스 페스먼(Ros Pesman 1996)의 『면세품Duty Free』 같은 또 다른 형태의 교육 문학은 인생을 바꾸는 모험담으로 여겨지고 있다. 전문 가이드북은 삶의 모든 면에서 그 가이드북을 광범위하게 이용해 온 중간계급에게서 매우 인기가 있었다. 그러한 가이드북으로는 친구를 사귀고 사람들에게 영향을 미치는 법에 관한 데일 카네기(Dale Carnegie 1936)의 책, 아기 양육법에 관한 스폭Spock 박사(1946)의 책, 비즈니스 성공법에 관한 스티븐 코비(Steven Covey 1989)의 책, 창의성에 관한 리처드 플로리다(Richard Florida 2002)의 책 등이 있다. 좋은 조언을 구하는 데서는 음식도 예외는 아니었다. 어디서 왜 먹는지는 『칩 잇츠 Cheap Eats』, 『론리 플래닛Lonely Planet』, 『러프 가이드Rough Guide』, 『굿

푸드 가이드The Good Food Guide』, 『게이엇Gayot』 같은 다양한 가이드북
은 물론『미슐랭 레드 북Michelin Red Book』과『고 미요Gault Millau』에서
발견되는 보다 확실하고 명성 있는 조언에서도 바탕을 이루어왔다.

라이프 스타일의 선택에 대한 조언이 필요해진 것은 사회이동이
증가했고 또 소비자가 이용할 수 있는 상품 및 선택지의 수가 증가
하여 시장이 보다 혼잡해졌기 때문이다. 비슷한 특징을 가진 더 많
은 제품을 이용할 수 있게 됨에 따라, 소비자 자신이 시장분화의 대
상이 된다. 상품은 개인화된다. 온갖 종류의 상품이 소비자의 개인
적 가치를 겨냥한 특성과 속성으로 가득 채워지고, 따라서 구매는
자아표현의 한 양식이 된다. 자동차, 향수, 소파, 식사도구, 애완동
물 먹이, 아침 시리얼 등은 그것을 사용하는 사람들의 가치와 라이
프 스타일을 반영하는 매력적인 속성을 과시함으로써 시장 지위를
획득해 왔다. 음식의 종류와 소비방식도 유사한 상품화 기법을 반영
한다. 소비자 선택은 예측하기 어렵기로 악명 높지만, 시장 자체의
변화는 선택이 패턴화된 것처럼 보이는 상황을 만들어낸다(Wood
1995). 이를테면 이제 많은 식품이 전통과 지역을 표시하고 있다. 우
리는 치즈, 파스타, 버진 오일, 와인의 산지를 알고 싶어 한다. 이러
한 관심은 전통과 '뿌리' 찾기에 대한 보다 확산된 관심을 보완하기
때문에 마케팅 전략에 적용되어 왔다. 높은 이동성과 사회적 혼종의
시대에 지역사회, 장소, 가족에 대한 의식은 "당신은 누구이며 어디
서 왔습니까?"라고 묻는 DIY 가계도와 리얼리티 TV 프로그램의 인
기가 시사하듯이 보다 예리해졌다. 레스토랑과 오늘날의 외식 습관
은 개인적 자질과 취향을 구체화하여 우리가 관여하고 있는 것으로

생각하는 세계에 그것을 과시할 수 있게 해주기 때문에 정체성과 지위 추구의 일부가 되었다.

겉치레 삶

수세기에 걸친 사회적·상업적 발전과정 속에서 일어난 문화적 습관의 변화는 선형적이거나 논리적이지는 않지만, 개인의 의식 속으로 들어온 문화적 습관과 아주 사소한 몸짓 간의 관계를 분명하게 보여준다. 18세기에 요한 카스파어 라바테르가 대중화한 인상학적 관찰체계는 후속 문헌들에서 거듭 언급되어 왔는데, 그것은 그의 성격 분석이 정확했기 때문이 아니라 더 일반적으로는 그의 인상학이 세세한 것을 읽어내는 것이 갖는 가치를 강조했기 때문이다. 일단의 행위가 지닌 의미들과 다른 일단의 행위가 지닌 의미들을 하나로 이어주는 모든 연결고리를 밝히는 것은 어렵지만, 우리의 취향에 대한 (이를테면 스타벅스와 같은 글로벌 매장이나 현지 에스프레소 바에서 구입한 커피 한 잔에 대한, 또는 일반 슈퍼마켓보다 농민시장에서 쇼핑하는 것에 대한) 기술 속에서 우리는 그러한 취향과 나란히 존재하는 다른 관련된 관행들을 인식할 수 있다. 취향은 외부 환경과, 그리고 부르디외의 구별 짓기 도식이 예증한 개인의 지위 및 자기 동일시와 밀접하게 연관되어 있다. 이러한 상호연관성은 개인적인 것과 사회적인 것을 하나로 묶어주는 강력한 관계와 그 둘의 상호 의존성을 보여준다. 하지만 그러한 관계는 정적이 아니며, 따라서 반복되는 관행에 의해 지속적으로 강화될 필요가 있다. 이러한 규칙성이 그 관계들을 실제보다 더 자연스럽고 더 관례적인 것처럼 보이게 한다. 이것이 푸코와 바르트가 각기 규명한 규율화된 사회와 자연세계의 신화를 재현한다.

미셸 드 세르토(Michel de Certeau 1984)는 일상생활 분석에서 일상의 일을 다시 한 번 상황과 연결 짓는 '특이성의 과학ₐ science of singularity'을 제시한다. 우리는 사소한 일상적인 거래 속에서 사회-경제적 제약의 격자 내에서 자율성을 표현하고 실행 가능한 사회적 관계를 수립하는 법을 배운다. 여기에 깔려 있는 가정은 일상세계가 사적인 우주가 아니라 다른 사람들과의 관계 속에서 형성된다는 것이다. 우리가 난무하는 다양한 상품과 서비스로부터 엔터테인먼트를 구입할 때, 우리는 우리 자신을 자유로운 자율적 존재로 생각할 수 있지만, 세르토(Certeau 1984: ix~xii)가 볼 때 우리는 그러한 개개의 피조물이 아니다. 그는 우리를 자신의 생존을 위해 항상 다른 사람들로부터 전유하는 '밀렵꾼poacher'으로 묘사한다. 우리가 일상적 관행 속에서 하는 감정적 투자는 사회의 본질과 관련한 가정들을 드러내 보이는 것이다. 그리고 세르토는 광고, 유행, 정보 방송, 대중오락으로부터 우리가 받는 상업적 영향을 사회의 본성을 정식화하는 데서 가장 강력한 힘인 것으로 파악한다(Certeau 1984: 180~185).

실재하는 것과 가치 있는 것에 대한 정의들은 대중매체를 통해 끊임없이 순환되며, 그러한 정의들이 논의되면 될수록 지배적인 태도와 견해들에 영향을 미칠 가능성이 크다. 사실 우리가 유행과 관습에 점점 더 익숙해짐에 따라, 우리는 인식 가능한 패턴과 관행에 더 깊이, 그리고 아마도 무심코 빠져든다. 그 결과 그것들의 자의성을 포착하거나, 그것들에 도전하고 그것들을 변화시킬 이유를 찾기가 더 어려워진다. 소비주의 문화 — 포괄적인 커뮤니케이션 네트워크를 구축하고 광고된 이미지의 환상적인 세계를 홍보하는 — 가 일상생활의 대부분을 미리 조직화해 왔다. 문화적 가치들은 기회가 있을 때마다 판매된다. 항상 명백한 방식으로 이루어지는 것은 아니지만, 보다 일반적으로는 문화적 가치들은 우연한 그리고 불가항력적인 만남을 통해 우리의 일상적인 습관에 침투하여 우리의 생각과 감정에 반향된다. 하지만 우리는 외부 원천으로부터 어떤 단일한 이미지나 일단의 관념들을 그냥 흡수하지 않는다. 오히려 우리는 그러한 만남을 중심으로 서사를 구성하고 그 서사를 세계와 자신을 자신에게 설명하는 기능을 하는 보다 지속되는 관념들로 다시 프레임 짓는다. 이를테면 헨리 제임스Henry James의 안티 히어로 세레나 멀 Serena Merle이 "나는 내 자신의 많은 부분이 내가 입기로 선택한 옷에 있다는 것을 알고 있지. 나는 **사물**을 아주 존경해!"라고 진술하듯이, 우리가 우리의 취향이 되는 과정을 시작하고, 우리의 취향이 우리를 광고한다.

현대의 유명인에 대한 설명에서 프레드 잉글리스(Fred Inglis, 2010: 25~31)는 특정한 역사적 시대가 특정한 감정적 반응을 계발하고 그 감정적 반응이 다시 우리가 자신과 다른 사람들을 어떻게 생각하는지를 반영한다고 주장한다. 그러한 감정의 순환 속에서 발전적 향상developmental progression이 일어나고, 우리는 그러한 순환과정 속에서 우리가 느끼는 법과 그러한 느낌들을 조절하는 법을 배운다. 우리는 우리가 음식, 사람, 물건, 음악 등에 대해 특정한 선호를 가지고 있다는 것을 직관적으로 이해한다. 그리고 그러한 선호는 합리적인 선택과 구별 짓기 그 이상의 것이다. 선호는 감정에 의해, 즉 강렬한 느낌에 의해 연료를 공급받는다. 특정 문화와 사회집단은 우리로 하여금 특정한 느낌들을 느끼게 만들고 그 느낌들을 위계적 질서체계로 서열화한다(Inglis 2010: 30). 그 결과 어떤 감정은 다른 가치들과 뒤얽힌다. 이런 식으로 우리는 초콜릿 비스킷, 돈, 육체적 아름다움, 개인의 자유를 '사랑'하는 법을 배운다. 잉글리스는 리얼리티 TV 프로그램의 유행과 유명인 숭배를 이용하여 특정한 위계질서가 어떻게 확립되었는지 보여준다. 이를테면 그는 셰프의 위상이 과학자 이상으로 격상된 것에 대해 언급한다(Inglis 2010: 18). 리얼리티 텔레비전과 같은 특정 엔터테인먼트가 누리는 세계적 인기는 하이퍼리얼리티 — 즉, 우리가 몹시 살고 싶어 하는 세계의 이미지 — 에 대한 충성을 강화하는 효과가 있다. 인기 있는 텔레비전 프로그램과 영화는 특정한 관념과 유행이 지구의 구석구석에 어떻게 스며들고 특정한 가치를 장려하는 담론들을 어떻게 연결시키는지를 보여주는 설득력 있는 사례들이다. 이것이 바로 움베르토 에코(Umberto Eco 1986)가 하이퍼리얼리티의 지배를 분석하면서 제시한 논점이다. 다른 맥락에서이기는 하지만, 수전 손택(Susan Sontag 1973: 161)도 동일한 지적을 했다. 그에 따르면, 사진의 인기는 겉으로 드러나는 모습을 강조하도록 해왔고, 그렇게 하는 과정에서 의도하지 않게 우리가 실재하는 것으로 생각하는 세계를 재정의해 왔다. "실재는 점점 더 우리가 카메라를 통해 보는 것과 같은 것처럼 보이게 되었다." 이 입장은 충격적인 결과를 초래한다. "실재하는 것은 점점 더 알기 어렵게 되고 힘을 잃어왔다"(Sontag 1973: 160).

우리가 보는 것을 재정의하는 데서 이미지가 거둔 성공의 사례들은 무수하다. 인기 영화 〈스타워즈Star Wars〉는 아이들을 위한 다스 베이더Darth Vader 인형과 의상을 제작했고, 보다 최근의 TV 시리즈 〈매드맨Mad Men〉은 여성의 옷 색깔에 기초한 매니큐어와 그 쇼의 등장인물들을 모사한 마텔 장난감 인형 같은 파생상품들을 제작했다. 이것들은 사소한 예이지만, 그것들이 상당한 경제적 수익을 산출하고 그러한 텔레비전 시리즈를 중심으로 널리 사용되는 언어를 만들어낼 경우 더 큰 사회적 의미를 지니게 된다. 롱런한 〈웨스트 윙West Wing〉과 같은 프로그램에 상정된 현실주의는 하이퍼리얼한 묘사들로 포화상태에 있는 시대에 그러한 프로그램이 현실의 사회적·정치적 삶을 얼마나 표현할 수 있는가라는 질문을 던지게 한다. 그러한 프로그램들이 정치권력의 행사, 선전활동의 이용, 방송 뉴스의 조작, 인종차별주의의 실체, 금융위기의 효과, 그리고 알코올 중독, 마약 중독, 강간, 가정 폭력 등의 개인적 트라우마와 같은 오늘날의 사회문제를 다룰 때조차도, 그러한 표현들은 여전히 오락거리를 제공하는 데 초점을 맞춘 렌즈를 통해 전달되고 있다.

리얼리티 텔레비전이 엔터테인먼트의 한 형태로 점점 더 인기를 끌게 되면서 그것은 진부한 텔레비전이라고 재명명되어 왔다. 그러한 프로그램들은 현실적인 것에서부터 공상적인 것에 이르기까지,

즉 참가자를 모욕하는 것(〈위키스트 링크The Weakest Link〉)에서부터 관객에 영합하는 것(〈딜 오어 노딜Deal or No Deal〉)에 이르기까지 다양한 상황을 망라한다. 많은 리얼리티 TV 쇼는 자기준거적이며 인위적인 공간 내에 완전히 갇혀 있다. 이것은 성공한 포맷을 정연하게 유지하여 어떤 곤란한 혼란상황이 발생하는 것을 막아주지만, 일상상황을 마치 실제로 한정되고 반복적인 것처럼 묘사하는 결과를 초래한다. 그러한 프로그램은 참가자를 외부의 열려 있는 사회 — 이벤트가 항상 일정한 공식을 따르지 않고 의사결정이 항상 적시에 적절한 결과를 산출하지는 않는 — 와 차단한다. 이것이 바로 리얼리티 텔레비전을 비현실적이게, 실제로는 하이퍼리얼하게 만드는 핵심적 특징이다. 그것은 실재하는 것과 꾸며낸 것 간의 경계를 의도적으로 모호하게 하는 엔터테인먼트의 한 형태이다. 이러한 프로그램들은 실제 상황(집, 사무실, 항공 여행, 쇼핑)을 모방하지만, 예외적인 것을 제거하고 표준화된 것에 집중함으로써 실제 상황이 갖는 의미를 격하시킨다. 다른 프로그램들은 정반대의 것을 부각시킨다. 즉, 그런 프로그램들은 예외적이고 이국적인 것에 역점을 두지만, 그것들을 그 쇼의 밀실공포증적 포맷 내로 순치시킨다(〈제리 스프링거 쇼The Jerry Springer Show〉, 〈래리 킹 라이브Larry King Live〉, 〈그레이엄 노튼 쇼 Graham Norton Show〉). 두 극단 모두에서 우리 관객은 빛나는 이상의 영역(삶이 제공할 수 있는 것)과 불행한 현실의 영역(우리가 통제할 수 없는 상황)으로 들여보내진다. 당연히 그것들 간의 구별은 모호해지고, 그것은 다시 가능한 것과 불가능한 것 간에 아노미적 구분을 만들어낸다.

리얼리티 TV 프로그램의 인기는 그 프로그램이 다루는 주제의 다양성에 의해 설명된다. 그것의 예들로는 주택을 구매하는 사람들의 추이를 쫓는 부동산 프로그램(〈위치, 위치, 위치Location, Location, Location〉, 〈시골로의 탈출Escape to the Country〉, 〈양지바른 곳A Place in the Sun〉), 여행 프로그램(〈코치 트립Coach Trip〉), 음식 프로그램(〈요리 학교Cookery School〉, 〈강철 셰프Iron Chef〉, 〈미식가 농부Gourmet Farmer〉, 〈푸드 네트워크Food Network〉), 극한 직업(〈그라임파이터스Grimefighters〉, 〈주니어 닥터스Junior Doctors〉, 〈슈퍼내니Supernanny〉), 익스트림 스포츠(〈검투사Gladiators〉), 소비자 교육(〈바겐 헌트Bargain Hunt〉, 〈플로그 잇!Flog It!〉, 〈하터 댄 마이 도터Hotter Than My Daughter〉), 그리고 경쟁 프로그램(〈견습생The Apprentice〉, 〈저지 주디Judge Judy〉)을 들 수 있다. 이러한 다양성에도 불구하고 그러한 프로그램들은 각 에피소드를 비슷한 스타일로 묘사하기 때문에 그 프로그램들 자체는 반복적이다.

이러한 인기 있는 오락물에서 중요한 것은 그것이 겉으로 드러나는 모습을 강조한다는 것이다. 탐험적이고 탐구적인 시도가 이루어질 때조차 그 묘사가 진실임을 부각시키다 보니 그러한 시도의 배후에 깔려 있는 의미가 묻히고 만다. 다큐멘터리 영화의 전통에서 발전한 새로운 유형의 리얼리티 쇼는 우리에게 그 이야기들이 진실임을 알리기 위해 철저하게 확인된 것들만 제시한다. 현대 다큐멘터리물인 모건 스펄록Morgan Spurlock 감독의 〈슈퍼 사이즈 미Super Size Me〉(2004)와 에어리얼 슐먼Ariel Schulman 감독의 〈캣피시Catfish〉(2010)는 차세대 리얼리티 프로그램 제작을 대표한다. 〈슈퍼 사이즈 미〉는 패스트푸드의 해로운 효과를 강조하기 위해 감독이 30일 동안 모든 식사를 맥도날드에서만 하며 촬영했다. 스펄록은 자신의 목적이 증가하는 비만율의 위험을 보여주는 것이라고 말했다. 그는 패스트푸드가 생리적으로 중독성 있고 흡연만큼 건강에 해롭다고 생각했다. 그 영화는 스펄록의 한 달 동안의 식생활이 그의 몸과 정신적 웰빙에 일으킨 변화를 기록했다. 그는 원래 체중보다 10% 이상 늘었고, 이전에는 느끼지 않았던 기분 변화를 경험했다. 그 경험은 계속해서 부정적이었고, 심지어 신장과 간에 장기적인 장기臟器 손상을 위협했다. 스펄록 영화에 대해 비판하는 사람들은 그 영화가 맥도날드의 음식 경험을 비현실적으로 묘사한 것으로, 그 목적을 달성하지 못했다고 주장했다. 그들은 맥도날드 음식으로만 식생활을 하는 사람은 거의 없으며, 맥도날드 메뉴의 음식만 먹으며 한 달을 보내는 것은 멍청한 행동이라고 주장했다. 그 영화의 프로젝트는 현실과 오락을 가깝게 만드는 것이었다. 스펄록은 오를랑이나 스텔락과 같은 범주의 행위예술가가 되어 자신의 몸을 정밀조사의 대상으로 만들었다. 행위예술 — 즉, 의도적으로 실제와 연기의 정의를 모호하게 만드는 미학 분야 — 에 대해 끊임없이 제기되는 질문이 이 경우에도 적실하다. 〈슈퍼 사이즈 미〉는 그 목적을 달성했는가? 비만에 대한 태도가 바뀌었는가? 그것은 맥도날드를 세계적으로 인정받고 재정적으로 성공한 대기업으로 다시 한 번 더 프레임 짓는 것 이상의 일을 했는가?

소셜 미디어의 하이퍼리얼리티를 탐구하고자 한 또 다른 독립영화가 헨리 유스트Henry Joost와 에어리얼 슐먼이 감독한 〈캣피시〉였다. 〈캣피시〉는 영화 제작자의 남동생인 네브 슐먼Nev Schulman의 로

맨스를 이야기한 영화이다. 네브는 소셜 네트워크 페이스북을 통해 만난 한 여성과 관계를 발전시켰다. 이 영화는 처음부터 끝까지 몇 달 동안의 관계를 기록함으로써 페이스북을 통해 삶을 쉽게 꾸며낼 수 있다는 것을 밝혀냈다. 네브가 연모한 젊은 여성은 존재하지 않는 것으로 판명되었고, 그녀의 자리에는 장애가 있는 두 아이를 돌보는 일을 주로 하며 교외에 사는 결혼한 부부가 있었다. 장애아의 아버지는 클로징 장면에서 영화 제목인 캣피시, 즉 메기에 대해 설명한다. 그는 네브에게 세계는 두 종류의 사람들 ― 즉, 메기처럼 행동하는 사람들과 대구를 닮은 사람들 ― 로 구성되어 있다고 말한다. 메기는 공격적이며 끊임없이 대구를 조금씩 물어뜯어 그들의 존재를 위협하고, 나중에는 대구로 하여금 어쩔 수 없이 더 적극적이고 더 민첩해지고 더 자기보호적이 될 필요가 있음을 인식하게 한다. 그 영화는 관객에게 현실을 위조하는 것이 비교적 쉽고 모든 것이 보이는 대로가 아니라고 경고하는 훈계로 끝난다. 이 영화는 이 지점에서 오락물이나 예술작품이 아닌 사실의 진술로 읽히기를 요구하고 있다. 이 영화는 원하는 결과를 얻는가? 예술이 종종 자신이 설정한 주제의 본질에 의문을 제기하기 위해 그렇게 하는 것처럼, 이 영화는 우리로 하여금 현실과 거리를 두게 하는가? 이 사례에서 영화는 낭만적 사랑이 그 영화의 제목과 동일한 메기처럼 우리를 동원하는 하나의 효과적인 장치라는 문화적 신화에 도전하는가?

이 두 사례에서 나타나는 보다 일반적인 문제 ― 이는 예술과 오락물의 형태로 텔레비전으로 방영되는 일상생활의 모습을 통해서도 예증된다 ― 는 그것들이 마치 겉모습이면 충분한 것처럼 묘사하고 있다는 것이다. 따라서 사회적 장면에 대해 더 많이 알 필요가 없다. 왜 냐하면 우리가 그 영화가 실상을 정확히 다 담아냈을 것이라고 생 각하기 때문이다. 손택(Sontag 1973: 160)이 진술했듯이, 실재가 오 히려 그 실재의 이미지처럼 보인다. 이러한 유형의 오락물의 인기 는 실제의 삶이 하나의 인식 가능한 포맷 내로 억제될 수 있고 심지 어는 억제되어야 한다는 환상을 뒷받침한다. 이러한 오락물들은 우 리가 일상생활을 더 잘할 수 있게 해주는 사고방식을 계발할 필요 성으로부터 우리를 적어도 일시적으로나마 해방시켜 주는 즐거운 우회로인 것으로 보인다. 이를테면 지난 10년 동안 영국, 호주, 미 국에서 장기간 방영된 리얼리티 TV 프로그램 〈견습생〉은 매주 세 명의 저명한 전문가의 평가를 받기에 앞서 일련의 도전과제를 수행 하는 소그룹들을 추적한다. 이 모험가들은 일반적인 채용에서 받는 관심보다 훨씬 더 많은 관심을 받는다. 우리가 그러한 매우 영향력 있는 세 사람의 집중적인 관심을 받을 수 있을 것으로 상상할 수도 있지만, 실제로 그런 일은 거의 발생하지 않는다. 그 프로그램은 우 리가 발견되어 우리의 재능을 인정받을 것이며 수전 보일처럼 스타 가 될 것이라는 대중의 믿음 때문에 작동한다.

이러한 사례들은 우리가 어쩌면 자기도 모르게 일상생활의 레퍼 토리 속으로 흡수한 문화적 가치를 보여주는 것이다. 이러한 오락 물들은 일상생활에 본보기를 제공하며, 그것들의 인기 있는 표현과 모사적 몸짓들은 TV 화면에서 쉽게 흘러나와 일상적인 사회적 교 환의 습관 속으로 스며든다. 이 일방적인 흐름이 그것의 저류에, 즉 감정경제를 규정하고 산업화하고 있는 것에 관심을 기울이게 한다.

우리가 다시 외식을 엔터테인먼트 산업의 한 요소는 물론 글로벌 경제를 구성하는 식품 제조와 유통, 판매와 광고의 일부로 생각할 경우, 우리는 우리의 취향이 형성되고 식민지화되는 방식에 더 예리하게 초점을 맞출 수 있게 된다. 우리의 쾌락과 즐거움이 어떻게 우리 자신의 이해관계와 멀리 떨어져 있을 수도 있는 이해관계에 의해 규정되는지를 이해하기 위해서는 공학적으로 설계되고 구조화된 공적 영역을 검토하는 것이 필요하다. 우리가 리얼리티 TV 프로그램에서 발견하는 정형화된 오락물들을 통해 통상적으로 제공되는 일상생활의 에피소드적 표현과 외식과 같은 활동을 더 긴밀하게 연결시키는 데 성공할 경우, 레스토랑은 통상적이고 단순한 것처럼 보이지 않게 될 수도 있다.

미셸 푸코는 자신의 삶이 때 이르게 끝나갈 무렵 '자아에 대한 배려care of self'에 대해 고찰하고 있었다. 그는 그것을 통해 우리의 주체성의 본질, 우리가 취향을 획득하고 취향의 명령을 따르는 방식과 관련한 문제, 그리고 감정, 욕망, 성향이 계발되는 상황에 관심을 기울였다. 인기 있는 형태의 엔터테인먼트들에 참여하는 것을 고찰하는 것도 이와 동일한 관심에서 비롯된다. 외식은 하나의 통상적인 이벤트가 되었다. 외식은 진부하고 따라서 정상적인 것으로 보인다. 어쨌든 우리는 외식을 하기로 결정하고, 기꺼이 참여하며, 그리고 우리가 무엇을 하고 있는지를 알고 있다. 레스토랑은 놀이의 공간이 될 수 있는 능력을 가지고 있다. 그곳은 편안함, 오락거리, 그리고 많은 경우에 익명성을 제공함으로써 우리로 하여금 놀고 싶어 하게 한다. 초기 형태의 레스토랑은 계급, 젠더, 정치, 종교와 같은 다양한 사회적 장벽을 가로지르는 실험적인 만남과 우연한 만남이 일어날 수 있는 기회를 만들어줌으로써 욕망의 해방을 부추겼다. 유럽 레스토랑 역사에서 레스토랑은 초기에는 건강관리 시설이었고 고객들은 거기에서 작은 찻종에 생기를 북돋우는 부용을 먹었다는 사실이 레스토랑의 초기 상업적 성격을 특징지었지만, 그것은 또한 재화와 서비스의 해학적 교환을 부추긴, 그곳이 지닌 보다 연극적인 특성을 보여주는 것이기도 했다.

이러한 특성들은 변화되어 왔다. 이제 레스토랑은 현대 생활의 편의시설의 하나로, 즉 당연한 것으로 간주되어 간과되는 벽지처럼 현대생활의 배경의 일부로 널리 받아들여지고 있다. 문화적 습관에 강력한 영향을 미칠 수 있는 능력을 가진 주류 매체들도 레스토랑을 그리 비판적으로 인식하지 않는다. 사적인 것과 공적인 것 간의 경계 붕괴는 새로운 형태의 통제 메커니즘을 발전시킨다. 이 사회적 통제 네트워크는 우리의 취향과 욕구의 상업화를 통해 효과적으로 작동한다. 그것은 억압하거나 지배하는 '부정negative'을 통해서가 아니라 오히려 '가능성의 생산'을 통해 권력을 행사한다. 다른 공적 수행 공간과 마찬가지로 레스토랑은 우리에게 스스로 선택할 수 있는 활동 영역을 제공한다. 우리가 좋아하는 비스트로 또는 유명한 미슐랭 별점 음식점에 갈 때, 우리는 우리가 스스로 즐길 것이라는 것을 알고 있다. 하지만 우리가 외식을 하기로 결정할 때, 우리는 즉시 대중문화를 통해 규정된 정교한 음식 분류체계 속으로 끼워 넣어진다. 우리가 외식하기로 (또는 자동차를 사거나 휴가를 보내거나 구입할 신발, 옷, 넥타이, 향수를 고르기로) 결정하자마자, 우리는 분류되고 정의되고 규율되고 정상화된다. 이 경우 우리의 먹기 습관이 우리를 식별한다. 푸코가 반복적으로 지적해 왔듯이, 기호는 독자적인 존재가 되어 부활한다. 그리하여 우리가 취향을 계발하는 것을 우리 자신을 변화시키는 수단으로 생각할 때조차 그 취향이 우리를 재구성한다.

* * *

음식은 공통적이고 세계적인 관심사이다. 음식은 개인적이고, 본능적인 즐거움을 즉각 제공하고, 거대한 경제체계를 유지한다. 식품 사업에서 혁명을 추동하는 것은 음식을 미학화해 온, 그리고 음식을 끊임없이 엔터테인먼트와 새로움의 한 원천으로 만들어온 확대된 소비시장이다. 오트 퀴진의 장기간의 유행에서부터 텔레비전 요리 프로그램과 그것의 자매편인 요리책과 화려한 사진이 실린 미식 포르노 음식 잡지의 인기에 이르기까지 음식을 둘러싼 아우라가 음식을 하나의 산업화된 지위 상징으로 만들어왔다. 우리는 편의를 위해 레스토랑을 이용하고, 레스토랑을 이용하면서 우리는 취향을 사고파는 레스토랑의 능력을 받아들인다. 사회적 구별 짓기는 음식을 통해 상징화되고, 그것들이 다시 서열화된 선호체계를 만들어낸다. 이를테면 굴 취향은 치즈버거 취향보다 높은 평가를 받고, 돔 페리뇽 취향은 버드와이저 취향보다 높은 평가를 받는다. 취향을 과시하는 것은 권력의 한 형태 ─ 즉, 구별 짓기와 가치를 강요하는 것 ─ 이다. 300년 이상 동안 요리 스타일에서 일어난 변화는 인간의 사교 레퍼토리에서 일어난 변화를 반영한다. 즉, 다른 사람들을 관대하게 대하고 음식을 이용하여 경험을 서열화하는 것은 모두 현대의 특징들이다. 음식과 관련한 오늘날의 관습들은 심리학적 관점이 확장된 것으로, 우리가 다른 사람들에 대해 생각하는 법을 배워온 방식, 그리고 그러한 관심이 우리 자신의 자아인식에 영향을 미치는 방식을 보여준다. 다른 사람들의 견해에 기울이는 이러한 수준의 관심은 우리의 사회적 삶의 형태가 세세한 것들, 이를테면 진부한 습관들 ― 우리를 더 넓은 사회구조 속에 위치 짓는 기능을 하는 ― 을 끊임없이 비교하는 것에 의해 지배된다는 것을 입증한다. 이러한 방식으로 우리의 사생활, 친밀성, 쾌락의 관행들은 소비의 유행과 중첩되어 왔으며, 우리는 감정 상업의 표적이 되어왔다.

음식과 먹기는 보편적이고 사회의 구성에 필수적이지만, 서구에서 레스토랑의 인기는 그러한 일상적 행위를 대기업과 연결시켜 왔고, 또 음식을 소비할 수 있는 오락물의 한 형태로 재정의해 왔다. 시각적 역사 속에서 음식은 그러한 기획 속으로 포섭되어 왔다. 아르침볼도의 해학적 그림의 독창성에서부터 사뮈엘 베케트Samuel Beckett의 적막한 연극에서 크라프Krapp가 바나나 껍질에 미끄러질 때 남의 불행에서 느끼는 쾌감의 순간에 이르기까지 음식은 엔터테인먼트 산업에서 한자리를 차지해 왔다. 음식은 영양물에 관한 것이기보다는 지위, 오락, 과시적 소비, 자기과시에 관한 것이다. 음식은 상징적 재화의 유행성과 개인의 정체성 과시 간을 연결 짓는 것의 하나가 되었다.

레스토랑은 다양한 수준의 매력과 심미적 세련됨을 증명하는 홍미로운 장소로 묘사된다. 그곳에는 광택지에 인쇄된 요리책과 음식책을 출판하고 텔레비전에 출연하는 유명 셰프들이 있다. 레스토랑은 훌륭한 제품, 좋은 서비스, 신뢰할 수 있는 재정적 수익을 제공하는 세계적으로 성공한 경제의 일부이다. 식품 산업은 자신들의 제품, 즉 편의식품의 시장수요를 구축해 왔고, 편의식품들은 식품의 의미를 영양물의 기본 형태에서 가정 내·외부 모두에서 즐길 수 있는 여가와 오락의 형태로 빠르게 변화시켜 왔다. 레스토랑 산업은 동시에 표준화된 식품의 대량판매 속에서 견실한 성장을 유지해 왔으며, 편리한 물건과 오락거리의 한 형태로서의 음식에 관심이 있는 소비자들을 생산해 왔다. 하지만 이러한 측면에 관심을 집중할 경우, 공적 영역의 확대와 연관된, 역사적으로 이루어진 사회적 실험은 얼마간 가려진다. 모든 형태의 현대 레스토랑은 실제로는 우리가 자발적으로 참여하는 아주 세부적인 사회적 제약의 네트워크들과 맞물려서 훨씬 더 보수적으로 구조화된 공간이다.

레스토랑이 제공하는 것을 즐기기 위해 우리는 관찰, 모방, 실행을 통해 외식의 관례를 받아들이고 그 상황의 규칙을 따르는 방법을 배워왔다. 레스토랑은 우리가 레스토랑의 규약을 따른다는 것을 단서조항으로 하여 개인적 성향을 만족시키고 또 특정한 감정을 산출할 수 있는 상황을 공학적으로 설계한다. 레스토랑은 우리를 갈라놓도록 구조화된 하나의 공적 공간 내에 낯선 사람들을 함께 모아놓고 사람들로 하여금 그들 자신의 사적 욕망을 추구하게 한다. 시끄러운 커피하우스에서부터 번화가의 카페와 글로벌 음식매장을 거쳐 도체스터Dorchester 호텔에 있는 호화로운 중국풍 레스토랑 당나라 바China Tang Bar에까지 이르는 오랜 진화과정 속에서, 레스토랑은 근대 개인의 몸단장하기와 나란히 발전해 왔다. 그것은 공개적으로 사생활을 즐기고자 하는, 그리고 미리 정해진 쾌락 보상받기와 원자화된 아노미적 소비자 되기 사이에서 균형을 잡고자 하는 오늘날의 코즈모폴리턴을 만들어내는 데 기여해 왔다.

음식이 우리에게 제시되어 온 방식 속에서 드러나는 세세한 내용들은 우리에게 문화생산 자체의 기제를 포착할 수 있는 조리개를 제공한다. 내부로부터 문화를 연구하기 위해서는 초연함detachment — 즉, 그간 받은 철저한 사회적 훈련을 부정하는 입장을 취하는 것 — 이 요구된다. 그러나 일상생활이 사회적 현실에 대한 과장된 견해를 반복적으로 제공하는 미디어의 이미지로 가득 차 있기 때문에, 그러한 태도를 취하기란 결코 쉽지 않다. 덮여 씌워진 하이퍼리얼리티, 즉 브랜드 상품과 디자이너 물품들로 구성된 환영 같은 세계는 실제의 현실과 그것의 상징적 형태 간에 간극을 만들어내고, 우리가 실재로 이해하는 것을 다시 그 자신의 이미지로 만든다. 초기 대중매체 비평가인 마셜 매클루언Marshall McLuhan은 사회적인 것을 설명하는 것의 어려움을 물의 본질을 물고기에게 설명하는 것과 같다고 묘사한 것으로 유명하다(Taylor and Harris 2008: 2). 문제는 보이지 않는 것을 보이게 만들고, 보이는 것을 겉으로 드러나는 것 이상으로 간주하는 것이다. 이를테면 레스토랑을 고찰한 이 연구에서, 그리고 음식과 관련한 우리의 행동이 우리가 우리 자신을 이해하는 방식과 어떻게 연결되어 있는지를 탐구한 이 연구에서, 음식이 어떻게 상품화된 오락물로 바뀌었는지에 대한 호기심을 자극한 것은 고급 레스토랑 하프문 화장실의 특이한 표지와 맥도날드 광고의 전도와 같은 이상하고 재미있고 흥미로운 세세한 것들이었다. 겉으로 보기에 사소한 이러한 활동들을 정면으로 다루는 것은 음식을 미학화하는 일상문화를 규명하는 동시에, 그 배후에 (유행을 그리고 유행과 함께 개인적 정체성을 판매하는) 막강한 기업들로 구성된 글로벌 경제라는 보다 광범한 맥락이 자리하고 있음을 밝히는 것이다.

참고문헌

Adorno, Theodor (1981). "Notes on Kafka", in *Prisms*, Mass.: MIT.

Akerman, Nordal (1993). *The Necessity of Friction*, New York: Springer-Verlag.

Alexander, Stephanie (2002). *Cooking and Travelling in South-West France*, Melbourne: Penguin.

_____ (2012). *A Cook's Life*, Melbourne: Penguin.

Aries, Philipppe (1962). *Centuries of Childhood*, New York: Vintage.

Aristotle (1995). *Politics*, Oxford: Clarendon.

Austen, Jane (1813). *Pride and Prejudice*, Harmonds: Penguin.

_____ (1814). *Mansfield Park*, Harmonds: Penguin.

Axe Dark Temptation advert for deodorant using chocolate man, retrieved from: http://www.dailymotion.com/video/x6u7ue_new-axe-dark-temptation-commercial_fun.

Baghurst, Katrine (2007). "Nutritional Recommendations for the General Population", in Jim Mann and Stewart Truswell (eds), *Essentials of Human Nutrition*, Oxford: Oxford University Press.

Baker, Nicholson (1988). *The Mezzanine*, New York: Vintage.

Barthel, Diane (1982). "Modernism and Marketing: The Chocolate Box Revisited", *Theory, Culture & Society* 6: 429.38.

Barthes, Roland (1972). *Mythologies*, London: Jonathan Cape.

_____ (1982). *The Empire of Signs*, New York: Farrar, Straus & Giroux.

Bauman, Zygmunt (2001). *The Individualized Society*, Oxford: Polity.

_____ (2004). *Identity: Conversations with Benedetto Vecchi*, Oxford: Polity.

Bell, David and Gill Valentine (1997). *Consuming Geographies*, London: Routledge.

Benjamin, Walter (1982). *Gesammelte schriften V: Das Passagenwerk*, Frankfurt: Suhrkamp.

Benstock, Shari (1986). *Women of the Left Bank: Paris 1900-1940*, Austin, TX: University of Texas.

Beriss, David and David Sutton (eds) (2007). *The Restaurants Book: Ethnographies of Where We Eat*, Oxford: Berg.

Berger, Peter L. and Thomas Luckmann (1966). The Social Construction of Reality, New York: Doubleday.

Bordo, Susan (2000). "Hunger As Ideology", in Juliet B. Schor and Douglas B. Holt (eds), *The Consumer Society Reader*, New York: The New Press.

Bourdieu, Pierre (1984). *Distinction: A Social Critique of the Judgment of Taste*, Mass.: Harvard University Press.

Braudel, Fernand (1979). *The Structures of Everyday Life*, New York: Harper & Row.

Bremmer, Jan and Herman Roodenburg (eds) (1991). *A Cultural History of Gesture*, Oxford: Polity.

Brillat Savarin, Jean-Anthelme (1825/1970). *The Physiology of Taste*, New York: Liveright.

Brookes, Maureen (2004). "Shaping Culinary Taste: the Influence of commercial operators (We are what we eat, or what we are persuaded to eat?)", in Donald Sloan (ed.), *Culinary Taste: Consumer Behaviour in the International Restaurant Sector*, Oxford: Elsevier Butterworth-Heinemann.

Brown, Richard Harvey (2003). "Narration and Postmodern Mediations of Western Selfhood", in Richard Harvey Brown (ed.), *The Politics of Selfhood*, Minneapolis: Minnesota University Press.

Bruni, Frank (2008). "To Dine at Momofuku Ko, First You Need Nimble Fingers", in the *New York Times*, 7 May.

Burnett, John (2004). *England Eats Out: A Social History of Eating Out in England from 1830 to the Present*, Edinburgh: Pearson Longman.

Burney, Fanny (1778). *Evelina*, Public Domain: Kindle.

Butler, Judith (1990). *Gender Trouble*, New York: Routledge.

_____ (2005). *Giving an Account of Oneself*, New York: Fordham University Press.

Caillois, Roger (1961). *Man, Play and Games*, New York: Free Press.

Calvino, Italo (1979). *Invisible cities*, London: Pan.

Castle, Terry (1986). *Masquerade and Civilisation, Palo Alto*, CA: Stanford University Press.

_____ (1987). "The Culture of Travesty: sexuality and masquerade in eighteenth century England", in G.S. Rousseau and Roy Porter (eds), *Sexual Underworlds of the Enlightenment*, Manchester: Manchester University Press.

Certeau, Michel de (1984). *The Practice of Everyday Life*, Trans. Steven Rendall, Berkeley, CA: University of California.

Chatwin, Bruce (1977). *In Patagonia*, London: Cape.

Clapp, Jennifer (2012). *Food*, Oxford: Polity.

Cleland, John (1748). *Memoirs of a Woman of Pleasure* (1999), New York: Oxford World Classic.

Congreve, William (1692). *Incognita*, Middlesex: Echo Library.

Cooley, Charles. Horton (1902). *Human Nature and the Social Order.* New York : C. Scribner's sons.

Costello, Diarmuid and Dominic Willsdon (eds) (2008). *The Life and Death of the*

Image, New York: Cornell University Press.

Counihan, Carole and Penny Van Esterik (eds) (1997). *Food and Culture,* New York: Routledge.

Darnton, Roger (1984). *The Great Cat Massacre*, New York: Basic.

David, Elizabeth (1969/1998). *Italian Food*, London: Penguin.

Debord, Guy (1977). *The Society of the Spectacle*, Online: Black and Red.

DeFoe, Daniel (1719). *Robinson Crusoe* (2003), London: Penguin Classics.

_____ (1722). *The Fortunes and Misfortunes of the Famous Moll Flanders* (1989), London: Penguin Classics.

de Waal, Edmund (2010). *The Hare with Amber Eyes: A Hidden Inheritance*, London: Chatto & Windus.

Douglas, Mary (1972). *Purity and Danger: An Analysis of Concepts of Pollution and Taboo*, London: Routledge and Kegan Paul.

_____ (1979). "Les structures du culinaire", *Communications* 31: 145~170.

du Gay, Paul (2007). *Organizing Identity*, London: Sage.

Eagleton, Terry (1998). The Eagleton Reader, S. Regan (ed.), Oxford: Blackwell.

Eco, Umberto (1973). "Social Life as Sign", in D. Robey (ed.), *Structuralism*, Oxford: Oxford University Press.

_____ (1986). *Travels in Hyperreality*, New York: Harcourt Brace & Co.

Elias, Norbert (1939/1978). *The Civilizing Process*, New York: Urizen.

_____ (1982). *Power and Civility*, New York: Pantheon.

Erickson, Karla (2007). "Tight Spaces and Salsa-stained Aprons: Bodies at Work in American Restaurants", in David Beriss and David Sutton (eds), *The Restaurants Book: Ethnographies of Where We Eat*, Oxford: Berg.

Esterl, Mike (2013). "Fizzy drink revenue falls flat as consumers kick the habit", *Wall Street Journal International*, 22 January.

Felski, Rita (1995). *The Gender of Modernity*, Mass.: Harvard University

Fielding, Henry (1741). *An Apology for the Life of Mrs Shamela Andrews*, Online: Free Books.

Fine, Ben (ed.) (1998). *The Political Economy of Diet, Health and Food Policy*, London: Routledge.

Fine, Gary Alan (1996). *Kitchens: The Culture of Restaurant Work*, Berkeley, CA: University of California.

Finkelstein, Joanne (1989). *Dining Out: A Sociology of Modern Manners*, Oxford: Polity.

Fisher, M.F.K. (1954). *The Art of Eating*, New York: World Publishing.

Flammang, Janet A. (2010). *The Taste of Civilization: Food, Politics and Civil Society*, Urbana, IL: University of Illinois.

Foer, Jonathan Safran (2009). *Eating Animals*, London: Hamish Hamilton/Penguin.

Forster, E.M. (1980). *A Room with a View*, London: Penguin Classics.

Foucault, Michel (1978). *Discipline and Punish*, New York: Vintage.

_____ (1983). *History of Sexuality: Care of the Self*, Vol. 3, London: Penguin.

Freud, Sigmund (1900). "The Interpretation of Dreams", Trans. James Strachey (ed.), *The Standard Edition of the Complete Psychological Works of Sigmund Freud*, London: Hogarth Press 1952-74, Vol. 4.

Furetiere, Antoine (1708/1978). *Dictionnaire Universel*, Paris: Parmentier.

Garber, Marjorie (1992). *Vice Versa*, New York: Penguin.

Geertz, Clifford (1983). *Local Knowledge*, New York: Basic.

Gill, A.A. (2012). "What's wrong with the Michelin Guide? Everything", *Vanity Fair*, November 2012.

Goethe, J.W. (1774/1989). *The Sorrows of Young Werther*, London: Penguin Classics.

Goffman, Erving (1961). *The Presentation of Self in Everyday Life*, New York: Doubleday.

_____ (1969). *Strategic Interaction*, Pennsylvania: University of Pennsylvania Press.

Goldman Robert and Stuart Papson (1996). *Sign Wars*, New York: Guilford.

Gombrich, Ernst (1960). *Art and Illusion*, London: Phaidon.

Goody, Jack (1982). *Cooking, Cuisine and Class*, Cambridge: Cambridge University Press.

Gottdiener, Mark (2001). *The Theming of America*, Boulder, CO: Westview.

Graves, Robert (translator) (1951). *The Golden Ass (or Lucius Apuleius)*, New York: Farra, Straus and Giroux.

Greenblatt, Stephen (1980). *Renaissance Self-Fashioning*, Chicago, IL: University of Chicago.

_____ (2004). *Will in the World: How Shakespeare became Shakespeare*, New York: Norton.

Griffiths, Sian and Jennifer Wallace (eds) (1998). *Consuming Passions: Food in the Age of Anxiety*, Manchester: Manchester University Press.

Gronow, Jukka (1997). *The Sociology of Taste*, London: Routledge.

Gustafson-Larson, A.M. and R.D. Terry (1992). "Weight-related behaviors and concerns of fourth-grade children", *Journal of the American Dietetic Association* 92 (7): 818~822.

Harp, Stephen L. (2002). "The Michelin Red Guides: Social differentiation in Early-Twentieth-Century French Tourism", in Rudy Koshar (ed.), *Histories of Leisure*, Oxford: Berg.

Head, Simon (2003). *The New Ruthless Economy: Work and Power in the Digital Age*, Oxford: Century Foundation, Oxford University Press.

Hebdige, Dick (1993). "A Report from the Western Front: postmodernism and the "politics" of style", in Chris Jenks (ed.), *Cultural Reproduction*, London: Routledge, pp. 69~103.

Hubbert, Jennifer (2007). "Serving the Past on a Platter: Cultural Revolution Restaurants in Contemporary China", in David Beriss and David Sutton (eds), *The Restaurants Book: Ethnographies of Where We Eat*, Oxford: Berg.

Huizinga, Johann (1949). *Homo Ludens: A Study of the Play Element in Culture*, London: Routledge and Kegan Paul.

Hunt, Lynn (ed.) (1993). *The Invention of Pornography: Obscenity and the Origins of Modernity 1500-1800*, New York: Zone.

Illouz, Eva (1997). *Consuming the Romantic Utopia*, Berkeley, CA: University of California.

_____ (2007). *Cold Intimacies*, Oxford: Polity.

Inglis, Fred (2010). *A Short History of Celebrity*, New Jersey: Princeton University Press.

James, Henry (1881). *A Portrait of a Lady*, London: Penguin Classics.

Kafka, Franz (1915). *The Metamorphosis*, Online: Kessinger reprint.

Kemp, Martin (2012). *Christ to Coke: How Image Becomes Icon*, Oxford: Oxford University Press.

Lang, T. and M. Heasman (2004). *Food Wars: The Global Battle for Mouths, Minds and Markets*, London: Earthscan.

Langman, Lauren (1992). "Neon Cages: Shopping for Subjectivity", in Rob Shields (ed.), Lifestyle Shopping: The Subject of Consumption, London: Routledge.

Langman, Lauren and Maureen Ryan (2009). "Capitalism and the Carnival Character: the escape from reality", *Critical Sociology* 35 (4): 471~492.

Lavater, Johann Caspar (1885). *Essays on Physiognomy*, Trans. T. Holcroft, London: Ward, Lock and Bowden.

Lawrence, Felicity (2010). "Defra's joined-up thinking recognises the fragility of UK food Production", *Guardian*, 5 January 2010.

Le Rider, Jacques (1993). *Modernity and the Crises of Identity*, Oxford: Polity.

Levenstein, Harvey (1988). *Revolution at the Table: The Transformation of the American Diet*, New York: Oxford University Press.

_____ (2003). *Paradox of Plenty: A Social History of Eating in Modern America*, Berkeley, CA: University of California.

Levi-Strauss, C. (1969). *The Raw and Cooked*, New York: Random House.

_____ (1978). *The Origins of Table Manners*, New York: Harper and Row.

Lingis, Alphonso (1994). *Abuses*, Berkeley, CA: University of California Press.

Lynes, Russell (1949). "Highbrow Lowbrow, Middlebrow", in Harper's Magazine, February: http://harpers.org/archive/1949.

MacCannell, Dean (1989). *The Tourist: A New Theory of the Leisure Class*, New York: Schocken.

MacDonald, Dwight (1944). "A Theory of Popular Culture", *Politics 1*, no. 1, February pp. 20~23.

MacKenzie, Henry (1771). *A Man of Feeling* (1987), Brian Vickers (ed.), Oxford: Oxford University Press.

Magli, Patricia (1989). "The Face and the Soul", in M. Feher, R. Naddaff and N. Tazi (eds), *Fragments for a History of the Human Body*, Mass.: Zone.

Mars, Gerald and Michael Nicod (1984). *The World of Waiters*, London: Allen and Unwin.

Martin, Raymond and John Barresi (2006). *The Rise and Fall of Soul and Self*, New York: Columbia University Press.

Mayle, Peter (1991). *A Year in Provence*, New York: Random.

Mennell, S. (1985). *All Manner of Food*, Oxford: Blackwell.

Mills, C.W. (1951). *White Collar*, New York: Oxford University Press.

Mintz, Sidney (1985). *Sweetness and Power*, New York: Penguin.

_____ (1996). *Tasting Food, Tasting Freedom: Excursions into Eating, Culture and the Past*, Boston, MA: Beacon.

_____ (1997). "Time, Sugar and Sweetness", in Carole Counihan and Penny van Esterik (eds), *Food and Culture*, London: Routledge.

Mitchell, W.J.T. (2004). *Cloning Terror*, Chicago, IL: University of Chicago.

Nestle, Marion (2002). *Food Politics: How the Food Industry Influences Nutrition and Health*, Berkeley, CA: University of California.

Norman, B. (1972). *Tales of the Table: A History of Western Cuisine*, New Jersey: Prentice Hall.

Packard, Vance (1957). *The Hidden Persuaders*, Berkeley, CA: University of California.

Pardue, Derek (2007). "Familiarity, Ambience and Intentionality: An Investigation into Casual Dining Restaurants in Central Illinois", in David Beriss and David Sutton (eds), *The Restaurants Book: Ethnographies of Where We Eat*, Oxford: Berg.

Paules, Greta Foff (1991). *Dishing It Out: Power and Resistance Among Waitresses in a New Jersey Restaurant*, New Jersey: Princeton University Press.

Peakman, Julie (2004). *Lascivious bodies: A Sexual History of the Eighteenth Century*, London: Atlantic.

Pesman, Ros (1996). *Duty Free: Australian Women Abroad*, Oxford: Oxford University Press.

Pillsbury, Richard (1990). *From Boarding House to Bistro: The American Restaurant Then and Now*, Boston, MA: Unwin Hyman.

Porter, Roy (ed.) (1997). *Rewriting the Self*, London: Routledge.

_____ (1982). *English Society in the Eighteenth Century*, London: Penguin.

_____ (2000). *London: A Social History*, London: Penguin.

Portus, Javier (2012). "Paintings in Spain 1550.1900", in *Portrait of Spain*, Prado: Madrid.

Potter, Dennis (1986). *The Singing Detective*, London: Faber.

Raban, Jonathan (1974). *Soft City*, London: Hamilton.

Rabobank (2000). World Markets for Organic Fruit and Vegetables [Online] Available at: www.fao.org/docrep/004/y1669e/y1669e00. htm [accessed 16 May 2012].

Rebora, Giovanni (2001). *The Culture of the Fork*, New York: Columbia University Press.

Revel, J-F. (1982). *Culture and Cuisine*, New York: Doubleday.

Richardson, Samuel (1740). *Pamela or Virtue Rewarded*, Online: Forgotten Books (2008).

Richter, Simon (2002). "Food and Drink: Hegelian encounters with the culinary other", in Alison Phipps (ed.), *Contemporary German Cultural Studies*, London: Arnold.

Ripe, Cherry (1993). *Goodbye Culinary Cringe*, Australia: Allen & Unwin.

Ritzer, George (1996). *The McDonaldization of Society*, Thousand Oaks, CA: Pine Forge Press.

_____ (ed.) (2002). *McDonaldization: The Reader*, Thousand Oaks, CA: Pine Forge Press.

Root, Waverley (1958). *The Food of France*, London: Cassell.

Rorty, Richard (1989). *Contingency, Irony, Solidarity*, Cambridge: Cambridge University Press.

Rose, Nikolas (1996). *Inventing Our Selves*, Cambridge: Cambridge University Press.

Rousseau, G.S. and Roy Porter (eds) (1987). *Sexual Underworlds of the Enlightenment*, Manchester: Manchester University Press.

Schama, Simon (2004). *Hang-ups: Essays on Painting (Mostly)*, London: BBC Books.

Schlosser, Eric (2002). *Fast Food Nation*, London: Penguin.

Sennett, Richard (1976). *The Fall of Public Man*, Cambridge: Cambridge University Press.

_____ (1994). *Flesh and Stone: The Body and the City in Western Civilization*, London: Faber and Faber.

Seth, Vikram (1983). *From Heaven Lake*, London: Chatto & Windus.

Sharpe, Kevin and Steven Zwicker (eds) (2008). *Writing Lives*, Oxford, Oxford University Press.

Simmel, Georg (1900/1990). *The Philosophy of Money*, Trans. Tom Bottomore, London: Routledge.

_____ (1905/1971). "The Metropolis and Mental Life and Sociability", in David

Levine (ed.), *On Individuality and Social Forms*, Chicago, IL: University of Chicago.

_____ (1950). *The Sociology of Georg Simmel*, Chicago, IL: University of Chicago.

Sloan, Donald (ed) (2004). *Culinary Taste: Consumer Behaviour in the International Restaurant Sector*, Oxford: Elsevier Butterworth-Heinemann.

Sontag, Susan (1964). *Against Interpretation*, New York: Farrar, Straus & Giroux.

_____ (1973). *On Photography*, New York: Farrar, Straus & Giroux.

Spang, Rebecca (2000). *The Invention of the Restaurant: Paris and Modern Gastronomic Culture*, Mass.: Harvard University Press.

Spradley, James and Brenda Mann (1975). *The Cocktail Waitress*, Illinois: Waveland Press.

Steinberger, Michael (2010). *Au Revoir to All That: The Rise and Fall of French Cuisine*, London: Bloomsbury.

Stern, Jane and Michael (1978/2002). *Roadfood*, New York: Broadway Books.

Sterne, Laurence (1759). *The Life and Opinions of Tristram Shandy*, Gentleman, Public Domain: Kindle.

Stone, Lawrence (1972). *The Causes of the English Revolution 1529-1642*, London: Routledge and Kegan Paul.

Taylor, Charles (1989). *Sources of the Self: The Making of Modern Identity*, Cambridge: Cambridge University Press.

Taylor, Paul and Jen Harris (2008). *Critical Theories of Mass Media*, Berkshire, England: Open University Press McGraw Hill.

Thomas, Keith (2009). *The Ends of Life: Roads to Fulfillment in Early Modern England*, Oxford: Oxford University Press.

Todd, Janet (1986). *Sensibility: An Introduction*, London: Methuen.

Toennies, F. (2001). *Community and Civil Society*, Cambridge: Cambridge University Press.

Trubek, Amy (2007). *The Taste of Place*, California: University of California.

Trumbach, Randolph (1987). "Modern prostitution and gender in Fanny Hill: libertine and domesticated fantasy", in G.S. Rousseau and Roy Porter (eds), *Sexual Underworlds of the Enlightenment*, Manchester: Manchester University Press.

Varriano, John (2009). *Taste and Temptations: Food and Art in Renaissance Italy*, California: University of California Press.

Veblen, Thorstein (1899). *The Theory of the Leisure Class*, New York: Macmillian.

Venturi, Robert, Denise Scott Brown and Steven Izenour (1977). *Learning from Las Vegas*, Mass.: MIT.

Wahrman, Dror (2004). *The Making of the Modern Self*, New Haven, CT: Yale University Press.

Whyte, W.F. (1948). *Human Relations in the Restaurant Industry*, New York:

McGraw-Hill.

Wilde, Oscar (1966). *The Picture of Dorian Gray*, Harmonds: Penguin.

Williams, Raymond (1961). *The Long Revolution*, Harmonds: Penguin.

Williams, Rosalind (1982). *Dream Worlds: Mass Consumption in Late Nineteenth Century France*, Berkeley, CA: University of California.

Wittgenstein, Ludwig (1980). *Remarks on the Philosophy of Psychology*, Oxford: Blackwell.

_____ (1980). *Culture and Value*, Trans. Peter Winch. Oxford: Blackwell.

Wood, R.C. (1995). *The Sociology of the Meal*, Edinburgh: Edinburgh University Press.

Xiaolong, Qiu (2004). *When Red is Black*, London: Hodder & Stoughton.

Young, Patrick (2002). "La Vieille France as Object of Bourgeois Desire: The Touring Club de France and the French Regions, 1890-1918", in Rudy Koshar (ed.), *Histories of Leisure*, Oxford: Berg.

영화

Babette's Feast (1987). Directed by Gabriel Axel. Denmark: Panorama A/S. Catfish (2010). Directed by Ariel Schulman and Henry Joost. USA: Rogue.

Chocolat (2000). Directed by Lasse Hallstrom. USA, France: Miramax.

Food Inc. (2008). Directed by Robert Kenner. USA: Magnolia Pictures.

Last Tango in Paris (1972). Directed by Bernardo Bertolucci. France/Italy: United Artists.

Michelin Stars (2010). Directed and produced by Michael Waldeman. UK: BBC.

Pulp Fiction (1994). Directed by Quentin Tarantino. USA: A Band Apart.

Super Size Me (2004). Directed by Morgan Spurlock. USA: Kathbur Pictures.

Tampopo (1985). Directed by Juzo Itami. Japan: Itami Productions.

The Cook, the Thief, his Wife and her Lover (1989). Peter Greenaway. UK, France: Miramax.

When Sally Met Harry (1989). Directed by Rob Reiner. USA: MGM.

찾아보기

옮긴이의 말

이 책은 조안 핑켈스타인Joanne Finkelstein이 2014년에 출간한 저작 *Fashioning Appetite: Restaurants and the Making of Modern Identity*를 번역한 것이다. 책의 제목을 그대로 옮기면, 『욕구 만들기: 레스토랑과 근대 정체성의 형성』이다. 이 책에서 핑켈스타인은 레스토랑이라는 공적 공간이 어떻게 우리의 욕구를 계발했는지, 그 과정에서 우리의 근대 정체성이 어떻게 형성되었는지를 포착해 내고자 한다. 핑켈스타인이 이 책의 제목으로 삼은 원제는 자신이 연구의 도구로 삼았던 레스토랑보다는 자신의 연구 내용을 부각시키려는 의도에서 선택된 것으로 보인다. 하지만 『욕구 만들기』라는 제목은 그 멋진 표현에도 불구하고, 그리고 부제가 그 내용을 보완해 주고 있기는 하지만, 저자와 저자의 지금까지의 연구에 대한 사전 지식이 없는 독자에게는 이 책에서 핑켈스타인이 발휘하는 사회학적 상상력을 즉각 전달해 주기에 뭔가 부족해 보인다. 따라서 옮긴이는 고민 끝에 저자의 연구 대상과 분석 시각을 보다 분명하게 부각시키기 위해 현재의 제목 『레스토랑의 사회학: 욕구와 근대 정체성의 형성』으로 바꾸었다.

원래 핑켈스타인은 음식과 먹기의 사회학 분야, 특히 레스토랑에 관심이 있는 사람들에게는 익히 알려진 인물이다. 그녀는 1989년에 이미 이 분야의 고전적 저작으로 평가받는 『외식: 근대 매너의 사회학Dining Out: A Sociology of Modern Manners』을 출간한 바 있다. 그 책에서 그녀는 노르베르트 엘리아스Norbert Elias가 전개한 '문명화 과정'에 대한 논의의 연장선에서 레스토랑에서의 외식을 통해 근대 매너가 형성된 과정을 추적하고, 외식 행위는 그러한 매너를 인위적으로 실행하는 과정이며, 따라서 레스토랑이라는 사회적 환경은 진정한 자아표현을 가로막는다고 결론지었다. 이러한 그녀의 테제는 여러 비판가들로 하여금 핑켈스타인이 인간을 사회 속에 갇힌 수동적 존재로 바라보는 '사회학주의'에 빠져 있지는 않은가 하는 의구심을 드러내게 하기도 했다.

게오르그 짐멜Georg Simmel의 일상적인 것의 '현미경 접근방식'에 크게 의지하여 레스토랑을 분석한 이 책은 『외식』의 후속작으로 간주된다. 그러나 단순한 후속작이라기보다는 그간 자신에게 이의를 제기해 온 사람들에 대한 답변의 성격을 지닌 것으로 보인다. 이는 그녀가 의도적으로 '욕구 만들기'를 책의 제목으로 삼은 것에서도 분명하게 드러난다. 핑켈스타인은 이 책에서 근대적 개인을 "유동적이고 적응적인 정체성을 찾는" 주체로 상정하고, 정체성은 "우리의 사회적 습관의 산물"이라고 지적한다. 그리고 그녀는 자신의 이러한 입장을 분명하게 보여주려는 듯이, 사회는 인위적인 상상에 의한 '제조물'이며, 공적인 것과 사적인 것, 문화적인 것과 개인적인 것 사이의 공간에 존재하는 "레스토랑은 주체성의 학교"라고 재차

단언한다. 그런 다음 그녀는 레스토랑에서의 외식을 통해 근대적 개인이 '자아발명의 기술'을 통해 어떻게 '자아 만들기'를 실행하는 지를 분석한다. 그러나 그녀의 관점이 바뀐 것은 아니다. 왜냐하면 그녀는 우리가 자율적이고 적극적인 자아 만들기를 하는 주체라고 하더라도 우리는 자신이 속한 문화와 역사적 상황의 제약 내에서 그렇게 한다는 점을 거듭 강조하기 때문이다.

이 책에서 핑켈스타인은 레스토랑이라는 공간을 통해 사회학의 오랜 난제인 미시적인 것과 거시적인 것, 내부의 감성과 외부의 맥락을 연결 짓는 작업에 합류할 뿐만 아니라 이론적인 논의와 경험적 사실을 일상 속의 세세한 항목들을 통해 엮어내며 자신의 작업을 진전시킨다. 그러다 보니 독자들은 이 책에서 레스토랑 및 먹기와 관련하여 그간 느꼈던 이상했던 경험 내지는 흥미로웠던 사실들에 대한 사회학적 분석의 진미를 맛볼 수 있다. 하지만 그녀가 자신의 분석을 위해 끌어들이는 이론적 논의들은 다소 부담스러울 수 있다. 그녀는 이 책에서 자신이 활용하는 이론 및 이론가들을 친절하게 소개하지 않는다. 그리고 그녀가 사용하는 '만들어진 자아'나 '자아발명의 기술' 같은 개념들은 자신이 기존에 저술한 동일 제목의 저작 ─『만들어진 자아The Fashioned Self』(1991), 『자아발명의 기술 The Art of Self Invention』(2007) ─ 에서 이미 개진한 것임에도 불구하고 이 책에서 그 저작들을 인용조차 하지 않는다. 이러한 서술방식이 그러한 이론적 개념들에 익숙하지 않은 독자들을 다소 불편하게 할 수도 있다. 그러나 이 책에서 핑켈스타인이 레스토랑에서의 외식행위를 통해 감정자본주의 ─ 그녀는 에바 일루즈Eva Illouz의 감정자본주의 개념을 여러 번 거론하면서도 이 개념에 대해서도 역시 아무런 설명을 하지 않는다 ─ 의 작동방식을 분석해 내는 과정은 문화사회학과 감정사회학 연구자들에게 새로운 영감을 불어넣어 줄 것이 틀림없어 보인다.

핑켈스타인의 글쓰기 방식은 옮긴이에게도 많은 어려움을 안겨준 것이 사실이다. 매우 축약적으로 서술된 이론적 논의들은 이 책을 옮기는 데 꽤 많은 시간을 투자하게 했고, 원문에도 논리적으로 볼 때 교정되지 않은 채 출판된 오류로 보이는 부분이 여러 곳 있어, 굳이 기록해 두지는 않았지만, 많은 고심 끝에 바로잡는 결단을 내리기도 했다. 이것이 오역으로 이어지지나 않았을까 하는 우려를 지울 수 없다. 정수남 박사는 바쁜 와중에도 번역 원고를 읽고 옮긴이가 저자의 의도를 더욱 정확하게 전달할 수 있게 해주었다. 노련한 편집자 신순남 씨도 가독성을 높이기 위해 무던히 애를 썼다. 하지만 모든 잘못은 옮긴이에게 있다. 독자의 질타를 겸허히 받아들여 다음 쇄에서는 더 나은 책이 되도록 하겠다는 약속을 여기에 기록해 두고 일단락을 지을 수밖에 없을 것 같다. 끝으로, 앞에 언급한 두 분은 물론 음식과 먹기의 사회학을 우리 학계에 소개하는 일에 흔쾌히 함께해 주는 한울엠플러스(주)에 다시 한 번 더 감사를 표한다.

2019년 여름 장마 끝나는 날 밤
장대비 소리를 들으며
박 형 신

지은이

조안 핑켈스타인(Joanne Finkelstein)은 호주 서던 퀸즐랜드대학교 사회학 교수이다. 호주의 시드니대학교와 모나시대학교, 영국의 그리니치대학교에서 교수를 지냈다. 일리노이대학교에서 박사학위를 취득했고, 호주 식품과학연구소의 임원을 지내기도 했다. 저서로는 *The Art of Self Invention: Image and Identity in Popular Visual Culture*(2007), *Fashion: An Introduction*(1998), *After a Fashion*(1996), *Slaves of chic: An A-Z of consumer pleasures* (1994), *The Fashioned Self*(1991), *Dining Out: A Sociology of Modern Manners*(1989) 등이 있다.

옮긴이

박형신은 고려대학교 문과대학 사회학과를 졸업하고 동 대학원 사회학과에서 석사와 박사 학위를 취득했다. 그간 강원대학교 사회과학연구소 연구교수, 고려대학교 인문대학 사회학과 초빙교수 등을 지냈다. 지금은 다시 연세대학교 사회발전연구소 연구교수로 일하고 있다. 주요 저서로『정치위기의 사회학』,『감정은 사회를 어떻게 움직이는가』(공저),『에바 일루즈』등이 있고, 번역서로는『고전사회학의 이해』,『은유로 사회 읽기』,『음식의 문화학』(공역),『음식과 먹기의 사회학』,『한 미식가의 자본주의 가이드』,『감정적 자아』,『감정과 사회관계』등이 있다.

한울아카데미 2182

레스토랑의 사회학 욕구와 근대 정체성의 형성

지은이 ┃ 조안 핑켈스타인   옮긴이 ┃ 박형신
펴낸이 ┃ 김종수   펴낸곳 ┃ 한울엠플러스(주)   편집 ┃ 신순남
초판 1쇄 인쇄 ┃ 2019년 8월 12일   초판 1쇄 발행 ┃ 2019년 8월 22일

주소 ┃ 10881 경기도 파주시 광인사길 153 한울시소빌딩 3층   전화 ┃ 031-955-0655
팩스 ┃ 031-955-0656   홈페이지 ┃ www.hanulmplus.kr   등록번호 ┃ 제406-2015-000143호

Printed in Korea.
ISBN 978-89-460-7182-7 93300(양장) 978-89-460-6697-7 93300(무선)

* 책값은 겉표지에 표시되어 있습니다.
* 이 책은 강의를 위한 학생판 교재를 따로 준비했습니다.
  강의 교재로 사용하실 때에는 본사로 연락해주십시오.